예수의 사람
김북경

예수의 사람
김북경

지치고 곤한 영혼의 피난처

김북경 목사와 친구들

추 천 사

김북경 목사님을 생각하면 머리에 떠오르는 몇 가지 추억이 있습니다. 처음 옥스퍼드한인교회 청빙을 위한 첫 설교를 하러 갈 때 하룻밤을 목사님 댁에서 묵으며 교제했는데, 담백하고 깨끗한 첫인상을 잊을 수가 없습니다. 신씨아 사모님의 온화하고 포근한 미소가 청빙을 앞둔 제 마음을 참 편안하고 따뜻하게 해주었습니다.

옥스퍼드한인교회 담임목사로 청빙 받아 처음 한인노회가 개최되어 설레는 마음으로 노회에 참석하였을 때입니다. 오전 시간을 마치고 점심 식사 시간이 되었습니다. 그런데 점심 메뉴는 이보다 더 간단할 수 없는, 햄버거였습니다. 저는 충격 아닌 충격을 받았습니다. 거나한 식사는 아니어도 뭔가 영국의 한인노회다운(?) 그럴싸한 점심을 기대했던 제 사치스러운 마음을 부끄럽게 만든 소박한 식사였기 때문입니다.

하루는 김북경 목사님께서 한국에서 목회를 하고 있던 제게 편지를 보내주셨습니다. 저는 반가운 마음으로 편지를 열었는데, 내용물을 보고 이내 망연자실했습니다. 도저히 목사님께서 보내신 편지라고 믿을 수 없는 광고지 한 장이 들어 있었기 때문입니다. 황당한 마음을 추스르고 자세히 보니 목사님이 이면지를 사용하여 보내신 편지였습니다. 전혀 예상하지 못한 편지였지만, 이 일은 일관된 그 어른의 삶의 한 방식을 가장 잘 보여주는 예였습니다. 격식 없이 선을 뛰어넘는 교제와 사랑, 몸과 마음에 깃든 섬김과 돌봄이 다양한 방식으로 소박하고 꾸밈없이 드러난 사건들이었습니다.

사람의 어리석음은 누군가를 떠나보낸 뒤에야 후회하고, 뒤늦게 그 가치와 소중함을 떠올리며 그리워한다는 점일 것입니다. 김북경 목사님을 떠나보내고 난 저의 심정이 정말 그러합니다. 어찌 이 귀한 어른을 한 번이라도 더 찾아뵈옵고 배우려고 하지 않았을까 하는 후회가 밀려옵니다. 심지어 에스라성경대학원대학교의 총장으로 오셨을 때라도 자주 뵙고 교훈을 얻고, 영국에서 받았던 사랑을 돌려 드렸어야 했습니다. 하지만 귀국한 지 얼마 되지 않아 아직 적응하는 중이었고, 그토록 소원하던 목회를 향하여 줄달음질 치기에 바빠 그 소중한 교제의 기회를 놓친 채 주님 곁으로 목사님을 떠나보내고 말았습니다.

그런데 이 귀한 어른의 삶을 회고하는 책을 출간한다는 소식은 제게 큰 위로가 되었습니다. 제가 행복한 마음으로 단숨에 추천사를 써 내려갈 수 있는 것은, 지금 이렇게라도 제가 온 몸으로 보고 느끼고 배운 그분의 삶을 사랑하는 조국 교회와 목회자들과 성도들에게 소개할 수 있겠다는 생각 때문입니다. 이 책에는 부족한 제가 생의 그 중요한 순간에 누리고 감격했던 김북경 목사님의 삶이 잘 드러나 있습니다. 어른다운 어른을 간절히 찾는 이 시대에 저는 목회자든 성도든 누구든지 이 책을 펴서 꼭 읽으시기를 추천합니다.

화종부 목사(남서울 교회)

프롤로그

저는 북경에서 태어났습니다

김북경 목사의 자전적 고백

나는 1938년 중국 북경에서 태어났습니다. 북경에서 태어나자마자 상해로 이주했고, 그곳에서 2년 살다가 1950년 한국 동란 전에 북한을 거쳐 남한으로 피난을 나왔습니다. 그 당시만 해도 38선이 엄하게 막힌 것이 아니고, 돈을 내면 가이드를 통해 남한으로 내려올 수 있었습니다. 우리 가족은 피난을 나와 서해안에서 살았습니다. 이북에서 남한으로 피난오면 미군이 관리하는 수용소에서 살게 되었는데, 그때 처음으로 미군들의 음식을 먹었던 일이 인상 깊게 남아있습니다.

평양에서 남한으로

평양에서 살던 8살 때인 것 같습니다. 이미 이북은 공산화가 되어서 모든 사람들에게 정치교육을 했는데, 나는 너무 어려서 정치교육을 받지는 않았습니다. 그때 감리교회를 아주 열심히 다녔는데, 목사님들이 많은 핍박을 받았던 기억이 생생합니다. 남한으로 피난을 나와 서해안 어딘가에 살다 서울로 이사해 성북동에 정착했습니다. 지금이야 성북동이 부촌이지만, 그 시절엔 산꼭대기 빈촌이었습니다. 거기서 성북국민학교를 다니고 중학교에 올라갔는데, 막 중학생이 되었을 때 한국전쟁이 일어났습니다. 아버님은 일제시대에 중국에서 독립운동을 하셨고 해방 후에 충북 음성에서 국회의원 출마하셨다가 낙선하셨습니다. 이런 상황에서 한국전쟁이 일어나자, 우리 가족은 북한군을 피해 다녀야 했습니다. 그래서 서울의 뚝섬에 살던 친척집에 피신하여 있다가 1.4 후퇴 때 홍성으로 피난했고, 그 뒤에 부산까지 내려갔습니다. 당시 피난 생활은 굉장히 어려웠습니다. 홍성에 있을 때에는 홍성중학교를 다녔고, 부산에서는 부산 동구 초량의 어느 산에서 텐트를 치고 운영하던 학교를 다녔습니다. 그 학교는 서울공업학교, 경기공업학교, 양정공업학교 등 세 학교가 합해진 학교였습니다. 지금 초량교회가 있는 자리 바로 밑에 학교가 있었습니다. 서울로 돌아온 후 중학교를 졸업했고, 아현동에 있는 경기공업고등학교를 졸업했습니다. 그러고는 공군사관학교에 입학하여 1년 다니다가 나한테 맞지 않아서 자퇴했습니다. 아버님이 정치가였기 때문이었을까요? 나도 정치를 하겠다는 생각으로 고려대 정치학과에 시험을 봤는데 떨어졌습니다. 그래서 대신에 한국외국어대학교에 입학해서 영어를 전공했습니다.

라브리

교회는 고등학교 시절까지 동대문 운동장 부근에 있는 동대문교회를 다녔습니다. 대학을 졸업하고 군대에 갔는데, 그때 신앙을 잃어버리고 교회를 전혀 나가지 않았습니다. 군 전역 후 캐나다로 유학을 떠났는데, 그 시절에 좋은 장로님을 만나서 교회를 다시 다니기 시작했고, 그런 중에 주님을 만났습니다. 캐나다에 언어학(영어)을 공부하러 갔는데, 그 계기로 신학을 공부하게 되었습니다.

인생의 행로가 바뀌고 신학을 공부하게 되었지만 신학을 공부할 결심을 했을 무렵에 내게는 좋은 멘토가 없었습니다. 나는 천주교를 기독교의 뿌리라고 여겼고, 그래서 천주교를 공부하겠다는 마음으로 이탈리아 로마로 갔습니다. 그런데 거기서 나는 스위스 라브리에 다녀온 한 미국인 여성을 만나서 대화하였는데, 그녀가 대뜸 나에게 프란시스 쉐퍼(Francis A. Schaeffer) 박사를 만날 것을 권유해 주었습니다. 나는 그 길로 스위스 라브리에 갔습니다. 그리고 놀랍게도 거기서 맨 처음으로 만난 사람이 나의 아내 신씨아(Cynthia)였습니다.

스위스 라브리에 갔을 때는 이미 회심한 후였지만, 쉐퍼 박사를 통하여 다시 한번 중생 체험을 하게 되었습니다. 중생했다는 의미는 기독교의 정수, 복음의 기본을 다시 듣게 되었다는 의미입니다. 쉐퍼 박사가 스위스에서 라브리를 시작하게 된 동기는 불신 젊은이들에게 복음을 전하기 위해서였습니다. 당시 미국의 문제는 히피 운동이었습니다. 지성인들이 기성세대에 반대한 가장 주요한 이유는 젊은이들 눈에 크리스천들이 위선적인 삶을 살고 있는 것처럼 보였기 때문입니다. 미국의 신앙이 세속화되고 화석화된 상황에서 종교 생활만 즐기는 환경에 젊은이들이 환멸을 느꼈고, 그 결과 히피 운동이 일어난 것입니다. 위선적으로 살기보다는 있는 그대로의 자기 모습을 드러내려고 한 사람들이 히피들이었습니다. 그들은 기독교를 위선적이고 반지성적이라는 이유로 배척했습니다. 당시의 영국 교회는 질문하는 것을 경건하지 못한 태도로 여기는 풍토가 만연했고, 독일에서 시작된 경건주의의 부정적인 면(세상은 주님이 오시면 다 망할 것이니 세상 일에는 관심을 갖지 않으려는 자세)이 지배적이었는데(이런 풍토는 한국 교회에서도 사회 참여 문제에 보수 교단이 등을 돌리고 자유주의 신학을 수용한 교단들이 적극적으로 참여하는 형태로 나타났다), 이런 풍토에서 젊은이들이 교회를 떠나게 된 것입니다.

쉐퍼 박사는 이런 젊은이들을 위하여 복음을 전하기로 결심했습니다. 쉐퍼 박사는 신학을 공부하기 전에 공학을 전공했는데, 그래서인지 기독교가 진정한 진리인지에 대하여 합리적으로 고민하였습니다. 기독교가 정말 전 세계에 있는 모든 사상과 맞서 싸워도 지지 않을 만큼 절대 진리인지에 대하여 고민하면서 성경을 읽고 또 읽었고, 그 과정에서 성경을 절대 진리로 받아들이게 되었습니다. 그래서 쉐퍼는 라브리를 통해서, 기독교가 진리이기에 믿어야 하고, 또 모든 사상과 견주어 부족함이 없는 진리이기에 믿어야 한다고 전했습니다. "정직한 질문에, 정직한 대답을!", 이것이 라브리의 중요한 모토가 되었습니다.

런던한인교회

나는 그곳에서 넉 달간 공부하고, 그때 만난 신씨아와 1970년에 결혼하였습니다. 그리고 1971년에 영국 라브리가 시작되었습니다. 나는 쉐퍼 박사의 사상을 배우고는 그 사상에 매료되었습니다. 쉐퍼가 나눠준 온전한 복음을 깨닫고 라브리에 헌신할 것을 결단하였습니다. 그래서 영국에서 라브리가 시작될 때 간사로 1년을 섬겼으며, 그 과정에서 신학을 공부해야겠다고 결심을 하였고, 결국 런던 바이블 칼리지(London Bible College)에서 공부하였습니다.(편집자 주: 영국의 바이블 칼리지는 미국이나 한국의 M.Div와 같은 코스다. LBC는 London School of Theology로 이름이 바뀌었다) 1978년 런던한인교회를 시작하였는데, 당시 영국에는 한인교회가 단 한 곳도 없었습니다. 그때 나는 독일에 있는 많은 간호사와 광부들을 위하여 독일로 갈 것인지, 아니면 한국으로 돌아갈 것인지를 두고 고민했는데, 결국 영국에 남아 영국에 있는 한인들을 섬기기로 결심했습니다.

나는 불행히도 전도사 생활을 한 번도 해 보지 못했습니다. 그래서 목회의 모델로 삼은 것은 영국의 교회와 라브리였습니다. 기본적인 기독교 사상과 더불어 쉐퍼 박사의 사상을 따라 살아보려고 노력하였습니다. 교회에 관한 생각 중에서 변하기 싫어하는 고리타분한 부분이 있습니다. 물론, 복음은 절대 진리로서 변할 수 없습니다. 하지만 삶에서는 발전이 있고 창의적이고 문화에 적응할 수 있어야 하는데, 나는 그런 변화의 삶을 지향하려고 했습니다. 예를 들면, 목회하는 동안 젊은이들에게 목사가 되라는 말을 하지 않았습니다. 그것은 쉐퍼 박사의 사상 중에서 우리가 하는 모든 일이 하나님을 위한 일이며, 따라서 신학을 하지 않아도 우리가 일상에서 믿음으로 즐기며 하는 모든 것들이 다 하나님 앞에서 바른 길이라는 가르침에 공감했기 때문입니다.

세월이 흘러 런던한인교회에서도 2세들이 나오고 있는데, 그들은 대부분 일반 직장에서 일하며 신앙생활을 하고 있습니다. 런던한인교회의 구성원들은 당시 영국에 이민 정책이 없었기 때문에 주로 국가나 회사에서 파견되어 근무하려고 영국에 남은 사람들이었고, 한국에서부터 신앙생활을 하던 사람과 처음 교회를 나온 사람들이 섞여 있었습니다. 부인과 아이들은 신앙생활을 하는데 아버지들은 안 믿는 가정이 대부분이었습니다. 처음에는 남편들이 부인과 아이들을 위하여 운전해주고 예배당 밖에서 기다렸는데, 점점 교회 안으로 들어오게 되었고, 결국 성경 공부를 통해 예수님을 믿게 되는 경우가 많았습니다.

교인들의 대부분은 3-4년 후에는 한국으로 돌아가야 하는 사람들이었기 때문에, 신앙의 기본 진리를 가르치는 데 주안점을 두었습니다. 당시 현재 라브리 대표인 성인경 목사와 마산재건교회의 양영전 목사가 교회의 집사로 1년여 봉사하였습니다. 당시에는 교민은 거의 없었고 주재원이나 학생들이 많았기에 성도들의 이동이 잦았습니다. 성도들이 잠시 우리 교회를 다니다가 다른 곳으로 떠났는데, 그때마다 선교사를 파송하는 마음으로 보내기는 했지만 심적으로는 쉽지 않았습니다. 복음을 교육하는 사역도 계속 초등 교육에 머무를 수밖에 없어서 어렵다는 생각을 많이 했습니다.

하지만 큰 문제 없이 목회를 이어갈 수 있었습니다. 교회를 개척한 초기부터 믿는 분들이 많이 오셨고, 한국에서 신앙생활을 잘하시던 분들이 계셨기 때문에 많은 도움을 받았습니다. 이런 분들이 내게 멘토가 되어 주었습니다. 감사하게도 목회하면서 큰 다툼이 없었는데, 교회에 오시는 분들이 대게는 회사 주재원들이었고, 약 3년 후에는 한국으로 돌아갈 분들이었기 때문에, 주인 의식이 그렇게 크지 않았습니다. 동시에 교회가 무엇인지에 대해서는 잘 가르쳐야 했습니다. 우리가 형제와 자매라면 진리에 선 모든 교회를 함께 인정해야 하며, 교회를 인정한다는 것은 모든 교회를 형제교회로 생각하고 교인이 이사해서 교회를 옮기게 되면 그 교회를 믿고 보내줄 수 있는 풍토가 되어야 한다고 강조했습니다. 따라서 "모(母) 교회"라는 개념은 한국 교회의 좋지 못한 풍토라고 가르쳤습니다. 그뿐만 아니라 한국에서는 장소로서의 예배당을 너무 중요하게 생각하는 경향이 있는데, 이와 달리 런던한인교회는 특별한 행사가 없는 한 예배당에 꽃을 장식하지 않습니다. 행사가 끝나면 성도들에게 장식했던 꽃들을 나눠주었고, 설날이 되면 예배 후 교회에서 윷놀이, 배드민턴, 제기차기 등을 했는데, 그것은 장소로서의 예배당에 대한 바른 이해를 돕기 위해 의도적으로 한 것들이었습니다.

한국 교회를 향한 마음

쉐퍼 박사에 대하여 신(新)신학자라고 비판하던 사람들도 있는데, 그것은 라브리가 한국에 계속 있어야 하는 이유를 보여줍니다. 라브리를 통해서 한국 교회를 개혁해야 합니다. 많은 신학교들이 개혁주의를 가르치지만, 실제로 개혁주의를 실천하는 교회와 학교는 거의 없는 것이 현실입니다. 그중 대표적인 것이 개혁교회의 복수리더십인데, 미국의 장로교회가 한국에 들어오면서 유교화 되어 목사, 장로, 집사 등의 세 계층이 형성되었습니다. 그러나 국제장로회(International Prebyterian Church)는 복수리더십을 전제로 목사와 장로가 동일한 리더십을 가지고 있습니다.

저도 한국 교회의 경건주의 신앙 속에서 자라왔습니다. 경건주의는 우리가 지상에서 살아가는 데 분명히 유익하지만, 위험성도 만만치 않습니다. 그들은 예수님이 다시 오시면 지상은 불타고 우리는 천국으로 간다고 믿는데, 국제 라브리 총재인 빔(Wim Rietkerk)은 "주님이 오시면 새 하늘과 새 땅을 만드시기에 지금 우리가 살고 있는 물질적 삶과 새 하늘과 새 땅은 연속성이 있다"고 말합니다. 따라서 오늘 우리의 물질적인 삶의 형태는 매우 중요하다고 할 수 있습니다. 소위 영적인 일(성경공부, 기도, 찬양, 예배)에만 치중하도록 하는 것이 바로 그릇된 경건주의의 유산입니다. 그러나 하나님은 이 모든 세상을 좋게 만드셨고, 그곳에서 우리가 생산하고 다스리고 즐기라고 하셨습니다. 따라서 이 세상을 포기하고 이후에 올 천국만 바라보는 것은 바른 영성이 아닙니다. 신학이 아닌 다른 학문을 하더라도 우리는 그 학문을 통해서 하나님의 뜻을 행할 수 있습니다. 하나님이 주신 은사와 재능을 잘 받고 쓰는 것이 우리의 삶의 자세가 되어야 합니다. 나는 은퇴 후 정원을 가꾸고 여행도 많이 했습니다. 앞으로도 내가 있는 곳에서 삶을 즐기며 주변 사람을 돕고자 합니다. 은퇴 후 고향인 북경에서 영어를 가르치면서 선교하는 선교사가 되려고 했는데, 에스라성경대학원대학교의 총장으로 부름을 받아서 4년간 총장직을 담당하였습니다.

* 이 글은 2013년 한국라브리에서 썼습니다.

형님과 보낸 마지막 한 달

동생 김온양 목사

하나님의 시청각 교재

형님에 대한 글을 쓰며 돌이켜 보니 나는 참 행복하고 축복받은 사람이었다. 내 인생의 중요한 길목마다 십 년 단위로 인생의 나침반 같은 멘토를 기념하며 나를 바로 세우는 계기로 삼았기 때문이다. 돌아보면 하나님께서는 부족한 사람을 무척이나 다양한 방법으로 도우셨다. 내가 이 모습이나마 살 수 있게 된 것은 전적으로 하나님의 신비한 섭리 가운데 하나님이 보내주신 멘토들의 시의적절한 지지와 격려가 있었기 때문이다.

좀 민망한 고백이지만, 나는 마흔의 나이가 되어서야 거듭난 믿음을 갖게 되었다. 4대째 예수를 믿는 외가의 전통을 물려받아 모태신앙으로 태어났지만, 마흔이 되도록 생명 없는 세습 교인에 불과했다. 오직 나의 필요에 따라 하나님의 능력을 구하는 기복 신앙의 소유자였고, 형식에 매이고 관습에 굳은 플라스틱 종교인이었다. 세상을 이분법으로 단순하게 보는 유아기적 세계관에 의존하고 있어서 율법의 멍에에 매인 채 겉과 속이 다른 삶을 살아왔다. 그러다가 마흔 살에 생명과 진리의 말씀으로 거듭난 믿음을 갖게 되었다. 이후로 나는 살아가는 목적과 추구하는 가치가 완전히 달라졌다. 하나님께서는 영적으로 갓난아기 같은 나를 위해 내가 볼 수 있고 만질 수 있고 삶을 나눌 수 있는 믿음의 선배를 때마다 보내주셨다. 예수님이 나의 세계관과 가치관을 완전히 뒤엎었다면, 형님 김북경 목사는 내가 그리스도인으로서 어떻게 복음에 합당한 삶을 살아야 하는지를 구체적인 삶으로 생생히 보여준 하나님의 시청각 교재였다. 마흔 이후에 펼쳐진 내 인생의 바다에서 형님은 나침반 역할을 해주었고, 내가 닮아야 할 표상으로 좋은 인생 모델이 되어 주었다.

하나님의 사람

무엇보다도 형님 김북경은 목회자로서 눈에 안 보이는 신앙을 눈으로 볼 수 있는 삶으로 나타낸 예수님의 참 제자였다. 모든 그리스도인이 마땅히 본받아야 할 믿음의 선배 가운데 하나였다. 신앙과 삶이 일치되었고, 나눔과 섬김의 삶을 살다 떠난 하나님의 자녀였고, 예수 그리스도의 신실한 제자였다. 많은 사람들이 닮기 원했던 이 시대의 진정한 그리스도인이자 목회자였다는 것은 영국 사회는 물론이고 영국을 거쳐 간 한국 기독교계의 많은 리더들도 인정하는 사실이다. 형님은 안타깝게도 2019년에 이 땅에서 퇴거신고를 하고 하늘나라로 전입신고를 하셨다. 예수님이 십자가에서 돌아가시는 순간을 집행했던 로마 백부장이 "이 사람은 진실로 하나님의 아들이었다"고 고백했던 것처럼, 형님 인생을 한마디로 요약하라고 한다면 "이는 진실로 하나님의 사람으로 온전케 되어 선한 일을 행한 예수의 제자"라 할 수 있다. 그만큼 나에게 김북경 목사는 귀한 믿음의 선배였다. 내가 전인적으로 닮기 원했고 전폭적으로 신뢰할 수 있었던 멘토였다. 그런 분이 나의 형님이었다는 사실은 남들이 누리지 못하는 특별한 축복이었다. 인생의 발자국을 따라갈 멘토가 없이 이 힘한 세상을 사는 이들이 참 많은데, 내 삶 깊숙한 곳까지 들어와 주셨던 형님 김북경 목사로 인해 나는 참 행복한 사람이었다.

서른에 처음 만난 형제

내가 북경 형님을 얼굴로 직접 대면한 것은 내 나이 서른 살 때였다. 형님이 한국을 떠난 지 18년 만에 영국인 아내와 함께 1981년도 여름에 한국을 방문했다. 당시 전두환 정권이 민주평화통일자문회의라는 기관을 만들었을 때, 형님은 영국을 대표하는 해외 자문위원이었다. 성인이 된 후 처음으로 형님과 대면했기에, 형제간에는 공유하는 추억도, 정서적 유대감도 전혀 없었다. 돌아보건대 그때 나는 우리가 배다른 형제라는 이유로 형님을 데면데면하게 대했던 것 같다. 그러나 내가 회심을 한 마흔 살 이후에는 다른 이들은 알 수 없는 두 사람만의 깊은 유대감이 생겼고, 우리만 공유하는 각별한 사연을 간직하는 관계가 되었다. 이제 형님과 함께 지내면서 겪었던 몇 가지 에피소드를 통해 하늘나라로 전입신고를 하신 형님을 추모하고자 한다.

간첩 사건

형님으로 인해 내가 처음 겪었던 황당한 사건은 1983년 7월경, 형님이 두 번째로 한국에 오셨을 때 일어났다. 형님이 간첩으로 오해를 받고 근처 파출소로 연행된 것이다. 하루는 형님이 동네 이발소에 갔는데, 여성 직원이 면도하며 소위 안마를 한답시고 다리를 주무르다 못해 손이 허벅지까지 올라오니 몹시 당황해 했다. 그래서 주의를 환기하려고 말을 걸었는데, 하필이면 "요즘도 간첩이 잘 잡히냐?"고 물었단다. 당황해 아무 말이나 한 것이다. 그 직원은 유행에 뒤떨어진 오래된 외제 구두를 신고 영어 상표가 붙은 낡은 와이셔츠를 입은 사람이 한국 실정에 전혀 맞지 않는 말을 하니 형님을 의심했다. 그러다 간첩이라는 단어를 듣고는 의심이 확신으로 바뀐 것이다. 그 직원은 마지막으로 "혹시 이웅평 소령을 아시나요?"라고 물었단다. 영국에서 막 입국한 형님이 알 리가 있겠는가? 당시 우리나라는 이북에서 비행기를 몰고 귀순한 "이웅평을 모르면 간첩"이라는 말이 돌고 있었다. 아이들도 다 아는 이웅평을 모르니 간첩으로 의심되어 파출소에 신고한 것이다. 형님은 파출소에 끌려갔고, 내가 형님에 대해 설명하고 신원을 보증하는 각서를 쓰고서야 풀려날 수 있었다. 황당하게도, 형님은 이를 기념한답시고 파출소장과 웃으며 기념사진을 찍었다. 심지어 파출소 소장에게 자기를 신고한 이발소 직원의 투철한 신고 정신에 대해 포상해야 한다는 조언까지 했다는 것이다.

"여기는 왜 왔소? 나도 없는데!"

내가 형님과 관련하여 마지막으로 겪었던 황당한 일이 하나 더 기억난다. 2019년 4월에 형님의 임종 예배를 인도할 때의 일이다. 침대에 누

누워있던 형님이 뜬금없이 나에게 "내가 곧 죽을 것 같으니 임종 예배를 인도하라."고 말씀하셨다. 나이 육십에 목사가 되었지만, 한 번도 장례 예배를 인도해 본 적이 없었으니 당황스러웠다. 형님께 임종 예배나 장례 예배를 집례한 적이 없다고 했더니, 형님은 "내가 시키는 대로 하면 된다."며 자신의 임종 예배를 재촉했다. 얼떨결에 형님이 시키는 대로 찬송을 부르고 성경을 읽고 말씀도 전하고 기도로 마무리했다. 그러자 형님은 "이제 됐다."며 눈을 감았다. 그리고 며칠이 지나고 "나는 주님께 갈 준비를 모두 마쳤는데 하나님께서는 아직 나를 맞이할 준비가 덜 된 모양이네."라며 너스레를 떠셨다. 형님은 이는 윈스턴 처칠(Winston Churchill)이 했던 말이라고 했다. 그러면서 자신이 죽으면 비석에 새길 묘비명도 정해 줬다.

"여기는 왜 왔소? 나도 없는데!"

이 얼마나 복음적이며 이 얼마나 해학적인가! 형님은 이렇듯 형식에 구애받지 않으면서도 동시에 본질을 붙잡았던 분이다. 긴장과 위기, 고통과 갈등 속에도 유머 감각을 잃지 않는 여유로 주변 사람들의 편하게 만드는 재주가 있었다.

내 인생을 변화시킨 세 가지 사건

형님에게 여러 영향을 받았지만, 특별히 내 삶에 직접적인 변화를 가져온 세 가지 사건이 있었다. 첫째는 인간관계에 관한 것이었다. 회심한 이후 평신도 가정사역자로 헌신하는 삶을 살기로 했던 터라 나는 영국에서 우리 집을 개방하고 주말마다 '부부 성경 공부'를 인도했다. 그리스도인의 일상생활 중에서도 가정과 일터에서의 삶의 중요성에 대해 강조했는데, 그 무렵 형님이 뜬금없이 내게 질문을 했다.

"온양아! 너는 예수를 믿지 않는 친구가 얼마나 되냐?"

나는 어깨를 으쓱거리며 너무 당연하다는 듯이 이렇게 대답했다.

"회심한 후로는 믿지 않는 친구들과의 관계가 다 끊어졌고, 지금은 거의 교인들과만 교제하고 있지요!"

그러자 형님은 걱정스럽다는 듯이 나를 쳐다보며 한마디 던졌다. 그 말은 내가 가진 관계에 대한 패러다임을 뒤집어놓았다.

"모든 그리스도인들이 그렇게 자기들끼리만 교제하면 이 세상에 누가 복음을 전하냐? 그건 종교적 '이너 써클(inner circle)'에 불과한 거야!"

이를 계기로 나는 믿는 자와 믿지 않는 자를 구분하지 않게 되었다. 예수께서 각계각층의 사람들을 편견 없이 친구로 대해 주셨던 것처럼, 나도 가능한 의식적으로 모든 사람들을 하나님의 형상을 가진 피조물로 대하기 시작했다. 국적, 신앙, 재산, 학력, 성별은 물론 나이와 상관없이 모든 사람들을 선입견 없이 대하면서부터 관계의 영역도 넓어졌다.

두 번째 사건은 말하는 태도에 관한 것이었다. 여전히 형님이 어색하고 어렵게만 느껴지던 40대 중반의 나는, 형님과 대화를 할 때면 장황하게 설명하는 경향이 있었다. 그런 나를 바라보며 형님은 정색하며 이렇게 말씀하셨다.

"온양아, 말이 많구나. 예수께서 너희는 그저 '예' 할 것은 '예'하고 '아니오' 할 것은 '아니오'라고만 말하라고 하셨단다. 그 이상의 말은 악에서 나오는 것(마 5:37)이라고 하셨어. 가능한 말수를 줄이고 주로 경청해라. 말이 많은 것은 자기를 좋게 보이려고 하거나 혹은 자기 속이 비어있는 것을 감추려고 그런 것이니 말 수를 줄였으면 좋겠어."

나는 충격을 받았다. 내 딴에는 서로 오해하지 않고 잘 이해하도록 배려하는 마음에서 자세히 말했다고 생각했는데, 형님은 나의 무의식까지 꿰뚫어 보고 있었던 것이다. 그 후에는 다소 오해를 받더라도 '예'와 '아니오'를 분명히 말하는 습관을 갖게 되었다.

세 번째는 형님의 일관된 겸손한 태도였다. 형님은 자신의 부족함과 연약함을 드러내는 용기가 있었다. 언제나 기꺼이 전문가의 말에 귀 기울여 따르려는 태도를 보였다. 형님은 두 명의 자녀를 입양했다. 그리고 하시는 말씀이 "우리도 예수님의 은혜로 하나님의 아들딸로 입양이 되었으니, 우리도 다른 사람을 입양해서 하나님의 사랑을 보여줘야 한다"고 하셨다. 그런데 형님이나 나는 아버지 없이 자랐다. 그래서 아버지와 자녀가 어떻게 관계를 맺고 어떤 역할을 하는 것이 적절한지 보고 배운 것이 거의 없었다. 형님은 성경의 원리와 라브리에서 배운 삶의 지혜들과 영국문화에 따라 자녀들을 대했다. 그런데 나는 성경적 상담이론에 더해 한국인만의 독특한 정서와 문화와 정신병리학을 공부하며 나름 축적된 임상경험을 갖춰가기 시작했다. 형님은 그런 나를 전문가로 인정해 주었다. 그리고 내 의견에 귀를 기울여 주었고, 심지어 자신이 무엇을 잘 못했는지를 고백하면서 나의 도움을 요청하는 용기와 겸손함을 보여 큰 감동을 주었다.

주님도 쓰지 않았으니

나의 일방적인 생각일 수도 있겠지만, 비록 배다른 형제이지만 우리 사이는 친형제보다 더 각별했다. 연령차도 14년이나 되지만 늙어갈수록 맞먹는(?) 사이가 되었다. 특히 우리 사이는 다른 사람들이 알 수 없는, 우리만 서로 교감할 수 있는 미묘한 감정적 얽힘이 있었고, 서로 공감하는 교집합의 영역이 컸다. 무엇보다도 내가 회심한 마흔 살 이후부터는 같은 믿음을 가진 형제로서 존중과 신뢰, 그리스도의 사랑으로 연결된 영적 친밀성이 각별했다. 형님은 믿음의 선배로서 내 삶의 모델이고 멘토였기에, 나는 그의 인생 스토리를 책으로 만들고 싶었다. 오죽했으면 내가 스스로 출판기획서를 만들어 보고 어떤 내용을 담을지 인터뷰 질문지까지 준비했을까. 그리고 형님과 함께 3개월 정도를 생활하면서 준비해 간 46개의 질문을 중심으로 하루에 한 가지씩 이야기를 나누고 싶었다. 그래서 녹음기까지 준비해서 영국에 갔다. 하지만 형님은 기록으로 남기려는 나의 간절한 열망을 외면한 채 전혀 도움을 주지 않았다. 몇 주간을 설득했으나 나만큼 똥고집(?)이 쎈 형님은 농담 삼아 "주님도 쓰지 않았으니 나도 책을 내지 않겠다."라고만 했다.

라브리, 런던한인교회, 국제장로회, 에스라성경대학원대학교

스위스 라브리에서 만난 프란시스 쉐퍼의 영향으로 거듭난 믿음을 갖게 된 형님은 쉐퍼의 주례로 신씨아와 결혼했다. 그의 권유에 따라 런던 바이블 칼리지에서 신학을 공부하고 목사가 되었다. 특히 형님은 한평생 라브리 선교회와 국제장로회에 남달리 애착을 보였는데, 어쩌면 형님의 삶에 지대한 영향을 끼친 쉐퍼에게 영적인 측면은 물론 심리적으로도 아버지의 권위와 사랑을 크게 느꼈기 때문이 아니었을까 생각한다. 따라서 그 누구보다도 쉐퍼의 정신과 사역을 계승하려는 무의식적인 욕구가 생겼을 것이다.

형님은 쉐퍼의 딸 부부와 함께 영국 라브리를 설립하고 간사로 활동했다. 지금도 영국 라브리에 가면 형님이 만든 나무 탁자가 있고, 곳곳에 형님의 손길을 발견할 수 있다. 또한 형님은 영국 최초로 1978년도에 교회를 개척하고 은퇴할 때까지 영국 내에 한인교회를 5곳이나 개척했다. 개척한 교회들이 국제장로회 영국한인노회를 구성하도록 도왔고, 형제교회들끼리 서로 협동 사역을 하도록 적극적으로 애썼다. 또한 세계복음선교회(WEM)와 한국 라브리의 설립을 도왔으며, 조기 은퇴 후 한국의 에스라성경대학원대학교 초대 총장으로 섬기기도 했으며, 그의 한국행은 국제장로회 한국노회가 세워지는 계기가 되기도 했다.

용서와 화해

나는 나도 잘 모르는 옛날 우리 가족 이야기를 비롯하여 알고 싶은 것이 참 많았다. 내가 5살 때, 12살 때, 그리고 회심 전이었던 30대와 회심한 이후 40대에, 그리고 70살을 눈앞에 둔 나에 대해 형님은 무엇을 기억하고 있는지, 또 형님은 나에 대해 어떻게 생각하는지 듣고 싶었다. 그러나 내 기대와는 달리 병석에 누워 죽음을 기다리는 형님과 나는 매일 정치, 사회, 문화, 예술, 교회, 신학 등 다양한 주제로 열띤 논쟁도 하고 공감하기도 하며 이야기를 나누었다. 특별히 신앙적 관점에서 '용서와 화해'에 관한 이야기를 많이 나눴다. 나중에 알고 보니, 죽기 전 거의 일 년 동안 형님은 '용서와 화해'라는 주제로 설교를 해오고 있었다. 우리 두 사람의 닫힌 의식 속에는 억압된 분노와 표현하지 못한 슬픔이 있었던 것 같다. 그러나 열린 의식 수준에서는 십자가 사랑으로 이를 승화시켜 보려고 애쓴 눈물겨운 시간이 있었기에, 그나마 오늘의 삶을 살 수 있는 것 같다. 비록 글 쓰는 일은 시작도 못한 채 준비해 갔던 질문지만 만지작거리다가 헤어졌지만, 함께 지냈던 마지막 몇 개월 동안 형님의 숨겨진(?) 어린 시절에 대한 이야기를 듣는 것만으로도 좋았다.

형님과 보낸 마지막 한 달

내가 영국을 갈 때마다 형님의 건강은 조금씩 더 나빠지고 있었다. 형님과의 마지막을 함께하고 싶어 2019년 3월 아내와 함께 영국으로 향했다. 그리고 형님의 마지막 한 달을 함께 지냈다. 죽음이 다가오고 있었고 생명이 조금씩 사그라지고 있었다. 그렇게 곁에서 형님이 죽음을 어떻게 맞이하는지 생생하게 지켜보았다. 죽음의 증인이 되었다. 그것은 나에게 잊을 수 없는 경험이었고, 특별한 은혜의 시간이었다. 라틴어 명구 중에 "오늘은 나에게, 내일은 너에게(Hodie mihi, Cras Tihi)"라는 말이 있다. 오늘은 형님의 죽음을 추모하지만, 내일은 내가 만나야 할 시간이다. 우리 모두 경험해야 하는 죽음은 곧 내가 통과해야 하는 실존적 현실이고 주관적인 사건이다.

　침대에 누워 하루하루 기력이 약해지고 말수가 줄어들고 눈을 감고 있는 시간이 길어지는 동안, 형님은 죽음을 기다리는 대기자로 존재했다. 붉은 해가 온 바다를 물들이며 화려하게 수평선 너머로 저물어 가듯, 그의 입에서는 아쉬움의 한숨이 절로 나왔다. 하지만 형님은 지인들을 불러 살아서 장례식을 치르듯 작은 축제를 즐겼고, 유쾌하게 죽음을 기다렸다. 그러나 나는 그럴 수 없었다. 생명의 촛불이 서서히 꺼져가는 것을 안타깝게 지켜보았다. 그런데 형님은 수시로 "내가 너무 일찍 죽음을 준비했나? 나를 맞이할 준비를 얼마나 잘하시려고 아직도 안 데려가시나?"라며 투덜(?)대기도 하셨다. 끝까지 여유와 유머를 잃지 않았다.

　시간이 지나면서 죽음의 고통이 온몸으로 점점 퍼져나갔다. 그럴수록 괴로움을 참고 견디는 신음 소리가 잦아졌다. 그때마다 형님을 위로한답시고 낮은 목소리로 찬송가를 불렀다. 그러자 형님이 가느다란 목소리로 "야 시끄럽다. 조용히 해라"라는 것이 아닌가! 고통스러운 침묵 속에서 주님과 대화를 하고 있었는데, 내 노래가 방해되었나 싶었다. 그렇게 사그라들던 목숨은 2019년 4월 27일 아침 9시에 끊어졌다. 형님이 하늘나라로 떠나신 것이다. 아마 하나님께서 형님의 고통을 더는 지켜보기 힘들어서 형님을 맞이할 준비를 서둘러 마치셨던 모양이다. 지난 한 달 동안 하루에도 열 번 가까이 형님의 소변 기저귀를 갈아주고, 진통을 완화하는 주사를 놓으며 옆에서 지켜보던 일들이 한순간에 멈춰지니, 얼마나 허전하고 허탈했는지 모른다. 미처 정리하지 못한 살림들, 특히 수천 권이 넘는 책들을 대부분 갖다 버리면서 죽음이 남긴 유산에 대해 생각하는 시간을 가졌다. "나는 누구인가? 내 인생에서 진정 소중한 것이 무엇인가? 나는 그것을 위해 얼마나 많은 시간과 비용을 지불했는가? 그리고 그것을 위해 나는 무엇을 포기했는가?"와 같은 질문들이 꼬리를 이어 내게 화살처럼 꽂혔다. 지난 몇 년 동안 생각해왔던 주제였지만, 이제 그것은 더는 상상이 아니라 실존하는 현실이었다.

형님과 마지막 한 달을 보내며 함께 웃고 울면서 지난 세월 동안 못다 한 수많은 이야기를 나눌 수도 있었다. 하지만 형님이 내게 마지막으로 남겨준 가장 큰 선물은 죽음을 가장 가까이에서 체험하는 은혜를 경험하게 해준 것이다. 호스피스의 창시자였던 엘리자베스 퀴블러 로스(Elizabeth Kubler Ross)는 『인생수업』에서 "생의 어느 시점에서 누구나 스스로에게 물음을 던진다. '이것이 내가 진정 원하는 삶일까?' 비극은 인생이 짧다는 데 있지 않고 정말 중요한 것이 무엇인지를 너무 늦게 깨닫는다는 데 있다. 그런 의미에서 죽음에 직면한 이들의 가르침은 어떤 종교의 설교보다 뛰어나다."라고 했다. 죽음을 눈앞에 둔 형님과 함께 생활하면서, 나는 형님과 보낸 마지막 한 달 동안 수많은 설교를 들었고 살아 있는 수업에 참여한 것이다.

그렇게 형님은 평소에 입버릇처럼 하시던 말씀대로 돌아가셨다. 마지막에는 극심한 고통 때문에 힘들어하셨지만, 죽음을 기다리는 동안 그 누구보다도 풍성한 관계 속에서 의미 있는 대화와 유쾌한 시간들로 충만하게 채우고 떠나셨다. 그렇게 내 인생의 마지막 삶의 멘토가 내 앞에서 떠났다.

김북경 목사님 회고집

책임 편집 박대영 목사

너무 오래 걸렸습니다. 살아계실 적에 내놓으려고 했는데 돌아가시고도 한참이 지났습니다. 죄송합니다. 그래서 더욱 애정을 듬뿍 담았습니다. 목사님의 장례식 때 목사님이 친히 설교를 부탁하고 가신 친구 마크 하비가 평전을 준비하고 있다고 하니 참 좋습니다. 50여 명 가까운 동료와 가족과 성도와 후배들의 글을 모았습니다.

글을 정리하면서 놀라기도 했고 신기하기도 했습니다. 김북경 목사님에 대해 제가 느꼈던 것과 거의 비슷한 소감을 거의 대부분의 필진들이 드러냈기 때문입니다. 각자가 한 인간 김북경을 경험한 지점은 다르고 계기는 다양했지만, 그래서 만난 김북경은 내가 만난 김북경과 다르지 않았습니다. 어떻게 사람이 이렇게 한결같을 수 있을까, 싶은 생각에 놀랐습니다. 젊은 적에는 좀 설익었다가도 나이가 들면서는 점점 성숙해지는 것이 일반적인데, 목사님의 30대에 만난 사람이나 80대에 만난 사람이 비슷한 소감을 고백하고 있었습니다. 사람에겐 타고난 천성이라는 것이 있는가 싶기도 합니다. 또한 이미 한국이 아니라 영국에 살기로 예정된 사람처럼 젊은 시절부터 그는 한국의 가부장적 사고에서 벗어나 다소 열린 관계를 지향하는 서구적 사고를 하고 있었습니다. 아마 그가 한국에서 목회를 했다면 주변에서 받아주기 어려웠을 것이고, 본인도 힘들어서 영국에서만큼 소기의 성과를 거두지 못했을 수 있습니다. 그런 열린 사고 덕분에 영국인 아내를 맞이할 수도 있었을 테지요. 목사님은 평생 프란시스 쉐퍼와 라브리를 사랑하셨고 그 영향 아래서 살았지만, 실제로 그가 쉐퍼와 함께했던 시간은 불과 4개월에 불과합니다. 그래서 쉐퍼가 그를 변화시켰다기보다는 김북경의 자유로운 사고와 겸손하고 열린 배움의 태도, 또 하나님을 경외하면서도 제도보다는 인간을 소중히 여기는 가치관이 쉐퍼를 통해서 영글었고 빛을 냈다고 하는 것이 옳을 것 같습니다.

목사님의 하나님은 참 통이 크신 하나님이었고, 품이 넓은 하나님이었고, 멋을 아는 하나님이었고, 속이 깊은 하나님이었고, 숨이 긴 하나님이었습니다. 그리고 목사님이 가진 울림이 좋은 중저음의 목소리처럼, 선문답을 주고받듯 툭툭 던지는 한 마디 한 마디처럼, 느릿느릿하지만 항상 말보다 행동으로 더 많은 메시지를 보여주신 삶처럼, 목사님이 보여주신 하나님은 교회에 길들여진 사람들에게는 신선했고, 소박했고, 파격적이었고, 불온했고, 불편하기도 했습니다. 그러나 온 세상에 펼쳐진 하나님의 창조의 손길을 강조하는 쉐퍼의 사상처럼, 그는 기존의 믿는 사람들에게는 충격을 주었지만, 아직 신앙의 세계에 들어서지 않은 이들에게는 알아들을 수 있는 말로, 그 세계에 들어가 볼 엄두를 낼 만큼 눈높이에 맞는 말로, 그리고 눈물나게 매력적인 방식으로 복음을 드러내는 인생을 사셨습니다.

목사님은 누구든 처음 만나는 순간부터 긴장하지 않아도 될 사람이었고, 그러다가 그 깊이를 알게 되면 자신이 너무 편하게 대했던 것이 부끄러워지게 하는 분이었습니다. 귀족 가문 출신인 신씨아 사모님의 영향으로 목사님의 영어는 정확했고 고상했고 유려했습니다. 부담스럽지 않은 성우 같은 목소리로 흘러나오는 그분의 영어는 얼마나 듣기 편하고 또 매혹적이었는지 모릅니다. 그에 비해서 그가 말씀하시는 내용은 참으로 단순하고 쉽고 간단했습니다. 군더더기가 없었습니다. 하지만 핵심을 찌르는 내용이었습니다. 청산유수로 쉴 틈 없이 쏟아내는 설교에 익숙한 분들은 그의 어눌함이 답답하게 느껴질 수도 있겠지만, 그분을 아는 이들에게 그분의 설교나 강의나 성경 공부는 말주변이 없는 아버지의 사랑스러운 한 마디 같은 느낌이 강했습니다. 그래서 마냥 좋고 마냥 편안하고 마냥 감사했습니다. 우리 곁을 지나갔던 수많은 대단한 설교자들이나 목회자들보다 김북경 목사님이 그리운 것은 바로 그 수수함, 따스함, 온화함, 속정, 겸손함 같은 것들 때문일 것입니다. 저는 그 많고 많은 여백이, 그 자유로움이, 그리고 그 일상성이 어디에서 나왔을까 생각해봤는데, 다른 모든 것보다 목사님은 정말로 하나님을 믿은 분이었고, 정말로 하나님을 사랑하는 분이어서 가능했겠다는 결론 말고는 더 어울리는 대답이 없었습니다.

　김북경 목사님은 후배들이, 성도들이, 가족들이, 제자들이 이렇게 굳이 회고집을 펴내주지 않으면 그냥 잊힐 수 있는 동네 할아버지 같은 분이었습니다. 그런데 그렇게 개인적으로만 감사하면서 보내드리기에는 하나님께서 그분을 통해서 하신 일이 적지 않습니다. 그래서 단지 이제는 살아있지도 않은 한 인간 김북경을 위한 책으로만 기획된 것이 아닙니다. 자신은 늘 실력이 없어서 다른 사람을 돕는 자리에 있으려고 했고, 궂은 일을 해놓고 물러나려고 했고, 또 후배들에게 더 많은 기회를 주려고 했지만, 도리어 그 뒤로 물러남 때문에, 그 망설임 때문에, 그 겸손함 때문에 분명히 주님께서는 목사님을 통해서 일하기가 훨씬 더 편하셨을 것입니다. 그래서 이 책은 김북경 목사님을 알아보는 눈이 탁월하셨던 우리 하나님을 높이기 위해서 만들었습니다. 그리고 받은 것이 하도 많지만 갚은 것은 별로 없는 뒷사람들이 미안하고 감사한 마음을 표현하기 위해서 내놓았습니다. 좀더 욕심을 부리자면, 점점 이런 어른을 교계에서 만나기 어려워지는 상황에서, 이렇게까지 그를 아는 사람들이 한결같이 한목소리를 내어서 그리워하고 감사하는 어른이 멀지 않은 곳에 있었다는 것을 알리고도 싶었습니다. 이제 이 글을 쓰신 분들 중 많은 분들이 머잖아서 목사님의 뒤를 따라갈 것인데, 그분을 추모하면서 그분처럼 잘 마무리해야겠다는 마음으로 쓰셨을 것입니다.

이 회고집의 프롤로그는 조금 특별합니다. 먼저 목사님 본인이 기억하는 자신의 삶을 기록한 글을 실었습니다. 그리고 목사님의 마지막 한 달을 곁에서 보낸 동생 김온양 목사님의 글이 이어집니다. 그리고 이 책을 책임 편집한 제가 이 책을 읽는 분들을 위해 회고의 글을 써 주신 분들과 그분들의 글을 어떻게 구성했는지 소개했습니다. 본문은 목사님의 인생 여정에 맞춰 구성했는데, 1부는 목사님의 영혼의 고향인 라브리, 특히 한국 라브리의 후배들이 기억하는 목사님을 담았고, 2부에서는 목사님이 1978년 런던의 윔블던에서 영국 최초의 한인교회를 개척하신 후 그 교회에서 신앙생활을 하셨던 성도들이 추억하는 목사님을 담았습니다. 지금까지 런던한인교회에 계시는 성도들과 유병헌 담임 목사님의 좌담회가 무척 생생하고 흥미롭습니다. 3부에는 런던에서 목사님이 런던한인교회는 물론이고 여러 한인교회를 개척하여 후배 목회자들에게 목회의 기회를 주셨고, 그것이 국제장로회 한인노회가 되었는데, 그 당시에 목사님께 신앙과 목회를 배우고 지금까지 그 정신으로 사역자의 길을 걷고 있는 후배들의 회고담이 실렸습니다. 4부에서는 현재 영국의 국제장로회의 한인교회에서 사역하는 후배들의 글이 실렸고, 5부는 한국에 계시는 동안 목사님께서 산파 역할을 하셨던 국제장로회 한국노회 후배들의 이야기를 실었고, 6부에서는 2003년 에스라성경대학원대학교의 총장으로 부임하시면서 함께했던 교수, 제자, 직원들의 글과 후임 총장이자 런던한인교회 교인이기도 했던 민경동 장로님의 글을 실었습니다. 그리고 마지막 7부에서는 목사님의 장례식 때 목사님이 세우신 설교자 마크 하비 장로님이 목사님이 정해주신 설교 본문인 로마서 8장으로 설교한 원고와 목사님을 추모하는 글과 목사님 따님의 편지 그리고 당시 한국 국제장로회 노회장이었던 박대영 목사의 하관 예배 기도문을 실었습니다. 그리고 각 부의 마지막에는 김북경 목사님을 기억하는 글에 맞는 목사님이 살아계실 때 기고하신 글을 선별해 실었습니다. 그리고 에필로그는 목사님을 추억하는 사진과 글로 배치하였습니다. 아마 자신의 젊은 시절 모습을 보고 놀라는 분들이 있을 테지요. 또 얼마나 하나님께서 김북경 목사님을 통해서 큰 사랑과 은총을 베풀어 주셨는지도 새삼 느끼게 될 것 같습니다.

    책이 나오도록 수고해 주신 분들에게 감사합니다. 당연히 집필자로 참여해 주신 모든 분들에게 감사합니다. 사진을 제공해주신 분들에게도 감사합니다. 동생 김온양 목사님의 수고가 특히 컸습니다. 책 출판이 어려울 수도 있었던 상황에서도 끝까지 그 필요성을 잊지 않고 관심과 노력을 기울여 주신 김대준, 황병훈 장로님을 비롯하여 국제장로회 한국노회원들에게도 감사합니다. 끝으로 에스라성경대학원대학교의 직원으로 있으면서 김북경 목사님과 신씨아 사모님에게 큰 사랑을 받고 감명을 받아 책을 선뜻 내주신 선율의 이재원 대표에게도 감사합니다.

    김북경 목사님, 신씨아 사모님 고맙습니다. 너무 그립고 보고 싶습니다. 그 웃음, 그 목소리 다 기억합니다. 그 뒤를 잘 따라가겠습니다.

차 례

추천사
    화종부 목사   04

프롤로그
    저는 북경에서 태어났습니다 • 김북경   06
    형님과 보낸 마지막 한 달 • 김온양(동생)   14
    김북경 목사님 회고집 • 박대영(책임편집)   26

영혼의 피난처
라브리에서 공명하다

    인터뷰: 라브리, 신앙, 교회 • 김북경, 성인경   38
    라브리 전도사, 'Kim & Cynthia' • 성인경, 박경옥   48
    은혜와 겸손의 사람들 • 이예리   63
    3개월의 행복한 동행 • 김광호   66
    라브리에 부어주신 또 하나의 기적 • 김북경   70
    진리 • 김북경   72

따스하고 유쾌하고 성경적이고 인격적인 목자
영국 최초의 한인교회

첫 한인교회가 태어나다 • 박용국, 최봉자　76

국제여관, 인삼판매회사 그리고 영국인 사모님 • 홍치모　85

함께했던 아름다운 날들 • 성혜옥　91

따스하고 유쾌하고 성경적이고 인격적인 목자 • 추모 좌담회　95

당신을 기억합니다 • 런던에서 함께한 이들　118

나의 멘토, 바위 같은 어른, 일상의 묵상인
영국 국제장로회와 영혼의 동역자들

나의 멘토 • 양영전　134

바위 같은 어른 • 방인성　138

작은 거인 • 박득훈　143

일상의 영성 일상의 묵상인 • 박대영　151

겸손하고 진솔한 목사님 • 최종상　162

실천하는 겸손한 영성가 • 정기철　166

꾸밈없이 소탈한 시골 아저씨 • 김대영　170

파격적인 그러나 본질적인 스승 • 박완철　173

김북경 목사와 선교, 그리고 WEM • 김한식　176

김북경 목사가 정리한 국제장로회 정신　187

탈권위주의자, 호모 루덴스, 나의 어른
영국 국제장로회 목회자들의 목사님

    탈권위주의와 탈형식주의 • 박병배   200
    굿 나잇, 미스터 킴! • 윤성현   205
    나의 가이드, 나의 친구, 나의 어른 • 윤태로   224
    목사와 장로 • 김북경   227

참된 목자로의 부르심
국제장로회 한국노회를 열다

    목사님의 이메일 • 황병훈   238
    그리운 마음을 담아 • 이상범   259
    기억하고 따르겠습니다 • 국제장로회 한국노회 후배들의 고백   265
    김북경 목사가 말하는 IPC 한국준노회의 역할과 한계   269

하나님의 마음에 합한 겸손한 목자
에스라가 그리워하다

    하나님 마음에 합한 목자 • 민경동   278
    온유하고 진솔한 사랑의 리더십 • 이진섭   286
    나의 노년의 모델 • 김순홍   290
    옆집 할아버지 • 윤덕희   294
    온몸으로 신앙을 실천하신 총장님 • 박상규   296
    따뜻하고 친절한 인격자 • 최순이   300
    진짜 어른, 진짜 목사님 • 이재원   304

나의 친구, 나의 사랑, 나의 영광
김북경 목사님을 추모하며

영국 최초의 한인 목회자 김북경 목사를 보내며 • 채우병　314
나의 친구, 나의 사랑, 나의 영광 • 김은미　318
A Window on the unseen spiritual reality • 마크 하비　323
김북경 목사님 하관 예배 기도문 • 박대영　344
내 비문에 남기고 싶은 말 • 김북경　348

에필로그　352

연표　374

영혼의 피난처

라브리에서 공명하다

인터뷰: 라브리, 신앙, 교회

2013년 한국라브리에서 진행된 인터뷰입니다.

성인경(한국 라브리 대표) 저는 최근 국제회의에 갔다가 영국 라브리 대표 간사를 만났는데, 그가 "북경은 나의 영웅"이라고 하는 말을 들었습니다. 그는 영국에 지도자가 많지만 존경할 만한 지도자는 많지 않다고 하더군요. 영국에 사시면서 고충도 많았을 텐데요.

김북경 이런 모임에서 항상 고민스러운 것은 제가 고충을 별로 겪지 않았기 때문입니다. 그래서 사실 별로 할 얘기가 없습니다.

성인경 스위스와 영국 라브리에 계신 기간이 모두 얼마나 됩니까?

김북경 스위스 라브리에서는 쉐퍼 박사와 4개월 정도 있었고, 영국에서는 라브리가 처음 시작할 때 간사로 1년을 있었습니다.

성인경 그렇지만 평생 라브리와 함께 계셨는데, 1년 4개월은 학생과 헬퍼로 계신 시기였던 것이지요?

김북경 네 그렇습니다. 쉐퍼 박사 같은 분과 오랫동안 함께 있으면서 사사 받았다면 좋았을 겁니다. 그런데 쉐퍼 박사와 4개월밖에 함께하지 못한 것이 내내 아쉬웠습니다. 하지만 쉐퍼 박사와 가까운 곳에서 오랫동안 함께하는 것은 그리 중요하지 않습니다. 쉐퍼 박사도 똑같은 인간일 뿐입니다. 쉐퍼 박사도 라브리 학생들과 함께하는 것이 너무 힘들어서 부인에게 고충을 토로한 적도 있다고 합니다. 쉐퍼 박사는 위장병이 있었는데, 그 때문에 학생들에게 인내를 갖고 대답하는 것이 매우 어려웠답니다.

쉐퍼 박사의 성격을 알 수 있는 재미있는 에피소드가 있습니다. 쉐퍼 박사 성격이 굉장히 급합니다. 한 번은 부인과 여행을 떠나려고 가방을 쌌는데, 부인의 준비가 늦어지자 혼자 가방을 갖고 집을 나섰답니다. 그런데 바지를 입지 않은 채로 나섰다고 합니다. 사람은 누구에게나 허물이 있습니다. 그래서 누구 옆에 얼마나 오래 있었는지는 그렇게까지 중요하지 않다고 봅니다.

성인경 쉐퍼 박사가 목사님의 결혼 주례를 서셨다고 하던데 그게 사실입니까?

김북경 주례한 것은 맞는데, 무슨 말씀을 하셨는지 내용은 잘 기억나지 않습니다. 주례사를 녹음해달라고 부탁했는데, 글쎄 담당하신 분의 실수로 녹음되지 않았습니다.

성인경 쉐퍼 박사를 만난 후 신학을 공부하셨는데, 그때 자신이 가진 은사를 심각하게 고려하시면서 신학을 하셨나요? 쉐퍼 박사의 사상에 비추어 보면 굳이 신학하는 것을 선호하지 않았을 것 같은데요.

김북경 원칙적으로 쉐퍼 박사는 모든 직업이 성스러우며, 자신의 은사대로 선택할 수 있다고 가르치셨어요. 저는 라브리에서 일하려면 신학을 공부하는 것이 꼭 필요하다고 생각했어요. 국제장로회 영국 노회에서는 신학 공부를 하지 않아도 자습하거나 사사 받아 성경을 가르치고 전도할 수 있는 자격을 부여합니다. 저는 라브리에서 직접 사역을 할 생각은 없었지만, 교회를 섬기고 라브리와 관련된 사역을 위해서 신학이 필요하다고 생각했습니다. 라브리에서 헬퍼로 있을 때 성경 지식과 신학의 빈곤으로 사람들을 효과적으로 돕지 못한다고 생각했기 때문에 신학을 했습니다.

성인경 목회를 위해서 신학을 공부하게 되셨다는 것이군요.

김북경 물론 그 목회 속에 라브리의 사역도 포함됩니다. 1년 정도 간사 생활을 하고는 라브리를 떠나 런던에 가게 된 것은 갑자기 장모님, 그러니까 신씨아의 어머니가 돌아가셨기 때문입니다. 그래서 처가가 있는 지역에서 멀지 않은 곳에 런던 바이블 칼리지가 있었는데, 거기에서 신학 공부를 시작했습니다. 이것이 계기가 되어서 평소 소원하던 것이 런던에서 이루어진 것입니다.

성인경 부르심은 어떻게 확신하셨습니까?

김북경 부름을 받은 과정은 모든 사람이 다를 것입니다. 하나님께서는 여러 방법으로 인도하실 것입니다. 제 경우엔 라브리의 가르침을 통해 신학 공부의 필요성이 마음으로부터 생겼고, 그것을 하나님의 부르심으로 생각했습니다. 그 이후에 특별한 하나님의 음성을 들은 경우는 없습니다.

성인경 어떻게 영국인 신씨아 사모님을 만나서 결혼하게 되셨습니까? 결혼하는 과정이나 결혼 생활에 어려움은 없으셨는지요?

김북경 스위스 라브리에 도착해서 공교롭게도 맨 처음 만난 사람이 제 아내였습니다. 4개월을 함께 하면서 좋아하는 마음이 생겼습니다. 그 당시에는 국제결혼이 몹시 드물었습니다. 하지만 결혼하기까지 큰 어려움을 겪지는 않았습니다. 저는 북경에서 태어나 외국 생활 경험이 있어서 문화장벽도 크게 느끼지 않았습니다. 오히려 문화장벽보다는 개인의 성격 때문에 겪는 어려움이 있었습니다. 아내에게 어떤 질문을 받을 때 대답을 늦게 하는 것 때문에 어려움을 겪었는데, 저는 질문에 대답하려면 생각을 좀 해야 하는 편인데 신씨아는 그런 내 스타일을 조금 힘들어했습니다.

참고로 영국에서는 경제적인 독립과 교육 덕분에 여성들이 많이 해방되었습니다. 그 결과 여성들이 결혼에 대한 필요를 느끼지 못한 채 성적 욕구와 자녀 양육에 대한 욕구만 충족시키려고 했습니다. 그 결과 영국에 싱글맘들이 많이 생겼는데, 이는 서양 교회의 큰 문제가 되었습니다.

성인경 목사님은 부교역자 생활을 전혀 해보지 않으셨고, 한인 목회도 전혀 경험하지 못하셨다고 들었습니다. 그런 목사님의 경험에 비추어 보았을 때, 한국 목회의 개혁 방법이 무엇이라고 생각하십니까? 또한 교회당에 대한 특별한 마인드 때문에 런던한인교회의 예배당 건축이 늦어졌을 텐데, 어려움은 없으셨는지 궁금합니다.

김북경 두 번째 질문에 대한 대답을 먼저 하겠습니다. 영국에 있는 한인교회는 대부분 영국 성공회 건물을 빌려서 오후 시간에 사용합니다. 약간의 어려움이 있기는 했지만, 크게 불편한 상황은 아니었습니다. 그러다가 이미 지어져 있는 건물을 구입하여 교회로 사용하였는데, 이 과정에서도 큰 어려움은 없었습니다. 영국에는 많은 교회들이 문을 닫고, 그 교회를 무슬림들이 사서 모스크로 바꾸는 상황이었습니다. 저희가 윔블던과 가까운 킹스턴으로 이사하려고 장소를 물색하고 있었는데, 당시 1884년에 준공된 장로교회가 있었습니다. 그리고 그 건물에 저희가 들어간 것이 1984년이니, 꼭 100년 만에 저희가 들어간 셈입니다. 처음에는 영국교회 예배당을 빌려 쓰려고 했는데, 그 교회 성도 규모가 20여 명 정도밖에 되지 않아서 문을 닫게 되었다는 연락을 받고, 예기치 않게 교회 건물을 구입하게 되었습니다. 교회 건물을 구입할 때에도 은행에서 모기지론을 받아서 10년 동안 상환하는 조건으로 갚았습니다.

이제 첫 번째 질문에 대해서 답하겠습니다. 교회의 성도는 빛으로 살아야 할 것입니다. 그러나 교회 성도들이 잘못 생각하고 잘못 살아가는 데는 일차적으로 목회자에게 책임이 있고, 그것은 다시 부실한 신학교육에 그 원인이 있다고 생각할 수 있습니다. 우리가 다 같은 죄인이고 잘못을 저지르지만, 그래서 더욱 성경을 가르치는 교사들은 성경과 함께하며 잘 가르쳐야 할 것입니다. 교만한 말씀이 되겠지만, 신학교 교수들에게도 문제가 많다고 생각합니다. 제가 몸담았던 에스라성경대학원대학교의 경우에는 참 좋은 정신으로 학교를 시작했고, 교수님들도 어수룩한 바보들처럼 보이면서 학교를 운영하고 있습니다. 제가 총장으로 청빙 받은 이유를 들었는데, 글쎄 한국에서는 에스라성경대학원대학교의 총장이 될 만한 사람이 없기 때문이라는 것이었습니다. 유명한 목사님이나 박사님이 그 자리에 앉으면, 학교는 안팎으로 확장될 것입니다. 사람들은 또 외연을 확대하려고 할 것입니다. 유능한 사람은 그렇게 하지 않고는 견디지 못할 것입니다. 그래서 무능한 제가 그 학교에 가서 가만히 있었던 것입니다. 에스라성경대학원대학교는 바로 그런 정신으로 학교를 운영하고 있습니다. 불법을 행하는 신학교들도 있습니다. 그런데 그런 환경에서는 교실에서 아무리 개혁주의를 잘 가르치고 잘 배워도 정작 목회 현장에서는 현실과 타협하게 될 수밖에 없을 것입니다. 세속적인 생각을 가지고 목회하시는 분들이 많아졌습니다. 카슨(Donald Arthur Carson)은 자기 아버지를 매우 존경했는데, 그 아버님은 캐나다 시골에 있는 작은 교회를 평생 목회 하셨다고 합니다. 그런데 이런 풍토가 없는 곳에서 신학한 학생들이 어떻게 목회를 잘 할 수 있으며, 그러한 목사님들이 목회하는 교회에서 성도들이 어떻게 삶의 변화가 오겠습니까? 해결책은 무엇일까요? 우리는 각자 먼저 사람이 되어야 합니다. 목회자가 되기 전에 사람이 되어야 합니다. 신신학(新神學)을 공부한 사람들이 오히려 더 인격적이라는 생각이 들다니 참 유감입니다.

성인경 목사님의 말씀을 듣다 보니 한국 교회가 추구하는 문화가 대체로 "교회의 대형화"가 아닌가 싶습니다.

김북경 네 저도 그렇게 생각합니다. 큰 교회도 좋고 작은 교회도 좋습니다. 문제는 사람입니다. 큰 교회의 목사는 잘못될 확률이 매우 높습니다. 성인(聖人)이 아니고서는 유혹을 물리치기가 힘듭니다. 요즘 큰 교회의 목사님에 대해 걱정하시는 분들이 많은데, 유혹이 생길 수밖에 없을 것 같습니다. 사람의 의지가 웬만큼 강하지 않고서는 '돈, 섹스, 권력'에 매우 약할 수밖에 없죠. 그것이 성도들에게 미치는 악영향도 있을 것입니다. 관계 속에서 자라야 하는 것이 성도인데, 큰 교회에서는 쉽지 않은 일입니다. 또 성도들이 큰 교회를 선호하는 이유에 대해서도 생각해 봐야 합니다. 사람들은 설교 잘하는 목사님과 좋은 건물 있는 교회를 찾기 마련입니다. 그렇다 보면 정말 좋은 교회의 기준이 모호해집니다. 교회는 질(quality)과 인간관계가 중요합니다. 그런데 대형 교회는 이것이 불가능합니다. 저는 복음만 있다면 잘하는 설교와 못하는 설교가 큰 차이가 없다고 생각합니다. 그러나 현대 한국 교회의 성도들은 명설교가만 찾아다닙니다. 이것은 "제일주의"적 현상이며 귀만 높아진 교만한 모습입니다. 오히려 우리는 우리가 알고 있는 진리를 얼마나 실천하며 살고 있는지에 관심을 쏟아야 합니다.

좋은 교회를 찾아 자신이 사는 지역을 버리고 이리저리 쏠려 다니는 현상은 바람직하지 않습니다. 영국 같은 경우에는 지역 교회의 개념이 매우 발달되어 있습니다. 그렇다 보니 교회가 중심이 되어 지방의 유지들이 합심하여 지역 개발에 힘쓰고, 목사님은 지역의 유지로서 지역 사회에 큰 영향을 미칩니다. 지방자치의 발달과 더불어 지역 교회의 역할이 커졌습니다. 이런 면에서 한국 교회의 교단 어른들이 모여서 교회를 교구화시키는 것이 필요하다고 생각합니다. 교회들 간에 서로를 믿고, 성도들이 이사하면 그곳의 교회에 성도를 보낼 수 있는 정도가 되어야 한다고 생각합니다.

성인경 이런 이상적인 모습을 한국에서 구현할 수 있을까요? 저는 개인적으로 한국 교회가 성도를 '소비자'로 취급하고 '생산자'인 목회자가 제공하는 것들을 소비할 특권을 가졌다고 가르치는 것은 아닌지 안타까움을 느낍니다. 또한 신학교에서는 그릇된 특권 의식을 심어주고 있는 것이 아닌지 돌아보아야 한다고 생각합니다.

김북경 네. 저도 동의합니다. 모든 것이 성직입니다. "성전"이나 "성직"과 같은 개념은 천주교에서 나와서 우리나라에서는 유교와 맞물려

영향을 미치고 있습니다. 이것이 한국 교회가 극복해야 할 가장 시급한 문제입니다. 말씀 전하는 것이 중요한 것은 당연합니다. 그러나 다른 직업도 중요합니다. 서양에서는 좀 더 평준화되었습니다. 그 이유는 서양의 문화적 영향이 아닐까 생각합니다. 한국도 젊은 분들에게 소망을 두면 어떨까 합니다. 기성세대와는 다르게 각자 독립적으로 생각할 수 있는 환경이 되는 과정에 있는 것 같습니다. 이런 생각을 가진 목회자들이 변화를 가져오길 바랍니다. "늙은 개에게는 새로운 기술을 가르칠 수 없다."는 서양 속담이 있습니다. 기성세대보다는 다음 세대에 희망을 걸고 교육하면 좋겠습니다.

성인경 과연 서양이 스스로를 구원하지 못했는데, 그 서양이 오늘 우리를 변화시킬 수 있을까요? 게다가 서양에서 공부하고 온 한국 신학교의 교수들이 교회를 변화시킬 수 있다고 생각하십니까? 제가 보기엔 서양에서 공부하고 온 신학교 교수들이 더욱 교조주의에 빠진 것 같습니다.

김북경 문제는 서양의 신학교는 '학위'를 주는 학교라는 것입니다. 박사 학위를 받으려고 유학한 이들의 가장 주요한 동기는 명예욕입니다. 가능한 한 빨리 논문을 써서 박사가 되어 한국에서 교수가 되려고 유학합니다. 게다가 유학 시절에 너무 고생한 나머지 어떤 이들은 반서양적 사고를 하기도 합니다. 그 결과 서양의 긍정적인 기독교 문화를 배우지 못한 채 돌아가기도 합니다. 비록 많이 약해지긴 했어도 기독교 문화가 뿌리내린 곳에서 그런 긍정적인 문화를 진혀 배우지 못한 채 돌아가는 것은 큰 문제라고 봅니다. 영국에 온 한국인 중에는 한국의 교회에서 중요한 직분도 받았고 신앙도 좋은 분들이 불법을 행하면서도 그것을 하나님의 영광을 위해서 한다며 쉽게 타협하는 모습을 보게 됩니다. 저는 '문화'를 배우지 못해서 그렇다고 봅니다. 신앙인이 되기 전에 먼저 사람이 되어야 하고 자기 성찰을 해야 하는데, 그걸 위해서는 문화가 아주 중요한 역할을 하기 때문입니다.

성인경 저는 성도들이 교회 생활을 하면서 너무 한 교회에 붙잡혀 있는 것처럼 보입니다. 다른 교회 목사님의 설교는 전혀 들을 수 없는 환경이 되었고, 다른 교회 예배에 참석하거나 교회를 옮기면 죄책감을 느끼게 만듭니다. 신앙생활에서 교회에 대한 자유가 없으면 큰 문제라고 생각하는데, 어떻게 생각하십니까?

김북경 예수께서도 "진리를 알지니 진리가 너희를 자유케 하리라"라고 하셨는데, 교회에 나가면 오히려 속박이 커지는 것이 문제라고 생각합니다.

라브리 전도사, 'Kim & Cynthia'

성인경, 박경옥 (라브리공동체 한국지부 간사)

저희 부부는 김북경 목사님과 신씨아 사모님을 처음부터 지금까지 라브리 때문에 자주 만났습니다. 제가 두 분을 처음 만난 것은 1981년쯤인데, 두 분이 총신대를 방문했을 때였습니다. 제가 "대학을 졸업하면 스위스 라브리에 가서 프란시스 쉐퍼의 사상을 좀 더 공부하고 싶습니다."라고 했더니, "영국에 오면 영어도 공부하고 영국 라브리에 가서 공부하시면 좋을 겁니다."라고 일러 주셨습니다. 그런데 당시에 총신대에는 이미 영국 라브리를 다녀온 분이 있어서 "영국 라브리에서는 매일 감자만 먹는다. 거기에는 가지 말라."는 소문이 돌았을 때였습니다.

그러나 저는 두 분의 소개로 받아 영국에 가서 영어 공부를 좀 한 후에 영국 라브리에 들어갔고, 거기에서 3년간 공부를 하고 돌아와서 강원도 양양에 있는 설악산 기슭에서 라브리공동체를 운영하고 있습니다. 그래서 그런지 저희 부부에게는 두 분이 목사님과 사모님보다는 라브리 가족으로 느껴집니다. 특히 두 분이 오랫동안 한국 땅에 라브리공동체가 시작되도록 기도해 주신 것과 라브리가 세워진 후에는 일이 잘되도록 격려해 주신 것을 잊을 수 없습니다. 그래서 이 글에서도 두 분의 라브리와 관련된 이야기를 저희가 아는 대로 몇 가지 적어보고자 합니다.

한국 라브리의 씨를 뿌린 사람

작은 열매 하나를 맺으려고 해도 누군가 씨를 뿌리고 물을 주어야 합니다. 한국 땅에 라브리공동체가 생기는 데는 여러 사람의 준비가 있었습니다. 성경에서 말하듯이, 자라게 하는 분은 한 분밖에 없는데 그 분이 예수님이라는 것은 두말할 필요가 없습니다. 감사하게도 저희 부부는 물을 주는 영광을 누렸습니다. 그러나 오늘의 열매가 있도록 씨를 뿌린 사람들은 바로 "Kim & Cynthia"입니다. 뿌린 씨가 없다면, 물을 준다 한들 무슨 소용이 있겠습니까?

2009년 5월에 조카 결혼식을 위해 잠시 한국을 방문하셨을 때, 양양 라브리에서 두 분을 모시고 '내가 살아온 인생!(What a life I have had!)'이라는 제목으로 이틀에 걸쳐 공개 대담 시간을 가진 적이 있었습니다. 그 대담을 통해 저희 부부도 놀랐고 참석했던 많은 사람들이 놀랐던 것이 하나가 있었는데, 그것은 40년 전이나 지금이나 라브리에 대한 사랑이 조금도 변치 않았다는 것입니다. 오히려 백발이 아름다운 신씨아는 약 40년 전의 처녀 시절에 가졌던 열정을 이렇게 회상했습니다.

"나는 1960년대 중반에 어떤 목사도 예술에 대해 이야기하는 사람이 없던 당시에 쉐퍼 목사님을 통해 '예술과 기독교가 무관한 것이 아니며, 미술, 음악, 드라마, 심리학 등 모두가 기독교와 통합될 수 있다'는 메시지를 듣고 라브리에서 공부하며 간사로 일하기로 작정했습니다. 거기에서 Kim을 만나 결혼했습니다."

얼굴의 검은 반점도 이제는 멋있게 보이는 Kim도 40년 전 청년 시절의 감동을 그대로 간직하고 있었습니다.

"나는 대학 시절에 예수님을 믿던 것을 중단했다가 캐나다 유학 중에 한 장로님을 만나 다시 예수님을 영접했습니다. 그 후에 신학을 공부하고 싶었으나 여전히 제도적인 기독교에는 질식할 것 같아서 기독교의 뿌리를 공부하기 위해 로마로 갔는데, 거기에서 만난 어떤 사람이 쉐퍼 박사를 만나 보라고 하기에 스위스 라브리에 가서 그를 만나 복음의 정수를 듣고 난 후에 다시 회심을 했습니다. 신씨아를 거기에서 만나 결혼했지요."

두 분이 스위스 라브리에서 만나 사랑이 싹튼 후에 프란시스 쉐퍼 박사의 주례로 런던에서 결혼식을 올린 것이 1970년 9월 4일인데, 아마 그때 이후로 두 분은 "Kim & Cynthia"로 통하게 된 것 같습니다. 아마 그것은 외국인들이 "북경(Puk Kyong)"이라고 부르기가 매우 힘들었기 때문이거나, 혹은 한국에 '김씨(金氏)'가 얼마나 많은지 모르고 한국인을 대표하여 "Kim"이라 불렀던 것이 아닌가 생각합니다. 저희 부부는 라브리의 전통을 따라 그분들의 직위보다는 "킴" 혹은 "북경"과 "신씨아"로 부릅니다. 가끔 라브리 학생들은 그런 호칭에 놀라곤 하지만, 정작 두 분은 한 번도 언짢아하시지 않고 오히려 그렇게 불리는 것을 좋아하셨습니다.

저는 두 분이 결혼식을 올린 즈음부터, 더 정확하게 말하면 두 분이 만난 1969년이나 1970년대 초부터 "조용한 아침의 나라"에 라브리가 더 많이 소개되거나 공동체 지부가 세워지기를 바라는 기도를 시작한 것이 아닌지 추측해 봅니다. 한국 라브리가 활동을 시작한 것이 1988년이라고 할 때, 그로부터 약 20년 전에 이미 스위스와 영국에서 한국 라브리를 위해 기도를 시작한 분들이 계셨다는 것이 얼마나 신기합니까? 이렇게 볼 때 복음을 직접 전하는 것만이 아니라 미래의 선교를 위해 믿음으로 기도하는 것 역시 좋은 '씨뿌리기 작업'이며, '예비선교사역'이라 할 수 있습니다.

당시에 한국은 정치적으로는 박정희 대통령의 유신 독재 시대였고, 교회적으로는 민중 신학과 이원론적인 영성이 판을 치던 때였습니다. 그때 신씨아는 벌써 일본을 방문하고 돌아와서 아시아의 문화와 종교에 관심을 갖고 스위스 라브리에서 간사로 일하고 있었으며, 이미 미래의 남편도 만나 한국 이야기를 많이 듣고 있었던 때였습니다. 그리고 일찍이 라브리를 찾은 기독교 역사학자이신 홍치모 교수님과 같은 분도 만나서 한국 교회에 대한 소식을 많이 접했던 것이 분명합니다. 그리고 두 분이 결혼한 후에는 런던 서쪽에 있는 일링이란 동네에서 막 시작된 영국 라브리에서 1년간 간사로 봉사하며, 지금도 전 세계 라브리가 월요일마다 기도하고 있듯이, 세계 인구의 약 절반이 사는 중국, 일본, 인도를 위해 기도하면서 한국을 빼놓았을 리가 없기 때문입니다.

국제 라브리에서 가장 헌신 된 가족

지금으로부터 약 40년 전인 1970년대 초에 한국의 라브리를 위해 두 분이 할 수 있는 최선의 일은 기도가 전부였습니다. 그러나 기도가 시작된 후에 『이성에서의 도피』, 『진정한 영적 생활』, 『라브리』란 책들이 한국어로 번역되기 시작했고, 그 후에는 많은 사람들이 라브리에 관심을 가지기 시작했으며 필요에 따라 다른 일들을 도우셨습니다. 특히 'Kim'은

1970년대에는 한국인에게 라브리를 소개하는 일들을 하셨고, 1980년대에는 라브리 사역에 관심이 있는 사람들을 후원하고 도우셨으며, 1990년대에 와서는 통역자로 혹은 강사와 협력 간사로 도왔습니다. 그러다가 2000년대에 와서는 한국 라브리 '명예 이사'로 섬기고 계십니다. 참고로 한국 라브리는 두 번에 걸쳐 수양회(1988년, 1990년)를 개최한 후에, 1990년에 서울에서 자료센터라는 이름으로 시작되었습니다. 그러다가 1994년에 다시 합숙연구소로 발전했고, 2001년에는 양양으로 이사하여 공동체로 거듭나기까지 과정마다 두 분이 늘 함께해 주셨습니다. 지면 관계상 몇 가지만 정리하면 다음과 같습니다.

- 1992년 7월 라브리수양회 통역(Jerram Barrs, Richard Winter) 및 강의, 일 년에 1-3개월 가량 한국 라브리를 돕고 싶다고 자원함.
- 1994년 2월 국제라브리공동체 회장 빔 리트케르크(Wim Rietkerk)에 의해 두 분이 한국에 머무는 기간에 한하여 협력간사(Co-Workers)로 임명됨, 라브리수양회 통역(Wim Rietkerk, Dick Keyes) 및 강의.
- 1997년 1월 라브리수양회 통역(Jerram Barrs) 및 강사, 수양회 후에 라브리를 돕고 싶어 하는 청년들로 이루어진 협동간사팀(Helpers Team)을 구성할 것을 제람 바즈 교수와 함께 제안하여, 국제라브리 역사상 최초로 약 12명으로 이루어진 협동간사팀이 강의와 봉사로 라브리를 돕도록 함.
- 1999년 4-8월 라브리와 집을 바꾸어 지내기로 하고, 성인경, 박경옥 간사와 자녀 3명은 영국에 있는 두 분의 집 '세겜 오크'에서 4개월

동안 안식년을 보내고, 그동안 두 분은 한국 라브리에서 살며 수많은 손님들을 대접함.
- 2002년 10월 라브리수양회 및 월드리더십포럼 통역(Wim & Greta Rietkerk, Dick & Mardi Keyes, Larry Snyder, Jim Ingram, Andrew Fellows) 및 강의.
- 2004년 11월 명예이사로 추대되어 이사회 참석 및 필요할 시에는 라브리 제반 업무에 조언을 함. 특히 에스라성경대학원대학교 초대 총장으로 부임하신 이후로는 휴가 때마다 라브리에 오셔서 학생들과 함께 좁은 기숙사에서 지내시며 간사들을 위로함.

그중에서도 1999년 4-8월에 저희 온 가족이 화이트힐에 있는 두 분의 집 '세겜 오크'에서 4개월 동안 지낼 수 있도록 배려해 주신 것은, 저희 부부에게만 아니라 저희 세 아이의 인생에 가장 아름다운 추억이 되었습니다. 평생에 두 분이 처음 장만한 좋은 왜건 승용차를 타고 저희들이 얼마나 폼을 잡았던지, 한 번은 집에 돌아와 보니 뒷유리가 떨어져 나간 적도 있었습니다. (물론 좋은 보험까지 들어놓으셔서 무료로 고쳤지만 말입니다.) 준비해 놓은 음식이 너무 많은 것도 문제였습니다. 저는 아무리 좋은 음식도 두 번 연속 먹는 것을 싫어하는 터라 아마 그때도 제가 먼저 불평을 시작했을 것입니다.

인경 "우리가 신씨아의 냉장고와 찬장을 청소해 주러 여기까지 온 것은 아니잖니?"

의진 "드디어 신선한 영국 음식을 좀 먹어 볼 때가 되었군요. 여러분,

이제부터 냉동 음식으로부터 자유 독립을 선포하는 바입니다."

혜진 "우리가 가난하다는 것을 아시고 굶지 말라고 일부러 두 분이 많이 사다 놓으신 거라는 것도 모르는 것은 아니겠지요?"

기진 "좋은 생각이 있다. 냉장고에 있는 것을 어서 먹어 치워 버리자. 그러면 엄마 아빠가 쇼핑을 가시겠지."

경옥 "여러분, 지금 우리 형편에는 있는 것도 아껴 먹어야 해요."

신씨아가 얼마나 음식 재료들을 많이 사 놓고 떠났는지 다섯 식구가 넉 달 동안 배부르게 먹었습니다. 아이들이 쇼핑하러 가자고 불평할 정도로 먹을 것을 풍족하게 준비해 주신 것을 지금도 잊을 수 없습니다.

저희들이 그렇게 잘 먹고 노는 동안, 두 분은 쇼핑만 아니라 잠자리나 부엌마저 불편한 서울 후암동 라브리에서 일주일이면 수십 명씩 찾아오는 손님들을 대접하느라 몸살이 날 정도로 바빴다고 합니다. 10년 전에 '집 바꾸어 살기'를 시도했으니 다행이지, 편안한 자기 집과 자동차 열쇠를 내어주고 불편한 라브리에 와서 한 달이면 수백 명씩 찾아오는 손님들과 학생들을 밥 해먹일 부부를 찾기는 쉽지 않으리라고 생각을 하니, 두 분이 한없이 그립습니다.

생각해 보니 그분들은 수십 번 라브리에 오셨지만, 손님으로 오시지 않고 '가족'으로 오셨습니다. 가족으로 와서 같이 일하고 같이 섬기셨지 한 번도 대접을 받으러 오시지 않았습니다. 그것은 두 분이 영국, 미국, 호주 라브리를 찾아가실 때도 마찬가지였다고 들었습니다.

대단히 염치가 없는 이야기이지만, 한국에서 수양회가 있을 때마다 먼 길을 달려와서 통역하랴 강의하랴 입이 불어터질 때가 한두 번이 아니었고, 양양 신골짜기까지 길이 닳도록 자주 오셨지만 한 번도 차비나 용돈을 드린 적이 없었습니다. 오히려 성도들이 그분들에게 준 여비를 봉투도 열어보지 않고 라브리에 주고 가신 적이 한두 번이 아닙니다. 국제 라브리가 그분과 같이 헌신된 가족을 다시 만날 수 있을까요? 아마 쉽지는 않을 것입니다.

그래서 저희들은 하나님 나라의 상급을 빼앗지 않으면서도 그 분들의 기도와 사랑, 섬김을 기념할 방법이 없을까를 고민하다가, 2007년 11월 이사회에서 라브리의 도서관 이름을 "Kim & Cynthia Library"로 부르기로 결정했습니다.

오늘도 학생들과 손님들이 하루에도 몇 번씩 그분들의 이름을 부를 때마다, 그리고 그분들의 이름이 붙은 도서관에 앉아 진리와 인생을 탐구하는 청년대학생들을 볼 때마다 큰 영광이라 생각합니다.

라브리 전도사

두 분을 어떤 사람들은 목회자로, 어떤 사람들은 지도자로, 어떤 사람들은 행정가로 아실 것입니다. 그러나 많은 사람들은 두 분을 "라브리 전도사"로 알고 있습니다. 얼마나 두 분이 라브리를 자랑스럽게 생각하고 열심히 전했든지, 어떤 분은 저에게 "그분들은 예수님을 전하는 것보다 라브리를 더 열심히 전하는 것 같다."고 놀리기도 했습니다. 사실 그분들은 입만 열면 라브리 이야기를 했고, 라브리를 팔고 다녔던 것이 사실입니다. 목회자나 지도자, 행정가이기 전에 라브리 전도사였기 때문입니다.

한번은 신씨아가 한국에 있는 외국인들에게 라브리를 소개하고 싶은 마음이 들어 담대한 이벤트를 하나 제안했습니다. 그것이 바로 2004년 6월 2일에 있었던 서울 밀레니움힐튼호텔 리알토룸에서 모인 커피 모닝이었습니다. 당시에 신씨아는 힐튼에서 주한 외국인 대사 부인들과 성경 공부를 하고 있었는데, 더 많은 외국인에게 라브리를 소개하고 싶은 나머지 평생에 한 번도 시도한 바가 없는 비싼 전도 모임을 모의한 것입니다.

아담한 방을 빌리고, 커피와 다과에, 프로젝트까지 준비했으나 안타깝게도 많이 모이지 않았습니다. 모아둔 용돈도 거의 쏟아부은 것 같았습니다. 그러나 그 후에 단 한 번도 그때 일을 후회하신 적도 없고, 그 일 때문에 전도의 열정이 식은 적도 없습니다. 오히려 더 열심을 내셨습니다. 신씨아가 그렇게도 라브리를 위해 동분서주한 이유가 무엇일까요? 라브리를 높이려고 하거나 라브리에서 일하는 간사들을 자랑하려고 한 것일까요? 아닙니다. 라브리를 통해 한 사람이라도 더 전도하고자 하는 열정 외에 다른 이유가 없었습니다.

참고로 "라브리(L'Abri)"라는 말은 불어로 '피난처(shelter)'라는 말이며, 진리와 인생의 의미에 대한 정직한 질문을 가진 사람들이면 누구나 찾아와서 정직한 대답을 찾을 수 있는 영적 피난처입니다. 최초의 라브리는 1955년 스위스 알프스산에서 프란시스 쉐퍼와 그의 부인 이디스(Edith Rachel Merritt Schaeffer)가 시작했습니다. 현재는 전 세계에 11개의 지부가 운영되고 있습니다.

혹시 2005년 11월에 라브리가 4년간 빌려 쓰던 집을 구입 할 돈이 없어 곧 쫓겨날 형편이 되었을 때, 김정식 장로님 내외분의 도움으로 라브리가 다시 한번 기적 같은 은혜를 체험한 것을 아십니까? 두 분은 그것을 "막판의 기적"이라고 말씀하시며 얼마나 기뻐하셨던지, 런던한인교회 교인들에게는 대단히 미안한 이야기이지만, 킹스톤교회를 구입했을 때보다 더 기뻐하셨던 것 같습니다. 당시에 기쁨을 억누르지 못하시고 개혁신문에 "할렐루야"와 같은, 한 번도 제가 들어온 적이 없는 감탄사까지 쓰시면서 그 감격을 나타내신 적이 있습니다.

더 중요한 것은 "막판의 기적"을 쓰기 불과 몇 주 전, 같은 신문에 "사막의 오아시스"라는 제목으로 기고한 글에는 라브리의 정신을 정확하게 기술하시면서도 "라브리가 사용하던 집에서 곧 쫓겨나게 생겼으니 돈을 보내 달라."는 말씀을 끝까지 하지 않으셨습니다. "펀드 레이징 금지(현금 요청 금지)"라는 라브리 원칙을 거스르고 싶지 않으셨기 때문입니다. 그와 같은 급박한 상황 속에서 마음이 흔들리지 않을 수는 없었겠지만, - 저희 부부도 마음이 심히 흔들렸으니까요-사람들에게 손을 벌리지 않고 하나님을 의지한다는 것이 어떤 것인지를 "라브리는 특수한 사명을 가지고 시작됐다."라는 말 한마디로 과시하셨던 것입니다. 지금 생각해도 그것은 '라브리 전도사'의 품위만 아니라 '라브리 정신'의 품위를 지켜주신 것이라 생각합니다. 요약하여 옮기면 다음과 같습니다.

"첫째로 하나님이 살아계신다는 것을 말씀과 삶으로 증거하는 것이다. 그 구체적인 방법은 믿음 선교(Faith Mission)를 원칙으로 사는 것이다. 예로서 재정은 요청하지 않고 기도만 해서 먹고 산다. 둘째로 무엇이든지 기도로 살려면 성령께서 인도하심에 민감하게 뒤따라가야 한다는 원칙이다. 그러려면 오래 참음과 기다림이 필요하다. 무엇이든지 빨리 성취하려는 한국인의 심성에는 더욱 필요한 은사다. 셋째는 누구든지 와서 정직한 질문을 하면 정직한 대답을 성경에 근거해서 해준다는 원칙이다. 1960년대 미국의 많은 기성교회들이 젊은이들이 교회를 떠난 이유는 "덮어 놓고 믿으라"는 기성세대의 반지성적 태도에 실망했기 때문이다. 넷째는 크리스천은 세상에 살기 때문에 세상 문화에 마땅히 관심을 가져야 한다는 것이다. 최근에 보수 진영에서도 세상 일에 관심을 가지고 문화 운동을 하기 시작한 것은 다행이다."

라브리 간사들의 영적 대부

라브리는 국제단체라 매년 수십 명이 모이는 연례회의가 열리는데, 그때마다 미국, 영국, 스위스, 스웨덴, 화란, 호주에서 온 간사들이 저희에게 두 분의 안부를 물어올 때가 있습니다. 관심과 존경이 없으면 안부를 물어볼 리가 없겠지요? 몇 년 전에는 서로 이야기를 주고받다가, 한 간사가 진지하게 말하기를 "두 분이 건강하게 오랫동안 사시도록 기도해야 합니다. Kim은 나의 영웅입니다."라고 하는 것이 아니겠습니까?

저는 그 간사가 왜 그를 참 목자로, 영적 아비로, 친구로 존경하는지 압니다. 그분은 예수쟁이가 아니라 예수의 사람이었기 때문입니다. 그분은 영적이고 신령한 사람이었을 뿐만 아니라 아주 인간적인 사람이었기 때문입니다. 그분은 혓바닥으로 지구 땅덩어리를 다 핥을 것처럼 고민하는 사람들에게는 "인생을 너무 진지하게 생각하지 말라."고 가르쳤을 뿐만 아니라 정직하게 사셨기 때문입니다. 그분은 거룩하다 못해 인생을 "앤조이(enjoy)"하는 것을 비(非)영적이라고 매도하지 않은 분이기 때문입니다. 그리고 그분은 화가 나는데도 안 난 척하지 않는 분이었기 때문입니다.

저도 그 간사가 왜 그를 영웅이라 생각하는지 압니다. 아마 그도 저처럼, 그분이 교회 마룻바닥을 열심히 닦는 것을 보았을 것입니다. 아마 그도 저처럼, 그분이 거지에게 줘도 안 입을 허름한 옷을 걸치고 다니는 것을 보았을 것입니다. 아마 그도 저처럼, 그분이 기분이 좋은 날은 포도주는 물론이고 맥주나 동동주도 한잔하시는 것을 보았을 것입니다. 아마 그도 저처럼, 그분이 입보다는 귀가 훨씬 크다는 것을 보았을 것입니다. 그리고 아마 그도 저처럼, 그분이 한국말 설교보다 영어 설교를 훨씬 잘 한다는 것을 보았을 것입니다.

제 아내는 신씨아를 특별히 존경합니다. 낯선 땅 런던에서 첫 아이 기진이를 낳고 해산 후에 우울증과 외로움으로 고생하고 있을 때, 영적 엄마와 친구가 되어 준 신씨아를 얼마나 고맙게 생각하는지 모릅니다. 특히 신씨아의 집에 드나들며 소소한 집안일들을 거들기도 하고, 수다도 떨고, 아이들 키우는 법이며, 부부관계의 노하우를 배운 것 등은 잊을 수 없는 추억입니다. 그때 신씨아로부터 고급스러운 퀸즈 잉글리쉬(Queen's English)를 조금 배운 것이 요즘도 라브리를 찾아오는 외국인들과의 소통과 산골 초등학교에서 요긴하게 사용되고 있습니다.

신씨아의 가정은 목회자의 집이라기보다는 부부가 함께 살며 두 아이를 키우고 있던 일상적인 분위기였는데, 이제 막 신혼생활을 시작한 새색

시에게는 영성과 지혜를 배울 수 있는 최고 학교가 되었습니다. 특히 공부 방법이 재미있었다고 합니다. 교실에 앉아서 듣는 것과는 다르게, 일을 같이하거나 차를 한 잔 마시거나, 라브리 간사들의 강의 테이프를 듣기도 하면서 여러 가지 인생의 문제에 대해서 질문도 하고 논쟁도 할 수 있는 인격적인 공부였다고나 할까요? 그것은 돈 주고는 배울 수 없는 특별한 개인지도였습니다. 영국에서는 그것을 "튜터링"이라고 부르는데, 전통적 영국식 대학 교육 방법입니다. 이는 라브리에서 가장 중요하게 여기는 공부 방법이고, "간사와 학생 간의 1:1 공부 방법"입니다. 지금도 제 아내는 신씨아를 만나면 친엄마를 만난 듯 시간 가는 줄을 모르고 이야기를 나누는데, 아마 그때 든 정과 가치관 코드가 일치하기 때문이 아닌가 생각합니다.

그러나 신씨아의 교육철학과 생활신념, 기독교적 미술관 등이 한국인들에게 충분히 전달되지 못한 것은 못내 아쉬운 점이라 할 수 있습니다. 사실 신씨아는 당대 최고 영적 지도자였던 이디스 쉐퍼 여사의 영성과 사상, 생활을 직접 배운 몇 안 되는 분 중에 한 분입니다. 그리고 건강한 목회자였던 남편의 믿음의 동지로서, 그리고 평생 성경을 묵상하며 깨달은 누구보다 기독교 세계관으로 균형 잡힌 생각과 말씀을 하는 분입니다. 그런데 어떤 사람들이 그분의 말을 "영국 사모님의 잔소리" 혹은 "서양 문화" 정도로 치부해 버릴 때는 화가 나기도 했습니다.

한 번은 두 분의 따님인 은미씨가 결혼하기 전에 서울 후암동에 와서 몇 달을 머물다가 간 적이 있었습니다. 그때 은미 부모님들의 지인들이 "복잡한 라브리보다는 우리 집에 와서 지내라."라고 아무리 말해도 꿈쩍도 하지 않기에, 제가 몇 마디를 물어봤습니다.

"은미씨, 혹시 부모님이 다른 집에는 가지 말라고 하셨나요?"

"아니요."

"그렇다면 왜 은미씨는 수많은 사람들이 '우리 집에 와서 있어라'고 해도 안 가세요? 그것이 알고 싶은 이유는 은미씨를 우리 집에 데리고 있는 것이 싫어서도 아니고, 우리만 은미씨를 독차지하려고 하는 것이 아니라, 은미씨의 마음속에 있는 남의 집에 머무는 철학이랄까, 혹은 여행 원칙이 궁금해서 그렇답니다."

"사실은요. 저희 엄마가요 '어디를 가든지 여러 집을 이리저리 돌아다니지 말고 한 집에 머물다가 와야 한다. 만약 네가 머무는 집에서 너를 싫어하거든 발에 먼지를 떨어버리고 다른 집으로 옮겨도 좋다. 그러나 그 다른 집이 지금 머무는 집보다 더 좋거나 친절하다고 해서 옮기면 안 된다.'고 하셨거든요."

저희 부부는 은미씨의 너무나 단순하면서도 당돌하기까지 한 명쾌한 대답을 듣고 할 말이 없었습니다. 그가 나이 먹은 어른들도 깨닫지 못한 여행 철학을 가지고 있었기 때문입니다. 그러고 보니 은미씨의 부모는 평생 예수님께서 제자들에게 가르치신 바로 그 여행 원칙을 따라서 한국에 오실 때마다 거의 어느 한 집에 머물다가 영국으로 돌아가신 것 같았습니다. 그래야 정도 들고, 말도 이집 저집 돌지 않아서 좋잖아요? 바로 그 것을 어린 딸에게도 가르쳐서 보낸 것입니다. 신씨아는 아이들에게 서양 문화를 가르친 것이 아니라 매사에 성경적 원리를 가르친 것입니다.

라브리 정신의 실천

두 분이 살아온 아름다운 인생을 한마디로 말한다는 것은 바보스럽기 짝이 없는 일입니다. 그러나 제가 그런 바보짓을 시도한다면, Kim & Cynthia의 인생은 '하나님이 지금도 살아 계시다는 것과 그분의 진리가 사실이라는 것을 말과 삶으로 나타낸 삶이었다'라고 요약한다면 지나칠까요? 만약 그것이 어느 정도 사실이라면 그것은 라브리공동체의 존재목적과도 일치하는 것인데, 그렇다면 두 분의 목회와 선교 그리고 모든 이야기와 삶은 젊은 시절에 터득한 라브리 정신의 실천이었다고 할 수 있습니다.

아래에 요약한 라브리 전도사 철학을 보시면 청년 시절에 그들이 배운 기독교 정신이 라브리를 돕는 데 어떤 영향을 미쳤는가를 깨닫게 해 주는 좋은 거울이 됩니다.

1) 라브리를 소개하는 것을 전도라고 생각할 만큼 적극적으로 라브리를 사람들에게 알리고 또한 사람들을 라브리에 보낸다.
2) 라브리에 기쁜 일이 생기면 함께 기뻐하고 어려움이 생길 때는 같이 아파할망정 절대로 도망가지 않는다.
3) 라브리를 사랑하지만 라브리에 짐이 되지 않으며, 오히려 간사들의 내, 외부적 필요를 민감하게 챙긴다.
4) 간사들이 잘못할 때는 기도하며 의견을 구하기까지 침묵하되 말할 때는 사심 없이 정직하게 말한다.

은혜와 겸손의 사람들

이예리(아르헨티나 선교사)

김북경 목사님은 저희 부부에게 총장님이라는 호칭으로 더 친근합니다. 2005년 갓 결혼한 저희는 아르헨티나에서 한국으로 유학을 온 학생이었습니다. 당시 저희 부부는 라브리 사역에 관심이 있었던 터라 한국 라브리 대표 간사이신 성인경, 박경옥 간사님의 추천으로 에스라성경대학원대학교에서 공부를 시작했습니다. 거기서 당시 총장으로 계셨던 김북경 목사님과 신씨아 사모님을 뵙고 두 분의 사랑과 관심을 충만하게 받을 수 있었습니다. 김북경 목사님은 농부들처럼 허름한 모자를 쓰시고 학교에서 만나는 학생들에게 겸손하게 인사를 해주셨습니다.

에스라성경대학원대학교 기숙사는 저희의 첫 신혼집이었습니다. 총장님은 저희의 도움에 기꺼이 답을 주시고, 먼 곳에서 온 저희가 위축되지 않도록 섬겨 주셨고 또 많은 시간 함께해 주셨습니다. 주말이 되면 다른 학생들이 각자 사역하는 곳이나 집으로 돌아갔습니다. 지방에서 온 학생들이나 해외에서 온 선교사들이나 저희 부부 같은 학생들은 텅 빈 기숙사에서 남아 있었습니다. 총장님은 주말에 남은 학생들에게 자상하게 다가오셔서 안부를 물어주셨습니다. 어떤 권위적인 모습도 없어서 저에게는 한없이 자상한 부모님처럼 느껴졌습니다.

김북경 총장님의 생활을 옆에서 지켜보면, 겨울에는 군밤 장수 모자를 쓰고 검소하게 다니셔서 외부인들이 총장님을 학교 관리인으로 알 정도였습니다. 총장님은 넥타이도 하나뿐이고, 양복도 한 벌뿐인, 말 그대로 단벌 신사였습니다. 집에 있는 가구도 동네에 버려진 것을 재활용해 사용하셨습니다. 특히 총장님은 한국 라브리와 깊은 관련이 있으셨는데, 우리 부부가 방학에 한국 라브리에 사역을 위해 가는 길에 라브리에 필요할 것이라면서 중고 가구를 모아 주셨고, 그 물건을 용달차에 싣고 한계령을 넘어 양양으로 갔던 기억도 있습니다.

　　저희 부부가 2년 반의 유학 생활을 마치고 2007년 아르헨티나로 돌아갈 때, 김북경 총장님은 저희를 영국의 총장님 댁으로 초대해 주셨습니다. 또한 저희가 유럽의 라브리를 방문하는 것을 추천해 주셨고, 덕분에 네덜란드와 영국 라브리를 방문할 수 있었습니다. 영국에 있는 김북경 총장님 댁에 방문하였을 때, 총장님은 창고에 쌓인 낡은 가구를 고치시고, 신씨아 사모님을 배려해 냉장고에 비닐봉지 여러 겹으로 싸 놓았던 김치와 불고기도 저희를 위해 내어주시기도 하셨습니다. 또한 아무 학교 배경과 연고가 없던 우리 부부에게 영국의 한인교회에서 사역할 것을 추천해 주시기도 하였습니다. 특히 놀란 것은 자신이 담임이었던 교회에서 목사가 아닌 장로로 겸손히 섬기시는 것이었습니다. 우리 눈에 김북경 총장님은 늘 누군가에게 베푸시고 섬기는 삶을 살고 계셨습니다.

　　저희가 아르헨티나에서 선교사로 사역할 때, 김북경 총장님의 소식을 간간이 들으며 그분의 삶이 우리에게는 하나의 모델이 되었습니다. 그리스도인의 삶의 모범이 되어 주셨고, 늘 우리가 돌아볼 거울이 되어 주셨습니다. 아무런 대가 없이 베풀어 주셨습니다. 힘겨운 시기를 지나고 있는 젊은 청년들이 스스로 헤쳐나갈 수 있도록 기다리며 바라봐 주셨고, 그들이 낙오되지 않도록 뒤에서 밀어주고 앞에서 인도해 주셨습니다. 당신이 먼저 늘 겸손한 삶을 사셨습니다.

총장님과 사모님의 소천 소식을 들었습니다. 그분들에게 받은 은혜가 새삼 떠오릅니다. 그 은혜는 사라지지 않고 저희 부부의 마음에 큰 가르침과 함께 남아 있습니다. 두 분의 따스한 사랑과 배려를 결코 잊을 수가 없습니다. 두 분의 사랑을 기억하며 꼭 천국에서 반가운 얼굴로 뵙기를 소망합니다.

3개월의 행복한 동행

김광호 교수(청주대학교)

2018년 9월부터 1년간의 안식년을 가질 기회가 있어서 9월부터 12월까지 영국 라브리에서 3개월간의 생활을 할 수 있었다. 늦은 나이임에도 라브리를 체험하고 싶었기 때문이다. 첫 번째로 여러 해 전부터 심취해 있던 프란시스 쉐퍼의 책에서 읽었던 그 정신과 믿음으로 삶을 살아가고 있는 형제자매들의 모임과 공동체를 내 눈으로 보고 직접 체험해 보고 싶었다. 두 번째로 지금까지 살아온 나의 나그네 삶을 돌아보고 이제부터 본향에 가기 전까지 어떻게 살아야 주님의 뜻에 합당한 삶인지를 느끼고 생각하고 정리해 보고자 했다. 전 세계의 많은 라브리 중에서 영국을 택한 중요한 이유는 몇 번 뵙기도 하고 연락드린 적이 있는 김북경 장로님을 뵙고 교제도 나누고 싶었기 때문이었다.

라브리에서의 일상생활은 대체로 반나절은 육체노동이고 나머지 반나절은 자유시간(나에게는 주로 독서)인 수도원 생활과 같은 것이었다. 토론과 대화를 곁들인 점심 식사 시간에는 그때그때 참석한 사람들이 자유롭게 주제를 정하여 얘기하는 방식으로 진행되었는데, 신앙과 삶의 관점에서의 토론과 대화는 부족한 것 같은 느낌을 받았다. 독서는 도서실에 비치된 책 중에서 주로 그리스도인의 영성과 삶에 관련된 책을 자유롭게 선택해 계획을 세워서 읽었다. 시중에서 구할 수 없는 책을 읽는 것은 하나의 낙이었는데, 나중에 읽은 책을 헤아려 보니 13권이나 되어 스스로 놀랐다. 읽은 내용들은 매주 한 번 멘토와 만나서 한 시간 정도의 나눔을 할 때 나눔의 씨앗이 되기도 하였다.

매주 금요일 저녁에는 금요 강좌로 다양한 분야의 전문가 혹은 라브리 간사들이 주제를 정해 강의를 했다. 강좌 때면 라브리 주변의 주민들도 참석해 학생들과 질의응답을 하는 시간도 있었다. 매주 월요일에는 라브리 간사와 학생들이 모두 모여 기도 모임을 했는데, 이때 각자 기도 제목을 나누고 함께 중보했다. 그리고 서로 기도 응답받은 것을 나누는 시간은 우리가 교회에서 나눔을 하는 것과 같았다.

2018년 9월 15일 라브리에 입소하였다. 오리엔테이션 등 신변을 정리한 후 장로님께 연락드렸다. 내가 라브리에 입소하게 된 연유와 목적, 기간 등을 말씀드리면서 목사님께 신앙과 삶에 대한 조언을 받고 싶다는 뜻을 전했다. 장로님의 소개로 *Being Human*의 저자이며 영국 라브리를 세운 프란시스 쉐퍼의 둘째 사위 래널드 맥콜리(Ranald Macaulay)와 만날 수 있었다. 그와 만나서 영성, 신앙, 삶 등을 주제로 교제하고 필요한 책들도 소개받는 등 좋은 시간을 누렸다. 라브리의 휴일인 매주 목요일에는 김북경 장로님 댁에서 장로님과 성경 공부를 하면서 교제를 나누었고, 저녁에는 주로 런던한인교회 교인들이 목사님을 위해 냉장고에 보관해 둔 한국 음식을 함께 먹는 호사를 누리고는 라브리로 돌아오곤 했다. 장로님은 영국성서공회의 비디오(The Bible Course)를 보여주시면서 성경 전체를 관통하는 흐름을 설명해 주셨다. 특이하게도 자신은 현직에서 교회를 맡고 있는 목사가 아니니 장로로 불러 달라고 당부하셨다. 그렇게 국제장로회 정신을 몸소 실천하시는 모습이 참 존경스러웠다. 그렇지만 본인이 개척하신 런던한인교회에 가면 다시(?) 목사님으로 불렸다. 매주 주일에는 라브리에서 걸어서 1시간 거리에 있는 웨스트리스의 영국 국제장로회 소속의 교회까지 가서 김장로님 내외와 함께 예배드렸다. 예배를 마치면 장로님 부부와 함께 런던한인교회로 이동했다. 장로님은 런던한인교회에서 점심 식사 후 한두 시간 정도 성경 공부를 인도하시는 열정을 보이셨다. 성경 공부를 마친 후에는 따님댁에 가서 쉬시고, 저녁 식사 후 댁으로 돌아오는 일정을 매주 소화하셨다. 그렇게 연세에 비해 나름 건강하게 일정한 삶과 사역을 이어가고 계셨다. 런던한인교회에서는 『ESV 영어성경』을 교재로 마가복음을 첫 장부터 차례로 진도를 나가면서 강해하고 계셨다. 영어 성경을 교재로 진행하는 관계로 신씨아 사모님도 함께 강의를 진행하셨다. 특히 성경을 소리 내어 읽으면 많은 도움이 된다고 하셔서, 그 후로 나는 지금까지 아침 QT 때마다 시편을 소리 내어 읽으며 성경 묵상을 하고 있다.

 2018년 10월 초에는 한국에서 황병훈 목사님, 이상범 목사님, 이삼원 간사님 등이 오셔서 뜻하지 않는 귀한 교제와 나눔을 가졌다. 장로님은 몸이 불편하신 중에도 댁에서 약 10킬로미터 떨어진 『오만과 편견』의 저자 제인 오스틴(Jane Austen) 생가를 데리고 가주시기도 하셨다. 내가 한국으로 돌아가기 전날인 12월 10일, 장로님 댁을 방문하여 마지막 인사를 드렸다. 장로님 본인께서는 이듬해 4월이나 5월쯤 날씨가 따뜻해지면 한국 양양 라브리에 오시겠다고 하셨다. 거기서 사시다가 돌아가시면, 성인경 간사님이 라브리 옆 양지바른 곳에 묻어 주겠다는 약속을 하셨기 때문이라고 하셨다. 목사님은 다시 한국에 가실 날을 기대하고 계셨다. 우리는 그날 저녁 이듬해 봄 강원도 양양에서 만나기를 약속하고 헤어졌다. 그리고 2019년 초부터 장로님의 건강이 안 좋으시다는 소식이 들려왔다. 그런데 결국 4월에 소천하시는 바람에 양양에서 만나기로 한 약속은 천국에 가서나 이루어지게 되었다.

    나의 라브리 체험의 중요한 한 부분을 맡아 주신 김북경 목사님 내외에게 감사드린다. 짧지만 굵은 만남이었고, 잊히지 않는 만남이었다. 그분 자신이 라브리였고, 쉐퍼였다. 그런 보물 같은 분이 떠나셔서 아쉽고 많이 그립다.

라브리에서 부어주신 또 하나의 기적

김북경 목사

양양에 위치한 한국 라브리는 지난 5년 동안 월세로 지금 쓰고 있는 건물에서 살아왔다. 그런데 지난 10월 말로 계약 기간이 끝났다. 라브리가 그 건물을 사던지 이사를 하든지 해야 했다. 지난 5년 동안 기도해 왔고 최근 기도의 속도가 빨라졌다. 10월이 되면서 전 세계에 퍼져 있는 기도 가족들이 간절히 기도했다. 구매를 위한 목적헌금이 여기저기서 들어왔지만, 건물 구매액에는 턱없이 부족했다. 집주인은 10월 말까지 계약을 하지 않으면 다른 사람에게 건물을 판다고 했다.

믿음으로 살아가는 라브리

쉐퍼 박사 부부는 1955년 미국의 OPC교단에서 유럽의 선교사로 파송 받았다. 부부는 스위스에서 몇 번이나 추방 명령을 받았지만, 1960년대 기성세대에 반항했던 유럽의 젊은이들을 끌어안고 그들에게 피난처(라브리)를 마련했다. 쉐퍼 박사 부부는 동양 철학에 푹 빠진 서구의 신세대들에게 진리는 성경에 있는 예수님이라고 외쳤다. 또한 21세기에 들어서서는 사람들이 진리를 찾지 않을 것이며, 진리를 찾는다고 해도 자기 입에 맞는 것을 골라서 믿는, 상대적이고 다원주의적인 시대가 올 것이라고 내다보았다. 그는 무엇보다 성경 말씀을 사랑하였고 사람을 사랑하였다. 그는 복음의 전도사였으며 믿음으로 살아갔다. 그래서 라브리는 쉐퍼의 정신을 본받아 믿음으로 사는 공동체(Faith Mission)이다. 그런데 이번에 라브리가 믿음의 테스트에 직면한 것이다. 하나님이 한국에 라브리가 아직도 필요하다고 생각하시는가? 그렇다면 라브리 사역이 지속할 수 있도록 건물을 사주실 것이라는 '믿음' 말이다.

막판의 기적

하나님은 이스라엘 백성들이 홍해에 다다라서야 아슬아슬하게 홍해를 가르셨듯이, 라브리 건물 사실 분을 마지막이 되어서야 보내 주셨다. 할렐루야! 나는 이번에 여러 가지 믿음의 형태를 경험하였다. 이집트 병사들의 추격을 받으면서 도망하는 이스라엘 백성들의 마음이 조마조마했던 그 믿음을, 아니 의심과 절망이 가득 찬 믿음 없는 그 믿음을 맛보았다. "하나님이 해결해 주시겠지!" 하는 막연한 믿음도, "하나님, 라브리의 체면은 어떻게 되라고 돈을 안 보내주십니까?"라고 항의하는 믿음도, "하나님이 주권자이시니까 좋으실 대로 하시지요" 하는 마음 편한 믿음도 가져보았다. 그리고 우리의 믿음을 테스트 하신 하나님은 여지없이 막판의 기적을 베푸셨다.

"누가 라브리 건물을 몽땅 샀습니다. 산이랑 주유소를 포함해서…"

이 기쁜 소식을 듣고 "하나님은 역시~" 하며 감탄사를 터뜨렸다.

"내가 어떤 기적을 일으킬지 조용히 지켜보아라"

하시는 하나님의 음성을 들으면서 조용하지 못했던 나의 믿음이 다시 한번 테스트 당한 것을 경험했다.

진리

김북경 목사

라브리 공동체는 1955년에 쉐퍼 목사 부부가 스위스에서 시작하였다. 지난봄에 라브리 창립 50주년을 기념하기 위해 쉐퍼 목사가 목회하였던 세인트루이스에서 대대적인 모임이 있었다. 그 모임에서 오스 기니스(Os Guinness)는 서양의 당면 과제를 다음과 같이 말하였다고 한다. 이하는 성인경 목사가 보낸 "라브리 편지"에서 인용하였다.

"첫째는 이슬람 국가들을 정치적 민주국가로 연착륙시키는 것이고, 둘째는 중국이 힘을 절제할 줄 아는 부국이 되도록 돕는 것이고, 셋째는 서방 국가들이 잃어버린 기독교적 가치관을 회복하는 것이다."

이와 관련해 성인경 목사는 계속해서 이렇게 말한다.

"국제 사회가 풀어야 할 과제도 기도 제목이지만, 조금 시야를 좁혀서 우리나라가 시급히 해결해야 하는 문제도 기도 제목입니다. 첫째는 국민 간에 첨예한 갈등을 유발하고 있는 빈부격차나 지역 갈등을 해소하는 것이며, 둘째는 정치와 경제적으로 안정된 선진국 대열에 진입하는 것이고, 셋째는 북한의 핵 문제를 해결하고 평화통일 달성이라고 말할 것입니다. 이런 것들은 온 국민의 오래된 꿈이고 우리 기독교인들의 기도 제목입니다."

그러나 저는 감히 생각하기를, 이런 거창한 과제들을 성취하기에 앞서 더 근본적인 과제를 하나 해결해야 한다고 생각한다. 그것은 바로 이 땅에 바른 가치를 세우고 건전한 질서를 확립하는 것이다. 특히 요즘같이 배아줄기세포 연구, 북핵 문제, 교육 정책, 정치 문제 등 첨예하게 이해관계가 얽힌 문제들을 풀어가려면 절대적인 기준이 될 가치관과 세계관의 확립이야말로 가장 시급한 과제이다. 그러나 경제 논리나 현실 논리에 의해 윤리나 인권 그리고 가치 논쟁은 관심 밖으로 밀리는 것 같아 마음이 아프다. 건물의 기초를 튼튼히 닦지 않고 어떻게 고층 건물을 짓겠다는 것인지 걱정되기 때문이다.

진리라는 반석 위에 지은 집이라야 영원한 집이 될 수 있다. 쉐퍼 목사는 라브리를 처음 시작하면서 하나님이 계시하신 절대 진리를 고집하였다. 그런데 상대주의와 다원주의가 보편화된 지금은 절대 진리를 주장한다는 것이 시대착오적인 생각처럼 여겨진다. 라브리 초창기에는 라브리를 찾는 젊은이들이 진리에 대한 커다란 질문을 던졌다. 그러나 요즘 젊은이들은 '진리 탐구'보다는 진로, 취업, 연애, 결혼, 군대 등 미세 담론에 대한 질문만 던진다고 한다. 라브리를 설립한 쉐퍼 목사는 20세기 말에 사람들의 물질생활이 풍성하게 되면서 진리에는 관심이 없게 될 것이라고 일찍이 경고한 바 있다. 한국 라브리의 대표인 성인경 목사도 이렇게 지엽적인 것들에만 매달리는 요즘 젊은이들을 걱정하면서, 진리에 뿌리를 둔 세계관을 그들에게 심어주는 데 심혈을 기울여야 할 것이라고 권고하고 있다.

따스하고 유쾌하고 성경적이고

인격적인 목자

영국 최초의 한인교회

첫 한인교회가 태어나다

박용국 장로, 최봉자 권사 (런던한인교회 개척멤버)

난데없는 방문, 하나님의 섭리

30년 전 영국에서 근무하던 때였다. 어느 날 김북경 목사님이 사무실로 찾아오셨다. 초면이라 의아했지만, 신학을 공부했다는 첫 마디에 교회 신자인 나는 반가웠고 또 친밀감을 느꼈다. 목사님의 학교 이야기를 하다 보니 나이가 어렴풋하게나마 짐작되었고, 마흔 문턱의 늦은 나이에 신학을 공부하게 된 연유가 궁금해졌다. 믿음이 신실한 신씨아 사모를 만났고, 사모님의 전도로 하나님을 만났고, 급기야 하나님의 종이 되기로 결심했다고 한다. 목사님은 그해 9월이 되면 신학교를 졸업하는데, 자기와 함께 교회를 시작하자고 하는 것이 아닌가. 사실 나는 이런 만남을 얼마나 기다려왔는지 모른다. 그래서 그 말을 듣자마자 하나님이 역사하고 계심을 실감하였다. 김북경 목사님과 만나기 1년 전 영국 무역관장으로 부임하면서 런던에 한인교회가 하나도 없어 마을 교회를 다니고 있었는데, 성공회 예배라서 그런지 내게 이미 익숙한 예배 방식과는 너무 달랐다. 그래서 교회에 다니기는 했지만 흥미를 잃어가는 중이었다. 우선 찬송가가 낯설었고, 앉았다 일어났다를 여러 번 반복하고, 기도문을 찾아 읽는데 빨리 찾아서 따라가기가 벅찼다. 그러다 보니 나에게 예배는 주일에 의무적으로 참석하는 행사가 되어 가고 있었다.

첫 한인교회가 태어나다

당시 런던에는 지사, 은행, 건설업체의 주재원과 유학생 등 약 2천여 명 정도의 한인이 거주하고 있었다. 그중 상당수가 나와 같은 그리스도인일 것이라는 생각이 들었다. 그들도 나처럼 현지 교회의 예배를 드리면서 곤란을 겪고 있을 것이고, 점점 흥미를 잃고 믿음이 식어져 주일에 골프를 치러 가거나 쇼핑을 즐기는 쪽으로 빠지고 있지 않을까 싶었다. 그래서 나는 우리에게 맞는 예배를 드려야 하고, 그러자면 한인교회가 꼭 개척되어야 한다고 생각했다. 그래서 한인회와 유학생회 등 여기저기 찾아다니며 혹시 유학을 온 목사님이나 전도사님이 있는지 수소문했지만, 수개월 동안 찾지 못하고 있었다. 그러던 어느 날이었다. 그렇게 내가 찾고 있던 분이 내 앞에 나타났다. 그날 내 기분이 어떠했겠는가. 그때의 감격은 글로는 다 표현할 수 없을 정도다. 그날 우리는 마음이 서로 일치하였다. 그 이후 교회를 개척하는 일에 동역자가 된 강신만 집사, 최영식 집사, 이선규(솔로몬 이) 집사 및 일링교회 조 마틴 장로님 등을 만났다. 우리는 런던 남부에 있는 라브리 본부를 방문하고 교제를 나누었고, 기도하면서 교회 개척을 준비하였다. 우리는 개척의 디데이를 1978년 9월 중순의 주일로 잡았다. 목사님은 윔블던 교회를 오후 2시부터 사용하기로 승낙을 받아 오셨다. 이때부터 교민들 사이에 입소문으로 첫 한인교회가 창립 예배를 드린다는 소식을 알렸고, 설레는 마음으로 약속한 그 날을 맞이하였다. 몇 명이나 올지 짐작할 수 없었다. 그런데 당일에 한 20여 가정이 모였고, 우리는 감격적인 첫 예배를 드림으로써 영국 한인 이민 역사에서 첫 교회가 태어나는 것을 목격하였다. 내가 교회를 시작하겠다고 용기를 낼 수 있었던 것은 나의 경험 덕분이다. 1973년 호주 멜버른에 근무할 때, 그곳의 한인들이 15가정 정도에 불과했지만, 한국에서 선교사로 섬긴 경험이 있는 호주의 스튜어트 목사님을 모시고 호주에서 최초로 한인교회를 시작하는 은혜를 누렸다. 그때의 경험이 있었기에 이번에도 감히 시작해볼 수 있었다. 하나님의 놀라우신 섭리가 아닐 수 없다.

교회가 성장하다

런던에 교회가 시작되자 그때로부터 점점 성도들이 늘어나기 시작했다. 특히 이미 신실하신 분들이 많아 성가대를 따로 세울 정도가 되었다. 서로 섬기는 데 자원하여 주니 개척교회인데도 전혀 힘들지 않았다. 마치 초대교회의 모습을 방불케 하였다. 기억나는 대로 당시 교인들의 이름을 떠올려 본다. 추광태, 백은학, 유승제, 홍기화, 김영수, 한후진, 정인봉, 이병현, 공진묵, 한갑수, 남주홍, 김형덕, 이승장, 미포조선 양지 사장, 지리학을 전공하는 학생, 그리고 찬양으로 하나님을 기쁘게 하셨던 노승종 씨 부부 등이 생각난다. 그 외에도 젊은 가정들이 여럿 있었는데, 그 이름이 기억나지 않아서 기록하지 못한 것을 양해해 주기를 바란다. 하나님께서는 낱낱이 기억하고 계실 것이니 다행이다. 또 대표적으로 남자의 이름을 기록했지만, 실은 부인들의 믿음이 더 신실하여 자발적으로 교회 일을 도

맡아 감당해주었다. 그 후 30여 년간 더 좋은 믿음의 성도님들이 많이 와서 교회가 부흥하고 발전하는 데 큰 역할을 했을 것이라고 믿어 의심치 않는다. 예배가 끝나도 헤어지기가 아쉬워 차담을 갖고 만남의 즐거움을 계속 이어가곤 했다. 그해 성탄절 이브에는 윔블던교회의 영국 성도들과 한인들이 처음으로 함께 예배를 드렸는데, 거의 참석자가 비슷할 정도로 한인교회의 교인수가 늘어났다. 우리가 특송을 준비하여 예배를 드렸고, 영국 성도들은 신기한 눈으로, 그리고 따스한 마음으로 우리를 환대해 주었다. 이날 윔블던교회의 톰슨 목사님의 말씀은 평생토록 잊히지 않고 있다. 그는 "본 교회당은 우리 영국인들만의 교회가 아니고 사랑하는 한국인 성도들 여러분의 교회입니다"라고 선포하셔서 우리의 마음을 녹여 주셨기 때문이다. 사실 어린이들과 함께 예배를 드리고 예배 후에는 본당에서 티타임을 갖기 때문에, 카펫이 깔린 본당에 음료가 떨어져 더럽혀질까 노심초사했고, 또 기물이 파손될까 걱정이 많았다. 영국 사람들은 얼마나 깔끔한지 모른다. 그런데 영국 목사님이 마음대로 사용하라고 말씀해 주시니 얼마나 마음이 녹았겠는가. 지금 나는 한국에 와 있는 인도네시아 근로자들을 상대로 사역을 하고 있는데, 나도 자주 톰슨 목사님의 말씀을 인용하여 "형제자매 여러분, 이 교회는 여러분들의 것이기도 합니다"라고 담대하게 전하곤 한다. 조그마한 부담이라도 덜어주고 더욱 친밀감을 느끼게 해주기 위해서다.

당시에 한인들은 대부분 런던 남부 지역에 거주하고 있었고, 소수의 영주권자들은 주로 일링에 살았고, 대학생들은 킹스크로스 지역에 살았다. 그래서 한인들이 사는 곳을 세 지역으로 분류할 수 있었다. 그런데 김북경 목사님은 개척한 다음 해에 이들을 배려하여 일링에 이미 존재하던 영국 국제장로회 교단의 교회에 한인교회를 개척하였고, 킹스크로스에도 어느 회관을 빌려 예배를 시작하셨다. 목사님과 사모님은 주일 아침 일찍부터 이 세 곳을 순회하며 예배를 인도하셨다. 어느 날 성도들이 일링 교회를 방문하여 예배를 드린 적이 있었다. 목사님이 속한 국제장로회 소속의 영국 건물에서 그런지 마치 우리 교회 건물인듯 마음이 흐뭇했고 감격스러웠다. 그날 얼마나 감사의 찬양을 소리높여 불렀는지 모른다. 모두가 다 평안한 마음으로 예배를 드렸고, 예배가 마친 후에도 자발적인 찬송이 계속 이어지곤 하였다. 여기서 참여했던 성도들부터 우리 예배당을 갖고 싶어하는 마음이 일어났고, 그 후로부터 건축헌금을 작정하기 시작했다. 그런데도 목사님은 교회 건물은 크게 중요치 않고 우선 예배가 살아있어야 한다고 하셨다. 신씨아 사모님은 주로 주일학교를 맡아 가르쳤는데, 문화적 차이가 있었지만 늘 기쁜 마음으로 임하셨고, 항상 눈가에 웃음을 띠며 아이들을 대해 주셔서 어린이들이 무척 좋아했다. 사모님께서는 혼자 교회에 다니는 성도들과 유학생들을 위해 빵을 구워 오시곤 했다. 매년 부활절에는 콘월이나 웨일즈에서 온가족 수련회를 가졌으며, 수련회를 계기로 성도 간 교제가 더욱 돈독해졌으며, 모두가 한 가족처럼 느껴졌다. 30년 후에도 많은 사람들의 이름이 기억나는 것도 이 때문일 것이다.

목사님 내외를 통해 주신 선물

목사님은 우리 가정에 가장 큰 기쁨을 주신 분이고 한 생명을 살리신 은인이시다. 개척 초기라서 목사님 내외가 합심해서 교회를 섬기셨는데, 사모님이 영국인이라 한국 가정에 심방하시는 것이 불편하실 것 같아 낮에는 내 아내가 목사님을 따라 심방을 다녔다. 특히 많은 가정이 자녀가 없어 기도 제목으로 내놓고 기도를 했었다. 그 기도는 우리 집에서도 아내 혼자 이어갔다. 그러던 어느 날 평생 먹지 않는 양고기 케밥을 사달라기에 퇴근길에 사서 왔는데, 며칠 후 아내는 몸이 이상하다면서 임신한 것 같다고 했다. 막내를 출산하고 10년 동안 절제하며 지냈는데, 느닷없이 임신이라는 말을 들었을 때 얼마나 집사람이 미웠는지 모른다. 제대로 관리하지 못해 임신했다며 아내를 원망했다. 그때 내 나이가 마흔을 넘었고, 기관장으로 있었고, 게다가 한인회장까지 맡고 있었다. 그런데 이 와중에 아기를 낳는다는 것이 사실 좀 부끄럽기도 했다. 그래서 아내에게 화풀이하고 구박하기까지 했다. 이미 딸이 네 명이나 있는데, 딸이 다섯이 되는 건 상상도 하기 싫었다. 그 당시에는 "아들딸 구별 말고 둘만 낳아 잘 기르자"며 산아제한 운동이 한창이었다. 그래서 불임 수술을 장려하기도 했던 때였다. 그런 시대에 자녀를 다섯이나 둔 것이 무슨 역적이라도 된 듯한 느낌이었다. 경제적인 면을 생각하면 막막하기만 했다. 영국에 와서 애들을 입학시키던 때가 떠올랐다. 초등학교에 가니 교장 선생님이 학교가 좁다면서 사립학교를 권했다. 하지만 우리는 자녀가 네 명이라 학비 부담이 너무 커서 어렵다고 했고, 이 사정이 받아들여져서 공립학교를 보낼 수 있었다. 그런데 교복을 입어야 해서 아이 네 명에 맞게 교복을 네 벌이나 사야 하니 무려 천 파운드 넘게 들었다. 거의 나의 한 달 급여에 가까웠으니 얼마나 힘들었겠는가.

그래서 중절 수술을 하려고 병원에 예약을 했다. 한 열흘 정도 시간이 남은 때였다. 이 소식을 들은 목사님과 사모님이 찾아오셨다. 한두번이 아니었다. 어떨 때는 조 마틴 장로님이 같이 오셨다. 열흘 동안 날마다 오셨는데, 낮에는 사무실로 오셨고, 저녁에는 집으로 찾아와 수술을 만류하셨다. 그게 살인죄라고 하셨고, 만약 수술을 강행하면 집사직을 내려놓아야 한다고도 하셨다. 온갖 성경 구절을 인용해가며 만류하셨다. 그런데 나에게는 이런 권유가 한 마디도 귀에 들어오지 않았고, 왜 남의 사생활을 간섭하느냐며 대들기도 하였다. 수술을 하루 앞둔 마지막 날 저녁에 두 분이 또 찾아오셨다. 마지막으로 설득하러 오신 것이다. 같은 말을 반복하고 있다고 생각했고, 나는 계속해서 거절만 하다가 어느덧 새벽 2시가 되었다. 그러자 목사님께서는 만약 경제적으로 어려워서 그런 것이면 아이를 낳아서 자기를 달라고 하셨다. 그러면 자기가 잘 키우겠다고 하시는 것이었다.

나는 이 말을 듣고 항복했다. '왜 내가 낳은 아이를 남에게 준단 말인가? 지금 나의 딸들이 이렇게 예쁜데, 아기도 예쁘겠지? 숟가락이 넷이나 다섯이나 별 차이가 있겠는가?' 이런 생각에 이르자 나는 곧장 감사의 기도가 나왔다. 목사님께서는 병원 예약 증서에 승리하였다는 내용의 글을 남기셨다. 새벽 2시에 신씨아 사모님이 병원에 전화를 걸어 수술을 취소하였는데, 나는 병원에서는 크게 화를 내면서 손해 배상을 요구하리라 생각했다. 그런데 신씨아 사모님께서는 전혀 다른 말을 들었다고 하셨다.

병원 관계자들은 자기들도 직업이라서 내키지 않아도 수술을 하고 있다며 수술을 취소한 것은 정말 잘한 결정이고, 부디 아기를 낳아서 잘 키우라는 격려까지 해주었다는 것이다. 나는 영국 사람들이 기독교 문화 안에서 자라서 생명을 귀하게 여기고 있음을 알게 되었다. 나중에 안 일이지만, 아내는 아기에 대해서 미련이 있어서 남편에게는 완강하게 말을 못했지만, 몇몇 여집사님들에게는 하나님의 뜻이라면 아기를 살려 달라고 기도를 부탁했고 자기도 간절히 기도했다고 한다. 지금 그때의 일을 생각할 때마다 하나님께 감사한다. 하나님께서 우리 가정에 큰 선물로 아들을 주셨다. 딸 다섯이 아니라 1남 4녀가 되게 해주셨다. 내가 큰 죄를 짓지 않게 해주셨다. 평생 후회하지 않게 해주셨고, 집사님들의 기도에 응답해 주셨다. 이 모든 것이 감사의 제목이었다. 하나님께서는 우리가 교회를 개척하는 데 참여하고 성실하게 섬기는 것을 보고 목사님 내외를 통해서 큰 선물로 보답해주신 것이 아닌가 생각한다. 목사님을 통해 싫은 소리를 마다하지 않고 끈질기게 설득과 권면과 책망을 아끼지 않게 하심으로써, 우리를 올바른 신앙의 길로 인도하신 하나님께 감사한다.

그 후 몇 가정이 더 우리를 따라 용기를 내서 아이를 가졌다는 소식을 들었다. 약 10여 년 전 인터넷이 급속도로 퍼져나갈 즈음에 나는 한국의 사협회의 인터넷 홈페이지를 통해 "전국 산부인과 의사에게 고함"이라는 제목으로 "낙태 수술은 살인행위이며, 아기 모세를 살린 조산원 십보라의 후손이 축복받은 것처럼 여러분의 후손이 축복받기를 원하거든 절대 집도하지 말아야 하며, 여러분이 살린 그 아기가 커서 나라의 위대한 지도자가 될 수 있다는 사실을 기억하시라"고 호소한 일이 있다.

회고컨대 목사님은 어떤 형식과 권위에 구애받지 않고, 다만 순수하고 꾸밈이 없는 믿음으로 목회하셨고, 우리가 따르기를 권하셨다. 초창기에는 사례도 제대로 못 드리고 시작했으나 아무런 요구도 하지 않으셨다. 지금 생각하면 우리가 너무 무심했다. 그런 목사님의 순수함과 성도들을 사랑하는 모습을 하나님께서는 높이 평가하셔서 훗날 에스라성경대학원대학교의 총장으로 발탁하셨다고 나는 믿는다. 그분의 기도 가운데 늘 성령의 두루마기를 입혀달라고 기도했다. 그분은 늘 성령 충만한 목회자였다. 그 당시 목사님의 삶과 목회를 통해 진실함과 신실함이 무엇인지를 깨달은 성도들은 대부분 런던을 떠났지만, 바람을 타고 멀리 날아가서 떨어진 곳에서 싹을 잉태하는 민들레처럼, 한국뿐 아니라 세계 곳곳으로 퍼져서 목회자로서, 선교사로서, 장로나 권사로서, 그리고 다양한 사역자로서 주께 헌신하고 있을 것이다. 짧은 기간 영국에서 살면서 김북경 목사님을 만났는데, 이것이 하나님의 뜻이 이 땅에 이루어지는 하나의 과정임을 생각할 때, 그 역사의 일원이었음에 감사하고, 이제 나도 김북경 목사님의 뒤를 따라 사도행전 29장을 계속 이어나가려고 한다.

국제여관, 인삼판매회사 그리고 영국인 사모님

고(故) 홍치모 교수(총신대학교)

뜻하지 않게 열린 유학의 길

내가 김북경 목사와 신씨아 여사를 알게 된 것은 전혀 뜻밖의 일이었다. 지금으로부터 40년 전, 1969년에 나는 마흔이 다 된 나이에 스코틀랜드로 유학을 떠나게 되었다. 당시 한국의 국내 사정을 회상할 것 같으면, 소위 후진국이라는 불명예스러운 처지에서 벗어나기 위해 산업과 경제를 부흥 발전시키는 데 국력을 총집중시키고 있던 때였다. 동시에 경부고속도로 공사가 한창 진행 중이었다. 마흔을 바라보는 나이에 유학을 떠난다는 것은 어느 모로 생각해 봐도 무리요 상식 이하의 결정이었다. 당시 한국에 나와서 의료선교사로서 활동하고 있던 배도선(Pattison) 선교사의 소개와 추천으로 글라스고우에 있는 초교파적 보수신학교에 입학할 수 있었다. 그러나 학비 문제가 내 앞에 가로 놓여 있었다. 나는 영국에 가서 공부할 만한 재정적인 여유가 없었거니와, 비록 재정적 여유가 있었다고 하더라도 정부는 유학생에게 공식적으로 송금을 허락하고 있지 않았던 때였다. 그런데 나에게 보내온 입학허가서를 보니 등록금과 기숙사비를 학교 당국에서 모두 지급한다는 내용이 명시되어 있었다. 나로서는 전혀 예상치도 않았던 기쁜 소식이었다. 여권을 발급받고 영국 대사관 영사

과에 가서 입국비자를 신청하였더니, 다음 날 와서 찾아가라는 것이었다. 영사는 나에게 꼬치꼬치 까다롭게 묻지도 않았다. 나는 1969년 8월 15일, 사랑하는 아내와 두 딸을 하나님께 위탁하고 김포공항을 떠났다.

영국에서 1년을 무사히 보내고 여름방학을 이용하여 유럽대륙을 여행하기로 하였다. 내가 공부하고 있던 학교는 독일과 스위스에서 유학 온 학생들이 몇이나 있었다. 내가 독일과 스위스를 여행하려고 한다니까 자기 집을 방문하라고 하였다. 독일 친구는 마침 루터(Martin Luther)의 후계자였던 멜랑히톤(Philip Melanchthon)의 생가가 있는 동네에 살고 있어서 꼭 방문하고 싶었고, 스위스에 사는 친구는 취리히에서 기차를 갈아타고 호수를 따라 내륙으로 들어가면 마네돌프라는 마을에 노부모와 같이 살고 있었다. 두 친구의 집을 방문하고 마지막으로 방문한 곳이 프란시스 쉐퍼 박사가 운영하고 있던 라브리였다.

라브리에서 신씨아를 만나다

친구 집에서 며칠 묵으면서 스위스의 시골 마을과 도시를 구경한 후, 드디어 나는 쉐퍼 박사가 있는 라브리를 향해 출발하였다. 라브리로 가려면 취리히에서 쥬비브행 열차를 타고 가다가 루쌍(로잔느라고도 부름)에서 갈아탄 후 다시 레만 호수를 따라가다가 이탈리아 방향으로 기차를 타고 가야 한다. 그리고 어느 시골 역에서 내려야 한다. 당시 라브리에서 준 안내서가 있었기 때문에 별로 불편하지 않았다. 라브리는 산 중턱에 자리 잡고 있었기 때문에 기차역 광장에서 버스로 갈아타야 했다. 라브리까지

가는 데 다소 시간이 걸렸지만, 산 옆을 끼고 정상으로 올라가면서 밑을 내려다보는데 그 경치가 천하일색이었다. 밑에는 레만 호수가 내려다보이고, 호수 건너편 프랑스 쪽에 우뚝 솟아있는 몽블랑 봉우리는 그야말로 환상적인 풍경이었다.

버스가 라브리 숙소 앞에서 정차하였다. 곧 사무실로 들어가 도착을 알렸더니, 직원이 내가 머물 숙소로 안내해 주었다. 숙소에서 짐을 내려 놓고 밖으로 나와 경치를 구경하려고 뜰 한복판을 걸어가고 있을 때, 어떤 여성이 나를 유심히 쳐다보고 있었다. 나도 시선을 그쪽으로 돌리니 그 여성은 곧 나에게 말을 걸어왔다. 어디서 왔습니까? 나는 주저하지 않고 한국에서 왔다고 하였다. 그랬더니 반가와 하면서 Mr. Kim을 아느냐고 물었다. 나는 즉시 되물었다. 당신은 어느 나라 사람이요? 그 여인은 자기는 영국에서 왔다고 하였다. 나도 덩달아 말하기를 나는 지금 스코틀랜드에서 공부하고 있다고 하였다. 그런데 Mr. Kim은 왜 묻느냐고 되물었더니 자기의 약혼자라는 것이었다. 나는 대답하기를 Kim이라는 성은 한국에서 가장 많은 가족의 성(姓), 즉 패밀리 네임이라고 설명해 주었다. 이 여성이 바로 신씨아 여사였다. 그의 약혼자가 바로 김북경 목사다. 그런데 나는 묻기를 Mr. Kim이라는 사람을 보고 싶은데 지금 어디에 계시냐고 물었다. 신씨아 여사는 말하기를 볼 일이 있어서 이탈리아에 있는 밀라노에 갔다고 하였다. 그러면 언제 이곳 라브리에 오느냐고 물었더니 시일이 좀 걸릴 것이라고 하였다. 이 대화가 나와 신씨아 여사와 주고받은 대화의 전부였다. 좀 실례가 될지는 모르지만, 김 목사와 신씨아 여사는 산중에서 만나 전격적으로 약혼한 것 같이 보였다. 서양 사람에게 사생활을 꼬치꼬치 묻는 것은 큰 실례가 되기 때문에, 나는 약혼자에 관해서 더 묻지 않았다.

영국에서 김북경 목사 내외와 재회하다

1970년 가을 영국 런던에서 결혼한다고 하기에, 결혼식을 올릴 날이 정해지면 알려달라고 학교 주소를 적어주었다. 아니나 다를까 그해 가을 결혼식 청첩장이 왔다. 학기 도중이라 런던에 갈 수는 없고, 축하한다는 카드 한 장만 보냈다. 그 다음 해 1971년 여름에 나는 졸업을 하고 미국을 거쳐 한국에 돌아왔다. 결혼 후 두 부부가 어디서 어떻게 생활하고 있는지 나는 알 수가 없었다. 그 후 나는 총신대학교에 부임하여 가르치다가 1978년 여름방학을 이용하여 영국을 방문했다. 마침 런던대학교에서 한국학을 가르치고 있는 스킬랜드(Skilland) 교수를 만나기 위하여 런던대학교 구내에 있는 그의 연구실을 찾았다. 용건을 모두 말씀드리고 자리를 뜨려고 하였더니, 스킬랜드 교수는 런던 시내에 한인교회가 설립된 것을 알고 있느냐고 하였다. 나는 영국에 와서 중부지방에 있었기 때문에, 아무런 소식도 듣지 못하였다고 하였다. 나는 혹시 한국인 목사의 부인이 영국인이 아니냐고 물었다. 그리고 그 부인의 이름이 혹시 신씨아가 아니냐고 했더니, 스킬랜드 교수는 맞다고 했다. 내가 혹시 신씨아 여사의 집 전화번호를 가지고 있느냐고 물었더니 그렇다는 것이었다. 즉시 나는 전화 한 통만 부탁한다고 간청하였다. 마침 신씨아 여사가 집에 있어서 전화를 받았다. 1970년 라브리에서 만난 Mr. Hong을 기억하겠느냐고 하였더니 "알고 말고요."라고 명랑한 목소리로 대답하는 것이었다. 나는 영국 중부지방에 있다가 오늘 런던에 내려왔는데, 여관에서 하루 저녁 자고 내일 한국으로 들어간다고 하였더니, 신씨아는 말하기를 여관에서 자지 말고 자기 집으로 오라는 것이었다. 그래야 자기 남편도 볼 수 있지 않겠느냐는 말에 그가 사는 일링으로 갔다.

참으로 8년 만에 반가운 만남이었다. 교회는 시작했는데, 아직 개척교회라 김북경 목사는 한국 무역상이 경영하고 있는 인삼판매회사에 출근해 일하고 있다고 하였다. 그날 밤 김북경 목사는 자정이 다 되어서야 돌아왔다. 서로 인사만 나누고 잠자리에 들어갔다. 내 기억으로는 그 후 신씨아 여사의 아버님이 세상을 떠난 후, 일링에 있는 집을 처분하고 템스강 건너 교회당에서 멀지 않은 곳으로 이사를 간 것으로 알고 있다. 1985년 이후 한국인들의 해외여행이 자유로워지자 김북경 목사 댁은 영국을 방문하는 손님들로 붐비게 되었다. 나도 영국에 갈 때마다 김북경 목사 댁에 머무르곤 하였는데, 지금 생각해 보니 너무 염치없는 일을 한 것 같아서 부끄러운 생각이 난다. 그래서 농담으로 말하기를, 김목사 댁은 마치 '국제여관' 같다고 하였다. 그렇게 염치없이 목사님 집을 들락거려도 신씨아 여사는 얼굴색 하나 변하지 않고 언제나 친절하게 대해 주었다. 훗날 천국에 갈 것 같으면 하나님께서 목사님 부부에게 크신 상을 베풀어 주실 것이라고 확신한다.

한인교회의 영국 사모의 헌신과 섬김

또 한 가지 신씨아 여사는 인내와 겸손한 마음으로 남편인 김북경 목사를 잘 섬겼다는 것을 언급하지 않을 수 없다. 김북경 목사가 한인교회를 맡아서 목회하고 있는 동안 한국말 설교를 알아듣지 못하면서도 교인들의 손과 발을 씻어주는 역할을 하였다. 참으로 서구 여성으로서 보기 힘든 모범을 보여주었다. 나는 이 기회를 통해서 신씨아 여사에게 존경하는 마음으로 치하하는 바이다. 돌이켜 보건대 김북경 목사 부부와 나는 공통점이 한 가지 있었다. 그것은 하나님의 은혜와 섭리로 프란시스 쉐퍼 박사를 중심으로 서로 만나 알게 되었다는 것이다. 프란시스 쉐퍼 박사는 1960년대에서 1970년대에 이르기까지 목표를 잃고 방황하고 있던 젊은 세대들에게 문자 그대로 살아계신 하나님을 보여 주었던 전도자였다. 김북경 목사는 라브리를 방문하여 쉐퍼 박사의 설교를 듣고 회심하게 되었고, 동시에 하나님은 덤으로 신씨아 여사를 만나게 함으로써 평생 신앙의 동지요 동반자로 삼아주셨다고 믿고 있다.

함께했던 아름다운 날들

성혜옥 권사(우리들교회)

환대의 사람

1983년 1월, 온 가족 다섯 식구가 남편의 안식년을 맞이하여 런던으로 갔다. 그때 5학년, 4학년, 여섯 살이 된 세 자녀와 함께했다. 영국 런던의 "13 Woodlodge, Wimbledon"에 집을 마련한 것이 김북경 목사님과 인연의 시작이었다. 기업체나 공무원으로 근무하려고 온 분들은 직장에서 주거지를 마련해 주었다. 그러나 우리는 교수의 박한 체류비만 갖고 다섯 식구가 용감하게 유럽으로 향했다. 나름 부푼 꿈이 있었다.

김북경 목사님은 그때 런던에서 최초로 한인교회를 세우신 분이었다. 1978년 윔블던의 영국교회인 임마누엘교회를 빌려 오후에 예배를 드리며 교회가 시작되었다. 마침, 목사님 소개로 알게 된 교회의 한 여집사를 통해 윔블던에 작은 다세대 주택을 얻게 되었다. 우리는 오전에는 영국교회, 오후에는 한인교회를 모두 다니면서 영국을 알아가고 있었다. "5 Kingsmead Woochester Park"의 목사님 댁을 자주 드나들며 신씨아 사모님을 만났는데, 목사님 댁에는 목사님 어머님과 함께 다섯 식구가 있었다. 목사님 내외는 일곱 살과 다섯 살의 남매인 강식과 은미를 한국에서 입양하여 키우고 있었다. 한인들이 영국 사회에 적응하고 도움을 주는 일에 신씨아 사모님은 큰 몫을 담당하고 계셨다. 많은 사역자들이 영국을 방문하면 목사님 댁을 필수로 찾았고, 목사님 내외는 누구도 예외 없이 두 팔을 벌려 도움을 주셨다. 식당과 응접실은 늘 사람들과 음식들로 붐볐다. 남매의 재롱을 즐기기도 했다. 시어머니를 모시면서 두 남매를 기르는 일이 만만치 않았을 텐데, 목사님 댁은 늘 교회 성도들과 모임들이 줄을 이었다. 갑작스럽게 숙식을 해야 하는 분들도 빈번했다.

새로 시작한 교회였고, 한국에서 오는 분들의 사정은 하나같이 어려웠다. 당시 한국은 해외여행이 제대로 열리지 않았고 경제적으로도 넉넉지 않았다. 목사님 댁은 이 모든 사정을 모아 놓은 집합체였다. 어느 날 신씨아가 내게 "냉장고에 있던 김치가 없어졌어요"라고 말하면서 힘든 표정을 지었다. 외국에 나와 김치가 그리운 방문객이 아침부터 맘대로 냉장고를 열고 김치를 꺼내 먹은 것이었다. 사모님은 김치를 담글 줄도 모르셨기에 성도가 담가준 김치는 남편을 위한 소중한 음식이었다. 그런데 방문객들이 말도 없이 아껴둔 김치를 다 먹어버린 것이다. 얼마나 큰 문화 충격이었을까?

신씨아 사모님의 헌신과 인내

이렇게 서양과 동양의 만남은 런던한인교회를 시작한 김북경 목사님 부부의 (라브리에서의) 만남과 주안에서 주님이 주시는 평안을 통하여 펼쳐지고 있었다. 신씨아 사모님은 한국 시어머니를 모시면서 몸이 아니라 마음으로 낳은 두 자식을 길렀다. 이해하기 어려운 한국문화를 넘어 주님의 십자가를 바라보았다. 이런 한 영국 여성의 희생과 헌신, 동양 남편을 향한 사랑으로 영국에서의 한인 사역은 진행되고 있었다.

  목사님의 부친 김성일 선생은 독립운동가이셨다. 늘 이리저리 옮겨 다니고 숨어다니며 독립을 위해 애쓰셨다. 큰아들은 북경에서 태어나 '북경', 둘째는 장춘에서 태어나 '장춘', 셋째아들은 온양에서 태어나 '온양'이란 이름을 지었다. 아들들의 이름만으로 그의 파란만장한 애국의 여정을 읽을 수 있다. 따라서 부모님의 따스한 뒷바라지를 받지 못하고 홀로 자란 목사님은 예수를 믿고 스위스 라브리에서 신씨아 사모님을 만나 맨손으로 결혼하셨다. 반면에 사모님은 넉넉한 가정에서 자랐다. 친정아버지가 물려주신 그 집, "5 Kingsmead Woochester Park"가 런던한인교회 성도들의 아지트가 된 것이다. 독립운동을 하시며 나라를 되찾으려 애쓰던 부친과 가난과 외로움의 시간을 지나던 모친 사이에서 순탄치 않은 유년 시절을 보낸 김북경 목사님, 그의 힘들었던 청소년 시절을 보상이라도 하시듯, 하나님은 한 영국 여인의 사랑 속에서 쉼을 얻게 하신 것이다. 두 분의 하나됨이 서양으로 오는 한국인들의 길잡이가 되고 큰 쉼터가 된 것이 하나님의 오묘하신 작품이 아닌가 생각해 본다. 낯선 이방 땅에서 그 가정이 내민 손길을 통해 숱한 사람들이 주님을 만났다. 이분들을 만나서 많은 한국인들이 영육 간에 도움을 받았다. 그때 있었던 많은 이야기들을 나누며 우리는 웃음꽃을 피운다. 그리고 우리 마음에 스미는 연민을 다시 느낀다. 김북경 목사님과 신씨아 사모님이 그립다.

마지막 모습

2018년 목사님의 암 투병 소식을 듣고 서둘러 런던으로 향했다. 생전에 의식이 있을 때 소통하고 싶은 마음에서였다. 교회에서 은퇴하신 후 목사님 부부는 예전 라브리의 친구들이 있는 남쪽 햄프셔로 이사하셨다. 목사님을 뵈러 런던에서 성도들이 오가고 있었다. 딸 은미는 먼 길을 오가며 아버님의 병간호를 하고 있었다. 입맛을 잃어가고 점점 쇠약해 가시는 아버님을 위해 한국 반찬을 일회용 통에 담아 냉장고에 쌓아 놓고 갔다. 목사님은 노년에 유난히도 한국 음식을 찾으셨고, 은미는 아버지께 정성을 다했다. 아픈 엄마의 몫까지 대신해 아빠를 섬겼다. 8살 연상인 사모님은 노구를 이끌고 남편의 병상을 지키고 있을 뿐이었다. 젊어서 두 분이 섬기던 교회의 성도들은 목사님이 떠나가시는 것에 안타까워하며 순번을 매겨 돌아가면서 병간호를 맡았다. 그래도 목사님께서 떠난 자리가 크고 깊기만 하다.

2023년 1월에 남편(김한식 장로)과 함께 킹스턴에 있는 목사님의 묘지를 찾았다. 한 평도 안 되는 자리에 두 분을 기억하는 이들이 찾은 흔적이 역력했다. 주님을 사랑하고 성도들을 섬겼던 김북경 목사님과 신씨아 사모님은 이제 한 줌의 흙이 되어 우리에게 말씀해주고 계신다.

"This is to my Father's glory, that you bear much fruit, showing yourselves to be my disciples." (John 15:8)

따스하고 유쾌하고 성경적이고 인격적인 목자

런던한인교회 교인들이 기억하는 김북경 목사

사회자(유병헌 목사) 김북경 목사님을 한 교회에서 오랫동안 알고 교제 하시던 몇 분의 장로님과 권사님을 모시고 고 김 목사님을 추억하는 시간을 갖겠습니다. 각자가 기억나는 대로 김북경 목사님의 인격과 삶에 대해서 받으신 인상, 교훈, 깨달음, 혹은 그분의 장단점 등을 말씀해 주시기 바랍니다. 먼저 김북경 목사님이 목회하시는 교회에서 함께 신앙생활을 하시면서 목사님의 어떤 면들이 기억에 남는지요?

정완진 장로 제가 1980년대 초반에 런던에 주재원으로 와서 목사님이 개척하신 런던한인교회를 다녔는데, 당시 윔블던에 있는 영국 성공회 소속인 임마누엘교회를 빌려서 예배를 드리다가 1984년 킹스턴에 있는 URC교단에 속한 교회를 구입해 지금의 런던한인교회가 되었습니다. 은행 대출을 받아 교회 건물을 구입했는데, 매달 모기지 부담이 컸습니다. 그때마다 목사님은 자신은 신수비(사례)를 안 받아도 좋으니 모기지 내는 것에 우선순위를 두라고 하신 말씀이 생각납니다. 또한 영국에 있는 최초의 한인교회였기에 교회를 더 크게 키울 수도 있었지만, 목사님은 런던 각 지역에 흩어져 있는 한인들이 굳이 멀리 윔블던에 있는 런던한인교회까지 오게 할 필요가 없다고 하시면서, 각 지역에 한인교회들(일링한인교회, 킹스크로스한인교회, 옥스퍼드한인교회, 런던시내한인교회, 레딩한인교회 등)을 개척하고 좋은 목회자들을 세워 함께 주님의 교회를 세워가신 것을 보면서 무척 감동을 받았습니다.

이용환 집사 그렇습니다. 김 목사님은 주일예배에 새로운 신자가 오시면, "어디 사세요?"라고 물어보시고, 사는 곳을 알게 되면 "거기는 우리 교회에서 머니까 여기까지 오지 마시고 집 가까운 교회로 나가세요"라고 하시며 가까운 교회를 소개해 주시곤 하셨습니다. 이게 말이 됩니까? 다들 한 명이라도 더 잡아서 교인 수를 늘리고 싶어하는데 말이죠. 그래서 교회 새로 오시는 분 중에는 목사님의 이런 태도를 도리어 더 좋게 보는 분들도 있었지만, 어떤 이들은 기껏 한국에서 소개받고 왔는데 이 교회 목사가 별로 환영하지 않는 것 같아 불쾌하게 여긴 이들도 있었다고 들었습니다. 저희는 이런 모습을 보면서, '아, 과연 김북경 목사님은 다른 목사님들과 다르구나.'라고 생각하면서 더 존경심을 갖게 되었습니다.

사회자 맞아요. 목사님의 그런 모습이 한국에서 신앙생활 하던 분들에게는 신선한 충격이었죠. 그런데 교우들이 목사님의 그런 훌륭한 모습을 얘기할 때마다 저는 그게 "새로 오는 사람을 오히려 이 교회에 오게 만드는 목사님의 고도의 전략이 아닐까요?" 하며 농담(?)을 하곤 했지요. 목사님의 그런 사심 없는 신선한 모습에 교회를 찾는 분들이

'이 교회 목사님은 뭔가 다르구나' 하며 오히려 이 교회에 다니고 싶은 마음을 갖게 만드는 효과 말입니다(일동 웃음).

김동규 장로 목사님께서 목회하시면서 한국 교회 목사님들과 다른 것들이 참 많이 있었는데, 그중에 몇 가지 제 기억에 인상적이었던 것이 있었어요. 하나는 집사님들이 목사님께 주일예배 끝나면 뒤에 나가서 성도들이 나갈 때 인사 나누면 좋겠다고 그랬어요. 하지만 여러 번 말씀드려도 안 하셨어요. 왜 안 하셨는지는 각자 생각에 맡기겠습니다. 저는 그런 부분도 한국 교회 목사님들과는 참 다르다고 느꼈고, 그것이 제게는 오히려 더 신선했습니다. 그리고 목사님께서 넥타이 안 매시고 평상복 차림으로 설교를 하곤 하셨는데, 어느 주일날은 청바지에 비틀즈가 입는 옷 같은 것을 입고 나타나셨어요. 그래서 저는 "아유, 우리 목사님 어째서 이렇게 오셨습니까?" 했는데, 나중에 봤더니 그날 주일설교는 다른 분이 하시고 목사님께서는 중고등부 설교를 하시는데, 애들한테 좀 더 친근하게 다가가려고 일부러 청바지에 비틀즈 옷을 입고 설교를 하신 거였어요. 그때도 "아! 김북경 목사님은 좀 다르구나"라고 생각하게 되었지요.

서혜경 권사 저희는 여전도회를 봉사하고 구역 공부를 하면서 목사님이 보이신 모습이 지금도 눈에 선합니다. 그 당시는 주재원이 70%, 교민 30% 정도였기 때문에, 3월에는 새로 주재원이 오고, 9월에는 귀국하고 하는 패턴이었어요. 가고 오는 가정들이 엄청 많을 때였어요. 그

때 구역이 12개 정도가 있었고, 각 구역 식구들 집에서 돌아가며 성경 공부를 하였는데, 목사님의 트레이드마크가 뭐였느냐 하면 성경책과 함께 망치, 드라이버, 니퍼 등 공구가 들어 있는 '이따만한 가방'이었어요. 그걸 항상 들고 다니셨습니다. 당시에 남편들은 회사 일로 바빠서 집안일을 돌볼 시간이 없을 때입니다. 구역 성경 공부를 하러 목사님이 각 가정을 다니시면서 이때가 기회라고 생각하셨는지, 어떤 가정에는 전구를 교체해 주시고, 의자가 흔들거리면 못을 박아서 단단하게 만들어 주시고, 화장실이나 싱크대가 막혔다 하면 또 어떻게 뚫어주셨어요. 그래서 그 공구 가방이 없으면 큰일 나요. 어떤 젊은 부인은 목사님이 그 무거운 가방을 들고 집에 들어오실 때마다 맨발로 뛰어나와 목사님의 공구 가방을 받아주던 그 예쁜 행동이 지금도 눈에 선합니다.

김동규 장로 얘기 들으면서 저도 몇 가지 더 생각이 났습니다. 방금 서혜경 권사님께서 공구 가방 말씀하셨는데, 교회에서도 퓨즈 끊어져서 전기가 나가면 목사님께 말씀드립니다. 그러면 목사님은 가방에서 퓨즈를 꺼내서 그 자리에서 해결하셨습니다. 그런 것이 한국 교회에서 모태신앙으로 어려서부터 신앙생활 하면서 권위적인 목사님들만 보다가 여기 와서 김북경 목사님에게서 많은 다른 부분을 보게 되니 좀 시야가 넓어졌다고 할까요. 그런 여러 가지 면에서 목사님께서는 저희에게 영향을 주셨습니다.

서혜경 권사 또 외부에서 교회에 손님이 오시면 그분들이 "이 교회 담임목사님은 어디 계시죠"라고 많이들 물었어요. 김북경 목사님이 담임목사이실 줄 꿈에도 몰랐던 거지요. 한국의 전형적인 목사님들의 복장이나 스타일이 아니어서 알아보질 못했던 것 같아요. 교회 사찰 집사님 같은 이미지라고나 할까요. 목사님은 항상 자주색 나일론 잠바를 입고 다니셨는데, 우리들끼리 만나면 "목사님이 저 잠바를 언제 벗으시려나" 하는 이야기를 많이 했고, 우리가 새 잠바 사드려서 저 잠바 벗으시게 하자고 했는데, 지나고 나서 생각해 보니까 그 색깔이 딱 예수님의 보혈 색이었어요. 그 당시에는 전혀 모르고 그냥 저 잠바는 좀 벗으시면 좋겠다고만 했지요.

이성진 장로 1980년대 미국에서 한국 목회자들의 유학 문을 닫은 적이 있었어요. 목회할 목적으로 미국으로 가려던 신학생들이 영국으로 많이 왔는데, 우리 교회에도 신학생들이 많이 출석했어요. 목사님께서는 교회에 신학생이 많을수록 좋지 적은 것이 좋겠느냐고 하시면서, 가능하면 협동사역자로 모셔서 교회의 어느 한 부분이라도 맡기면서 그들에게 도움을 주려고 했어요. 물론 교인 중에는 신학생들이 너무 많다고 불평하는 분들도 있었구요. 다른 목회자 같으면 우리 교회 성도들 데리고 나가서 개척할까 걱정했을 텐데, 협동 목회자로 다 수용하라고 그러셨어요. 그것 때문에 교회 재정이 힘들기도 했지만요.

정완진 장로 맞습니다. 목사님께서는 80년대 유학생으로 오신 분들을 위해서 참 잘해주셨어요. 숙소나 언어학교를 알선해 주셨고, 집에 초청하여 함께 식사도 하시고, 잘 곳이 없으면 재워도 주시고, 김치를 담가서 목사님께 드리면 혼자 안 드시고 학생들을 불러다 나누어 주시곤 하셨죠.

이용환 집사 제가 구제부를 오래 했는데, 기억하시겠지만, 예전에 노숙자들을 위해 겨울에 워털루에 가서 수프도 나누어주고 한 적이 있었어요. 그런데 목사님께서 우리 교회도 킹스톤 지역에 있는 노숙자를 교회로 초청하자고 해서 얼마 동안 한 적이 있었는데, 여전도회에서는 아주 반대가 심했어요. 그 사람들 왔다 가면 냄새도 엄청 심하게 나고, 또 밤에 와서 자는 사람들도 좀 있고 하면 화재의 위험도 커진다고 하면서 항의를 했죠. 목사님께서는 저희가 그런 이야기를 하니 나중에는 수긍하셔서 그만하자고 하셨지만, "그런 일을 우리가 해야 하는 것 아닌가?" 하며 많이 아쉬워하셨어요. 그러니까 우리하고 마인드가 다르셔요. 배울 점도 많고 또 이해하기 힘든 부분도 많은 분이었습니다.

서혜경 권사 김북경 목사님은 특히 선교사님에 대한 애정이 대단하셨어요. 제가 기억하는 것은 어느 선교사님이 시베리아 노보시비르스크인가에서 사역할 때라 러시아를 자주 오고 갔어요. 추운 나라에 가시잖아요. 그런데 그해 여전도회에서 목사님께 버버리에서 스웨터를 사드렸어요. 그런데 그 선교사님이 러시아로 떠난다고 하니까 선물받은 스웨터를 포장해서 선교사님께 가지고 가라고 하셨어요. 그 선교사님은 안 받겠다고 난리를 하시고, 여기서는 주시려고 난리를 하시고…이런 일을 너무 많이 봤어요. 그리고 또 선교사님들께 봉투를 주시는 것도 여러 번 봤어요. "어쩌면 저렇게 하실까? 수입도 그렇게 많지 않으실 텐데…" 그때 처음 믿음을 갖기 시작한 저로서는 이런 목사님의 모습이 충격적이었어요.

어느 날 목사님께서 굉장히 늦게 예배 직전에 '짠'하고 예배당에 오셨어요. 이렇게 늦게 오시면 안 되는데 하고 생각했지요. 나중에 교회에 건의 사항이 있으면 써내라고 종이를 돌린 적이 있었는데, 저희는 사역자들이 예배 시작하기 적어도 30분 전에는 나오시면 좋겠다고 써냈어요. 그런데 나중에서야 왜 늦게 오셨는지 그 사정을 들었어요. 어떤 성도님 가정이 한참 교회를 잘 나오다가 어느 때부턴가 안 나왔는데 저희는 잘 몰랐어요. 이 내외가 어느 날부터 발길을 뚝 끊고 교회를 안 나오시니까 목사님께서 그날 오전 10시부터인가 그 집에 가셔서 이분들이 따라 나올 때까지 앉아 계셨던 거에요. 그러느라고 그날도 늦으셨던 거에요. 뒤늦게 이 사실을 알고는 "아, 목사님께서 영혼 사랑하시는 마음이 참 대단하시구나"라고 생각했지요.

사회자 서혜경 권사님은 영국에 오셔서 처음 예수를 믿고 교회 생활을 시작하셨는데, 첫 목회자인 김북경 목사님에게서 좋은 인상과 영향을 받으셨군요. 감사한 일입니다. 목사님의 말씀과 행동으로부터 받은 도전과 깨달음에는 또 어떤 것들이 있을까요?

김동규 장로 제가 주재원으로 있을 때였습니다. 크리스마스 2-3주 전부터 목사님이 교회 집사님 부부들을 우스터파크에 있던 목사님 댁으로 초대했습니다. 세 가정 정도 초대해서 식사하고, 그다음 날은 또 다른 가정들 초대하고 그러셨어요. 저희도 공식적으로 목사님께 처음으로 초대받아서 우스터파크의 댁에 갔는데, 인사를 하고 들어갔더니 현관에 이만한 큰 그릇이 있어요. 칵테일 볼이었습니다. 칵테일을 만들어 놓으셨어요. 잔과 함께 붉은색 칵테일을 주시면서 "칵테일을 한잔하고 들어가야 한다"고 하셔서 집사람하고 둘이 마셔봤는데 굉장히 세더라고요. 제가 술을 못해서 그런지 세더라고요. 그것도 제가 주재원 때라서 그렇게 느꼈는지, 한국 교회는 술에 대해 대단히 엄격했습니다. 그 당시만 해도 목사님께서 초대해서 성도에게 칵테일을 권한다는 것은 상상도 못할 일이었습니다. 그런 부분에서 저는 목사님께서 성도들을 신학적으로 가르치시려고 의도적으로 그렇게 하셨다는 느낌이 좀 듭니다. 당시만 해도 한국에서 보수적이고 전통적인 신앙생활만 했던 분들이 많았는데, 술이나 담배를 하는 것이 신앙의 본질 문제가 아닌 것을 보여주시기 위해서 그렇게 하시지 않았는가 하는 생각이 듭니다.

사회자 저도 김북경 목사님을 생각하면 두 가지 인상적인 기억이 떠오릅니다. 그중에 하나는 목사님께서는 교회에 강대상에 꽃장식 하는 것을 탐탁지 않게 생각하셨습니다. 교회에 꽃꽂이할 돈이 있으면 선교나 구제를 하라고 하셨죠. 그런데도 개의치 않고 신앙적 열심(?)을 발휘하여 사비로 교회에 꽃꽂이해놓으시는 분들이 계셨습니다. 그럴 때면 주일예배 마치고 광고 시간에 목사님은 "여기 있는 꽃들은 집에 가져가라"고 광고하시고, 꽃을 원하는 교인들에게 나눠 주셨어요. 그러면서 이런 말씀을 하셨어요. "여러분들이 이 예배당을 떠나가는 순간 하나님도 떠나시니 여기에 꽃이 있을 필요가 없습니다." 이 말씀이 저에게 굉장히 신선한 충격이었어요. 신학적으로 맞기는 맞는데, 이걸 이렇게 표현하시다니… 저를 포함하여 보통 사람들은 교회 꽃꽂이에 대해서 그런 생각을 전혀 해보지 않았는데…

저는 김북경 목사님은 설교자보다는 사상가(thinker)에 가까운 것 같다고 다른 사람들에게 말하곤 합니다. 설교를 깊이 있게 강해하거나 세련되게 말을 잘하시는 것 같지 않고 엉성하신데, 한 번씩 툭툭 던지는 말씀 가운데 우리의 폐부를 찌르고 다시 한번 깊이 생각하게 만드는 사상가 기질이 있다고 느꼈습니다.

또 하나 기억에 남는 것은, 어느 교인이 도둑맞은 이야기를 들으시고 하신 말씀이었습니다. 어느 주재원 교인의 집에 도둑이 들어 무언가를 훔쳐 갔다는 말을 들으시고, 김 목사님께서 설교 시간엔가 광고 시간엔가 이렇게 말씀하셨어요. "그러니까 여러분들, 도둑맞기 전에, 남이 가져가기 전에 먼저 나눠주십시오. 먼저 안 주니까 하나님께서 가져가게 하신 것 아니겠습니까?" 이런 창조적인 생각은 보통 목사들에게는 쉽게 안 나오는 거잖아요. 우리는 도둑맞아 속상해할 교우의 입장만 생각했을 텐데요. 그러나 목사님은 돈, 명예, 권력, 섹스, 위선, 정직, 용서의 문제 등 한국 목사들이 좀 꺼리는 문제들에 대해서 언제나 거침없이 직설적으로 설교하심으로써 듣는 사람들에게 당혹감을 주기도 하지만, 깊이 생각하도록 하시는 것 같아요.

이동희 사모 저는 목사님이 인도하시는 구역 공부에 참석한 적이 있었는데, 그때 본문이 부자들은 가난한 사람들을 구제해야 한다는 것이었어요. 그때 저는 제가 한 번도 부자라고 생각해 본 적이 없었고, 그때 부목사 시절이니까 경제적으로도 어렵고 힘들잖아요. 그래서 "글쎄 제가 나중에 부자가 되면 이렇게 저렇게 하겠습니다"라고 이야기했더니, 김 목사님이 저더러 "부자의 기준이 뭐죠?" 하고 질문하시면서, 나보다 더 못사는 사람이 있느냐고 물으셨고, 그 사람들에 비하면 당신도 부자이니 부자가 된 다음에 구제할 것이 아니라 당신이 선 그 자리에서 구제해야 한다고 하시더라고요. 저는 망치로 머리를 한 대 맞은 것 같았어요. 저는 한 번도 부자라고 생각하지 않았고, 현실이 힘들고 어렵다고만 여겼는데 말입니다. 그런데 그렇게 말씀해주셔서 너무 기억에 남습니다.

김동규 장로 사모님께서 부자 이야기 하시니까 저도 떠오르는 것이 있습니다. 우리 교회는 한때 교회 재정이 아주 힘들 때가 있었습니다. 그때 협동 목사님들이 많아서 진짜 재정이 힘들었어요. 그래서 집사님들이 목사님께 "목사님께서는 왜 헌금 설교를 하지 않으십니까?"라고 이야기를 했어요. 헌금 설교를 좀 하시라고 했어요. 목사님께서 그 말씀 듣고 훗날 설교를 하셨는데, 그날 설교가 십일조에 대한 것이었어요. 그중에서 제가 생각나는 것이 뭐냐면, 어떤 분이 천만 원 수입이 되고, 다른 분은 백만 원 수입이 된다. 천만 원 수입되는 분은 백만 원 내고 구백만 원은 자기가 썼다. 그런데 다른 한 사람은 백만 원 중 십만 원을 십일조로 내고 구십만 원을 자기 뜻대로 썼다. 한 사람은 구백만 원 쓰고 다른 사람은 구십만 원 쓰고 있는데, 이것이 제대로 된 십일조인가 하고 물으셨어요. 우리가 십일조를 내고 나서 손을 다 털고서 나머지는 내 마음대로 쓸 수 있다고 생각하는데, 그런 태도는 십일조 정신이 안 맞다는 거지요. 저도 헌금에 대해서 다시 생각해 볼 수 있는 기회였어요.

정완진 장로 그래서 십일조라고 딱 못 박지 않고 넘치도록 하라고 하셨습니다. 넘치도록 할 수 있는 능력껏 하나님께 하는 것이 좋다고 하셨습니다. 그리고 초신자 주재원들이 많았으니까 아직 십일조 개념이 없었습니다. 그래서 목사님은 자기가 할 수 있는 만큼 정하되, 꼭 부부가 상의해서 월정 헌금 비슷하게 정해서 얼마씩 하면, 그런 것을 하나님께서 기뻐하실 거라고 하셨어요. 그리고 설교 중에 우상 숭배에 대해 말씀하셨는데, 여자들 위주로 많이 말씀하셨어요. 몇몇 사람이 해당되었었죠. 제 집사람을 포함해서요. 귀걸이니 반지니 목걸이 같은 것을 주렁주렁 걸고 다니는 것이 모두 우상이라고 하셨어요. 차고 다니지도 않을 것을 서랍에 넣어놓고 맨날 꺼내서 쳐다보고 하는 것, 그것이 우상 숭배라는 거죠. 그래서 그런 우상 숭배를 하지 않는 것이 좋다며 절대 하지 말라고 하셨습니다. 그 설교 듣고 나서 제 집사람은 그

다음부터는 그런 액세서리 같은 것을 하고 다니지 않았어요. 실제 가슴에 와닿도록 설교 말씀을 하셨어요. 콕 집어서!

김동규 장로 목사님은 평소에 매우 부드럽고 온화하신데, 어떤 사안에 대해서 매우 단호하시고 냉정하신 경우를 보았어요. 우리 교회에서도 이단인 다미선교회 문제가 좀 컸었어요. 1992년 12월 28일 휴거 말입니다. 우리 교회도 다미선교회 영향을 받은 성도들이 일부 있었습니다. 다들 기억하시죠? 그런데 거기에 리더급의 집사님이 한 분 계셨는데, 성가대에 저희 부부와 같이 있었거든요. 그 집사님이 하루는 저에게 연락하고 집으로 찾아왔어요. 왜 왔는가 하고 한참 같이 이야기하다 보니까, 저는 몰랐는데 다미선교회에서 주도적인 역할을 하고 있는 분이었습니다. 나한테 무슨 이야기를 하는데 잘 들어보니 다음 주에 김북경 목사님께서 자기를 치리한다고 그래요. 그렇게 되었다고 하소연을 하는 거에요. 그런데 인간적으로 너무 불쌍하더라고요. 목사님이 평소에 참 자비롭고 인자하신데 저렇게까지 하시는 것이 과연 맞는가 하는 생각이 좀 들었어요. 그런데 목사님은 치리를 강행하셨습니다. 교회 앞에 세우고 다미선교회 활동한 것을 치리했어요. 그러고 나서 그 다음에 제가 목사님과 함께하면서 나중에야 '아, 그랬어야 되는구나. 복음에서는 물러설 수 없는 그런 부분을 하셨구나.'라는 생각을 하게 되었어요.

사회자 목사님의 신앙적 단호함을 엿볼 수 있는 또 하나의 일이 있었죠. 아마 제 기억으로는 주일학교를 맡은 선생님이 늦게 결혼을 했는데, 남편 되는 분이 무신론자라는 말을 듣고 목사님께서 믿지 않는 남편을 둔 사람이 주일학교의 책임을 맡는 것은 적절하지 못하다고 하면서 사임하도록 권고하신 것을 알고 있어요.

김동규 장로 목사님께서 설교 도중에 가끔 하신 말씀 중에서 깜짝깜짝 놀라는데, 서울에서는 못 들어보던 말씀을 하셔요. 가령 "여러분들, 목사를 절대로 믿지 마세요. 목사는 믿을 것이 못 됩니다." 같은 말씀이 그렇습니다. 이런 말씀하신 적이 가끔 있었습니다. 우리는 전부 가면을 쓰고 산다고요. 그런 부분에서도 좀 생각해 보는 계기가 되었습니다. 또한 우리 교회는 많은 주재원이 있었는데, 그분들이 귀국하면서 교회 생활에 감사하며 이런저런 목적헌금도 했는데, 그 목적헌금을 그분들이 원하는 대로 쓰신 적이 별로 없었을 겁니다. 성도들의 목적헌금을 하는 내용이 목사님의 신학과 달라서 그랬습니다. 예를 들면, 지금도 우리 교회는 성가대가 가운을 입지 않지만 그때도 없었는데, 어떤 교우가 교회 재정이 부족해서 성가대 가운을 구입하지 못한다고 생각했는지, 귀국할 때 성가대 가운을 하라고 목적헌금을 했습니다. 그런데 제가 알기로는 그 목적헌금을 선교헌금으로 썼을 겁니다.

사회자 목사님의 사고방식과 언어 사용법도 보통 한국 목사들과 달랐어요. 저희는 보통 자신의 속마음을 직접 표현 안 하고 돌려서 말하거나 상대방의 감정을 고려하여 외교적인 언어를 구사하는 경우가 많지 않나요? 그러나 목사님은 매우 직설적이고 솔직한 화법을 쓰시기 때문에 사람들을 당황스럽게 할 때가 있지요. 예를 들면, 어느 구역장이 목사님에게 와서 자기가 이런저런 이유로 구역장 일을 못 하겠다고 말하면, 그 자리에서 "네, 그러면 그만하셔야죠" 그렇게 말해서 오히려 말한 사람이 상처를 받는 경우가 있었다고 해요. 사실, 말한 사람은 힘들어서 말한 것도 있지만, 목사님에게 위로와 격려를 받고 힘을 얻고 싶어서 말한 것인데, 목사님은 본인이 용건을 말할 때 에둘러서 말하거나 복선을 깔고 말하지 않기 때문에, 다른 사람들도 그렇게 한다고 생각하시고 있는 그대로 받아들이셔서 그런 오해가 생기기도 하는 것 같아요.

김동규 장로 교회에서 회의할 때 목사님 특유의 방식이 있어요. 어떤 의견을 제시하면 그것이 그 사람이 성령님께서 그 사람으로 하여금 그 생각을 하게끔 하셨기 때문에, 그 은사를 그 사람이 발휘할 수 있다고도 생각하셔요. 그래서 의견을 낸 그 사람에게 하라고 시키는 경우가 많이 있었어요. 저도 많이 당했는데(?), 김 목사님께 어떤 의견을 제시했더니 그거 좋은 생각이라고 하시면서 저보고 하라고 하셔서 당황한 적이 많이 있었습니다(일동 웃음).

사회자 맞아요, 김 목사님 특유의 성향인지 전략(?)인지 모르지만요. 아무튼 처음에는 자신의 의견을 내시지만 결코 자기주장을 하거나 강요하시지 않으세요. 분위기를 봐서 여러 사람이 반대하거나 부정적인 반응을 보이면 도로 집어넣었다가, 나중에 시간이 어느 정도 지나면 다시 꺼내세요. 김 목사님 생각은 분명히 있는데, 절대 자기주장을 하지 않고 상대방의 의견을 중요시하셨어요. 우리 국제장로회 교회들이나 주변에 있는 교회들을 봐도 담임목사하고 부목사 간에 갈등이 있어서 결국 교회에 문제가 생긴 경우를 보게 되는데, 목사님은 부목사든 협동 목사든 누구든 잘하면 잘하는 것을 격려하고 맡기셨어요. 자신이 중심이 되어야 한다는 욕심으로 다른 목회자를 견제하거나, 교우들을 예수님의 제자가 아니라 자기 사람, 자기 제자로 만들려는 사심이 전혀 없으신 목회자였죠. 제가 배운 가장 큰 교훈 중 하나였습니다. 목사님은 항상 부지런히 배우려는 자세를 가지신 분이셨어요. 무슨 좋은 책이나 세미나나 정보가 있다면 항상 목사들에게 소개하고, 책도 사서 주면서 읽어보라고 하고, 본인도 참석하셨어요. 아무튼 그런 부분에서 항상 배우려고 하시는 분이셨어요.

이용환 집사 목사님께서는 신자의 가정생활을 중요하게 강조하셨어요. 교회에서 집사를 임명할 때도 임명 동의서를 내야 하는데, 불신 배우자가 있는 경우 그 배우자의 동의를 받아야 한다는 것을 강조하셨어요. 또 목사님 어머니 장례식에 대한 것도 저희에게 큰 충격이었죠. 슬픈 장례가 아니라 하나님께 보내는 것이니 얼마나 좋은 날이냐고 하시면서, 장례식에 참석하실 분들은 검은 옷 입고 오지 말고 가장 좋고 화려한 옷을 입고 오라고 광고하셨죠. 자신은 장례식에 하얀 양복을 입고 장례예배를 인도하셨지요.

서혜경 권사 저는 그 장례식에 슬퍼서 울고 나갔어요. 목사님께서는 얼마나 기쁜 날인지 모르지만요. 물론 기쁘시겠지, 안 기뻐? 그렇지만 딸을 먼저 보낸 나 같은 경우는 그것이 또 하나의 트라우마가 되어서 나를 찌르는데, 나는 그렇게 못하는데, 하는 마음이 드는 거에요. 나는 왜 그렇게 못 했을까. 아 정말 목사님 잘났어! 그래서 못 듣고 그냥 나갔다니까요.

김동규 장로 저도 그 후에 좀 따라 하려고 저 혼자라도 화려한 것 입고서 장례식 참석해볼까 했었는데, 한국 사회에서는 그게 잘 안되더라고요. 할 수가 없어요…

이용환 집사 아마 주변에서 불효자식이라는 소리 들을 걸요.

사회자 그 밖에 혹시 김북경 목사님의 단점이라고 생각되는 어떤 것이 있을까요?

정완진 장로 굳이 단점이라고 말하기는 그렇구요. 주일예배 시간에 어떤 경우에는 정해진 시간 내에 끝내야 하는데 그러지 않으셨습니다. "바쁜 사람은 가세요"라고 하시면서 설교를 오래 하시는 경우들이 있었습니다. 그리고 어디 모임 약속이 있을 때는 조금씩 늦으셨던 것 같아요. 제 생각에는 아마 신씨아 사모님의 행동이 느려서 그러셨던 게 아닌가 합니다만. 그런데 목사님은 그런 사모님의 행동에 별로 잔소리를 하시지 않으셨어요.

이용환 집사 그리고 또 하나 단점이라면 우리 교회가 1년에 한 번씩 교회 환경 미화 및 대청소를 하잖아요. 그러면 버릴 것을 교회 앞에다 갖다 놓으면 목사님 안 계실 때 빨리 갖다 버려야 합니다. 목사님 오시면 도로 갖고 들여놓으세요. 신씨아 사모님은 더 심하십니다.

사회자 단점이라기보다는 한국 교회 목사님들과 목회 스타일이 다른 것으로 보는 게 좋겠지요. 예를 들면 예배나 각종 교회 세미나 모임에 대해서 목사가 교우들이 열심히 참석하도록 강조하고 권면해야 하는 것 아닌가 생각할 수 있는데, 목사님은 그런 것은 거의 언급하지 않았던 것 같아요. 영국에서 신앙생활을 하셔서 그러셨는지, 신앙생활은 각자가 알아서 할 문제지 강제성이 개입될 문제가 아니라는 확신이 있으셨던 것 같아요. 그러면서 교회에 나오는 것도 좋지만, 가정에서 가족들과 잘 지내는 것도 중요한 신앙이라고 하시면서 신자의 가정생활을 강조하셨죠. 그래서 그런지 우리 교회는 주일예배 참석 말고는 다른 모임은 참석률이 극히 저조한 것이 특징이었죠. 교인들은 목사님이 참석을 별로 강조하지 않으시니 안 해도 되는가 보구나 하고 생각해서 모이는 일에 열심을 보이지 않는 약점이 있지 않나 하는 생각을 하게 됩니다. 그러나 목사님 마음속에는 목사가 꼭 강요하지 않더라도 교인들이 알아서 자율적으로 잘 모이고 말씀을 사모하면 좋을 텐데 하는 현실적인 목회의 고민이 있으셨던 것 같아요.

사회자 목사님과 신씨아 사모님과의 관계에서 혹시 인상적이었던 것은 없었나요?

정완진 장로 제가 집사람하고 이야기하던 것인데, 김 목사님께서 여자 성도들하고 교제하면 신씨아 사모님께서 굉장히 시비를 많이 하신다는 거예요.

서혜경 권사 굉장해요.

이용환 집사 사모님이 연상이시잖아요.

정완진 장로 그래서 목사님께서 항상 조심하셨대요.

서혜경 권사 맞아요. 항상 조심하세요. 이런 말씀까지 하셨어요. 어느 나이 드신 독신 여선교사님께서 영국에 오시면 거처가 마땅치 않아 목사님 댁에 자주 기거하시고 하셨는데, 목사님께서 많은 도움을 주셨어요. 그런데 목사님께서 저한테 그러셨어요. "아유, 우리 신씨아 무서워요." 하시면서 "내가 굉장히 조심해야 해요." 제가 그때 생각했죠. "아, 우리 신씨아 사모님도 목사님을 대단히 사랑하시는구나. 저 연세에도!"

사회자 아, 그래서 그러셨군요. 예전에 WEM 모임을 매달 월요일 저녁에 교회에서 했어요. 한 번은 그 나이 드신 독신 여자 선교사께서 영국을 방문하여 WEM 기도모임에 참석하셨는데, 기도회 후에 참석한 분들을 위해 조성영 장로님께서 설렁탕을 주문 배달하여 식사하곤 했어요. 그런데 그 여자 선교사님이 국이나 반찬 같은 것을 목사님 앞에 놓아 드리고 시중을 들고 있는데, 갑자기 목사님께서 그 선교사님에게 "내가 이런 거 하지 말라고 했잖아요. 그러니까 신씨아가 싫어하는 거예요." 하시며 막 화를 내시는 거예요. 신씨아 사모님은 기도회에 참석도 안 하셨고, 거기에 다른 젊은 선교사님들 장로님도 계셨고, 저도 있었거든요. 깜짝 놀랐어요. 저희는 무슨 맥락인지는 전혀 몰랐어요. 그래서 왜 이렇게 화를 내시는 건가 하고 의아해했습니다. 그런데 그런 사정이 있었군요.

서혜경 권사 그거예요. 김북경 목사님이 굉장히 조심하셨대요. 신씨아 사모님께서 다른 여자들이 목사님에게 그렇게 하는 것을 싫어하셨대요. 사실 영국 여자의 입장에서 보면 한국 여자 교인들이 목사님에게 그런 식으로 섬기는 것이 굉장히 낯설고 이상하게 보였을 거예요.

사회자 그밖에 목사님에 대한 추억이 있으시면 말씀해 주시죠.

이동희 사모 저도 들은 것인데요. 신씨아 사모님께서 항상 집안을 널어놓고 사시잖아요. 정리가 안 되어서 발 디딜 틈이 없잖아요. 저는 예술가라서 그렇다는 생각도 합니다. 그런데 사모님은 샴푸든 간장병이든 한번 뚜껑을 열면 닫지를 않는대요. 그래서 김북경 목사님께서 40년 동안 계속 잔소리를 하셨대요. 뚜껑 좀 닫고 다니라고요. 그런데 40년을 그렇게 해도 안 고쳐지더래요. 그래서 깨달으셨다고 하더라고요. '아 이것은 안 고쳐지는 것이구나. 이것은 내가 닫아야 하는구나.' 그 후로 뚜껑 닫는 것은 본인 몫이라고 생각하셨다고요. 그 이야기를 최근에 누구에게 했더니 "목사님께서는 진짜 대단하신 분이세요. 어떻게 40년 동안이나 그렇게 잔소리를 하셨어요. 저는 10년만 해 보고도 포기했을 텐데."라고 하더군요.

사회자 신씨아 사모님은 미술을 전공하신 분이라 그런지 사실 굉장히 예민하고 까다로운 분이신 것 같아요. 목사님 댁에서 식사 초대하면, 테이블 위에 컵, 접시 이런 것들이 신씨아 사모님 스타일로 그 자리에 딱 되어야지, 그것을 누군가가 다른 데로 옮기면 굉장히 화를 내세요. 김북경 목사님께서 그런 분과 살면서 적응하신 부분도 있겠지만, 잘 참고 사신 게 아닌가 생각됩니다.

이동희 사모 여담인데, 돌아가시기 전에 그렇게 김북경 목사님께서 신씨아 사모님께 소리 지르고 화를 내셨다고 하더라고요. 육체적 고통도 심하고 하시니까 그동안 참고 눌러왔던 것들이 폭발해서 나온 것이 아니었을까 하는 생각도 좀 듭니다. 신씨아 사모님은 머그잔 하나라도 누가 건드리거나 사용하면 완전히 화를 내셨어요. 반면에 목사님은 유머가 있으시잖아요. 그러니까 사모님 골려주시려고 목사님이 자기 머그잔을 저에게 주면서 이 잔을 써보라고 하셨어요. 신씨아가 어떻게 나오는지 보라고 하시면서요. 그래서 제가 그 머그잔을 쓰려고 하면 "NO!" 하시면서 목사님 것을 왜 쓰냐고 화를 내셨어요.

그리고 제가 여기 와서 운전면허를 땄잖아요. 몇 번 떨어지고 운전면허를 땄는데요. 김북경 목사님께서 "운전할 때 가장 중요한 것이 뭔지 아세요?" 하시길래 모르겠다고 했더니 "예측(anticipation)입니다"라고 하셨어요. "항상 저쪽에서 어떻게 할 것인가 예측하는 것이 가장 중요합니다." 그러면 사고가 안 난다는 거예요. 저는 그 예측이라는 말을 삼십 년 전에 듣고 운전할 때마다 "예측"이라는 단어가 계속 생각이 납니다. 미리 대처하는 것이죠. 운전할 때 항상 주변을 살피면서 내가 나가야 할 것인지 말 것인지, 속도를 줄여야 할 것인지 이런 것을 늘 생각하게 되더라고요. 저는 아무튼 그때 그 말을 듣고, 계속 그 말이 뇌리에 꽂혀 있습니다. 저 사고 한 번도 안 났습니다.

이용환 집사 제가 기억하는 김북경 목사님은 위트가 아주 많으신 분이셨습니다. 2011년이 제 환갑이었는데, 우리 애들이 '서프라이즈'라고 저만 모르게 아주 비밀리에 군사작전을 하듯이 이벤트를 마련했어요. 제가 그때 구역장이었는데, 저희 구역 식구들, 교회 성도들, 1986년도에 와서 함께 직장 생활했던 영국 친구들까지 제가 자는 동안 핸

드폰에서 전화번호를 찾아 연락했더라고요. 제 생일이 밸런타인데이입니다. 2월 14일이요. 제 기억에 그날이 토요일이었을 겁니다. 경원이와 인성이가 리치몬드파크에 있는 펍을 하나 빌렸어요. 나 몰래요. 토요일에 집사람이 우리 애들하고 식사하러 가자고 하더라고요. 그런데 집에서 출발해서 가는데 리치몬드까지 가는 거예요. 왜 이렇게 멀리 가느냐고 했더니, 글쎄 무조건 가야 한다고 하더라고요. 도착해서 주차하는데 김북경 목사님과 신씨아 사모님이 나타나셨어요. 그래서 이 양반들이 왜 여기까지 나오셨을까 하고 생각하면서 여쭤봤어요. "아니 목사님 웬일이세요."라고 했더니, 일 때문에 오셨다가 목이 말라 펍에 가서 목 좀 축이려고 한다고 그러는 거예요. 그 때 약간 이상했어요. 뭔가 이상하구나. 그래서 주차를 하고 가보니 목사님이 제가 가는 펍과 같은 곳으로 들어가시는 거에요. 들어갔더니 60개의 풍선 같은 것을 다 장식해놓고 애들하고 구역 식구들하고 와서 축하해주는 겁니다. 김북경 목사님께서 그렇게 순발력 있고 위트 있게 넘기신 것을 지금도 잊을 수 없습니다.

사회자 오늘 길게 김북경 목사님과 신씨아 사모님에 대해서 추억해주셔서 고맙습니다. 돌아보니 저희가 참 좋은 분을 선물로 받아서 누리기만 했다는 생각이 드는군요. 이제 저희에게도 황혼이 찾아왔는데, 남은 인생 우리 자식들과 후배들에게 어떤 사람으로 기억될지를 생각하면서 잘 마무리해야겠다는 생각도 듭니다. 무엇보다 이 낯선 땅에서 따스하고 유쾌하고 또 신학적으로 바르고 인격적인 목사님을 저희들

곁에 보내주신 하나님께 감사했으면 좋겠습니다. 수고들 많이 하셨습니다!

당신을 기억합니다

영국 런던에서 함께한 이들

2000년 12월 첫 주 레딩한인교회가 설립되고 김북경 목사님은 첫 담임 목사님이 되셨습니다. 한국전쟁 참전용사들이 레딩에 있는 우리 교회를 방문하셨는데, 그때 김북경 목사님께서 참전용사들에게 한국 음식을 접대하자고 하셔서 그것이 계기가 되어 "재영 한국전 참전용사 위로의 날"이 영국에서 처음으로 시작되었습니다. 수년간 레딩한인교회가 추진하다가 레딩한인회가 이어받았고, 지금은 영국 전역의 참전용사들을 초대하는 행사로 발전되어 재영재향군인회와 합동으로 개최하고 있습니다. 목사님은 돌아가시기 몇 년 전부터 재영 한국전 참전용사 목사단의 회장으로 활동하셨습니다. 목사님은 런던에서 은퇴하신 후로도 불모지나 다름없는 레딩한인교회에 먼 길을 운전하여 오셔서 교회를 일구어주셨습니다. 김북경 목사님과 신씨아 사모님의 헌신과 섬김에 깊이 감사드립니다.

-조신구 집사(레딩한인교회)

남편 고(故) 박수남 목사는 영국에서 신학 공부를 하고 목사 안수를 받기까지 오랫동안 런던한인교회에서 성가대 대장으로 봉사하였고, 한국에 귀국하여 산본에 교회를 개척하여 사역하다가 지병으로 소천하였습니다. 김북경 목사님께서는 한국 오실 때마다 우리 교회에서 설교하셨습니다. 유학 생활 중에 직장에서 일도 하였기에 십일조를 런던한인교회에 냈습니다. 그런데 목사님께서는 학업과 일을 병행하는 저희의 어려운 사정을 아시고는 십일조 안 해도 된다고 하셔서 놀랐습니다. '세상에 이렇게 말씀하시는 목사님도 계시는구나'라고 생각했고 우리보다 더 어려운 사람들에게 보내주었습니다. 한국에 오실 때면 산본복음교회까지 오셔서 말씀 전해주셨습니다. 저희 집에서 꼭 차 한잔 드시고 가셨는데, 그럴 때면 화장실에 사례비 봉투를 두고 가셨어요. 영국에서 둘째 아들을 임신했을 때 35주에 진통이 있어서 입원했는데, 갑자기 오셔서 간절히 기도해 주셔서 큰 위로가 되기도 하였답니다. 그렇게 자상하신 목사님과 사모님이 그립습니다.

-이경희 사모(고 박수남 목사 사모)

김북경 목사님 부부는 만나고 알게된 모든 사람들에게 매우 친절했습니다. 목사님은 뒷마당에서 다양한 한국 채소와 과일 나무를 키우는 열정적인 정원사였습니다. 저는 목사님과 한국 문화와 케냐 문화에 대해 많은 대화를 나눴고 두 문화에 공통점이 많다는 것에 동의했습니다. 목사님은 (복음에 대한) 지식을 다른 사람들과 공유하는 것이 중요하다고 생각했기에 긴 여정을 소화하기 힘들 때 까지 많은 강의와 설교 일정을 강행했습니다. 그리고 목사님은 오랫동안 영국 라브리의 회원이자 후원자였습니다.

-William Ireri(영국IPC 교인)

이역만리 영국 땅을 처음으로 밟은 것은 주님의 섭리 가운데 이루어진 것으로 믿습니다. 장남인 제가 홀어머니와 형제들과 친척을 떠나 낯선 이곳에 K 항공사의 런던 주재 발령을 받아 근무하게 된 것은 내 생애 큰 전환점이 되었습니다. 무엇보다도 모태 신앙인이었던 아내와 결혼한 것을 계기로 신앙이 싹트기 시작한 1982년의 따스한 봄, 영국에 도착하여 제일 먼저 찾은 곳이 윔블던에 위치한 임마누엘교회였습니다. 저는 여기서 처음 김북경 목사님의 설교를 들었습니다. 오직 성경만을 중심으로 쉽게 풀어주시던 목사님의 말씀에 큰 은혜를 받았습니다. 권위적이지 않고 솔직하며 친근하게 대해 주시던 목사님과 신씨아 사모님의 친절함, 그리고 가족 같은 교인들의 따뜻한 안내와 사랑의 교제에 큰 감동을 받았고 교인으로 정착했습니다.

현지 교회를 빌려 예배를 보는 것에 따른 제약이 많아 여러 불편을 느끼던 차에 목사님은 킹스턴에 위치한 URC 교단의 영국교회로 이사할 것을 제안하셨습니다. 설립한지 100년이 된 그 교회는 이제 소수의 노인만 남아 곧 문을 닫을 처지였습니다. 그래서 다른 교회가 들어온다면 좋겠다고 희망하던 차에 런던한인교회가 대여하여 들어가기로 했습니다. 이민교회로서 재정 상황이 넉넉하지 못했는데, 김북경 목사님의 수고로 현지 교회와의 순조로운 협상을 거쳐 연간 3천 파운드를 지불하고 사용하기로 했습니다. 그럼에도 큰 부담이 아닐 수 없었습니다. 당시 저는 재정 집사를 맡고 있었는데, 저는 이 건물을 구입하는 것이 임대하는 것보다 편리성과 안전성 그리고 믿음 생활에 좋겠다고 판단하였습니다. 그래서 목사님께 영국 교회가 매매할 뜻이 있는지를 알아봐 주시도록 요청하면서 매입 방안을 제안하던 기억이 납니다.

몇 개월이 지나서 그 교회는 우리 제안을 받아들여 목사님과 협상을 진행했습니다. 현지 교회는 우리의 재정 사항을 고려하여 5만 파운드에 매매하기로 합의해 주었습니다. 당시 우리 교회는 약 150명의 성도 중에서 주재원이 95%이고 5%는 교민과 학생들이었습니다. 몇몇 주재원들이 반대하기는 했지만, 교인들의 기도와 주님의 도우심으로 건물 구입을 결정하였습니다. 교회 앞으로는 대출이 되지 않는 상황이라 목사님을 포함한 재정부장 등 총 5인이 연대보증인이 되어 트러스티를 조직하여 미들랜드 은행으로부터 15년간 상환하는 상업 대출을 받는 데 성공했습니다. 이로써 1985년 마침내 103년이 넘은 영국교회를 한인교회가 매입하게 되었습니다. 런던한인교회의 건물 매입 사례는 영국에서 처음 있는 일이었습니다. 물론 기쁨이 큰 만큼 재정적인 어려움도 컸습니다. 매월 원리금 상환도 큰 부담이었고, 무엇보다 목사님 신수비도 제때 지급하지 못해 안타까워했던 기억이 지금도 생생합니다. 하지만 교인들의 기도와 헌신으로 믿음이 더욱 돈독해졌고, 주님의 도우심으로 교민 성도들이 꾸준히 증가했습니다. 이것이 이 땅에서의 복음과 선교 활동의 결과이며 주님의 은혜라고 믿습니다.

저는 김북경 목사님을 생각할 때면 제 숙부처럼 느껴집니다. 그만큼 자상하시고 따뜻하시고 배려가 몸에 밴 어른이었습니다. 그 헌신과 보살펴 주신 은혜에 깊이 감사하며 다시 한번 김북경 목사님과 신씨아 사모님을 추억합니다.

-정완진 은퇴장로/이명숙 권사(런던한인교회)

저는 한국에서 섬기던 부천 동광교회에서 1996년 장로 장립을 받고 동화은행 런던 점포장으로 부임한 후 런던한인교회에서 신앙생활을 계속해 왔습니다. 국제장로회 산하의 런던한인교회에서 김북경 목사님과 신씨아 사모님을 만나게 되었고, 목사님 내외분이 전해주시는 하나님의 말씀과 두 분의 살아있는 삶을 통하여 귀한 믿음 생활을 배우고 깨달음을 얻을 수 있었습니다.

김북경 목사님의 설교와 말씀 중에서 특별히 모든 교회가 하나의 교회를 중심으로만 모이고 성장하기보다는 흩어지는 교회를 통하여 모든 성도가 신앙생활을 수행하는 것이 중요하다는 것을 강조하셨습니다. 그래서 목사님은 교회를 키우기보다 후배들에게 여러 교회를 분립하여 개척하도록 도와주심으로써 자신의 가르침을 실천하셨습니다. 한국에서는 쉽게 볼 수 없는 모습이어서 깊은 감명을 받았습니다.

봄과 가을에 국제장로회 소속의 7개 한인교회가 함께 연합 야외 예배를 드렸던 것이 생각납니다. 장소는 윈저성으로 가는 길에 있는 윈저로드 옆 템즈강변에 위치한 '러니미드 평원'이었는데, 이곳은 권리장전으로 유명한 '마그나 카르타 기념관' 근처였습니다. 연합 야외 예배 시간이 가까워지자 7개 교회로부터 온 굉장히 많은 성도들이 '러니미드 평원'에 모여 함께 기쁘고 거룩한 예배를 드렸습니다. 설교 중 목사님께서는 "이렇게 흩어지는 교회가 한자리에 모여 연합예배를 드리니까 큰 무리가 되어 예배를 드릴 수 있게 되었습니다"라고 하시며, "하나의 교회를 중심으로만 모이기를 힘썼다면 이렇게 많은 성도들이 모일 수 있었을까요?"라고 말씀하셨습니다. 목사님이 강조하셨던 "흩어지는 교회"를 통하여 교회가 부흥하니, 많은 성도들이 모이는 교회로 성장했다는 설교 말씀을 들으며, 저는 "흩어지는 교회"의 참뜻을 깨달을 수 있었습니다. 이렇게 저에게 성경적인 교회론을 가르쳐주시고, 직접 그것을 눈으로 보고 경험할 수 있게 해주신 목사님 감사합니다.

-조태현 은퇴장로(런던한인교회)

1986년 1월 저는 주재원으로 런던에 온 이래로 줄곧 런던한인교회 주일예배에 참석하였습니다. 이때 만난 김북경 목사님의 사역을 통해 기존의 한국 교회 목사님들에게서는 받지 못했던 신선한 인상들을 간직하고 있습니다.

런던한인교회가 사용하고 있는 건물이 백 년 이상 되었기에 이런저런 잔일들이 많을 수밖에 없었습니다. 그럴 때마다 교인들은 목사님께 문의했고 목사님이 직접 문제를 해결하신 경우가 많았습니다. 이는 한국 교회에서 별도로 두고 있는 사찰 집사 역할을 목사님께서 묵묵히 감당하고 계셨기 때문에 가능한 일이었습니다. 당시 목사님 가방엔 늘 성경과 찬송가만이 아니라 사찰 집사에게 필요한 드라이버, 망치, 하다못해 플러그 퓨즈까지 들어 있었습니다. 그래서 교인들이 전열기, 청소기, 선풍기 등 각종 전자 제품을 사용하다 고장 나면 목사님께 알리고, 그때마다 목사님께서는 가방에서 공구를 찾아 고쳐주시는 모습을 보았습니다.

하루는 목사님께서 다듬지 않아 껍질이 그대로 붙은 곧고 긴 소나무 목재 두 개를 교회로 가져오셔서는 함께 십자가를 만들어 강대상 뒤편에 달자고 하셨습니다. 일반적으로 강대상 뒤에는 대패로 잘 깎고 다듬어 니

스칠로 매끈하게 마무리된 보기 좋은 십자가를 설치하는데, 검붉은 껍질이 덕지덕지 붙은 거친 십자가는 한 번도 본 적이 없었고 생각도 못 했기에 의아했습니다. 그래서 웬 나무냐고 여쭈었더니 목사님께서는 원래 교회에 십자가 장식을 달 생각이 없었지만, 한국으로 귀국한 한 교인이 십자가 목적헌금을 했다고 하셨습니다. 그래서 목사님이 한참을 고민하신 후 결정한 십자가가 바로 그 거친 소나무 십자가였던 것입니다. 목사님은 이런 거칠고 험한 십자가를 통해 교인들에게 주님의 십자가의 고난을 시각적으로 교육하셨습니다.

또한 런던에 유학 온 신학생, 목사, 선교사를 매주 집으로 초청해서 함께 말씀을 나누시며, 사모님께서 준비한 파스타나 피자로 식탁 교제를 하셨던 것은 두 분께서 오랫동안 몸담으신 라브리 공동체 사역의 연장선에 있었던 것으로 보입니다. 1990년대 전반의 일로 기억합니다. 당시 저는 구제부장으로 봉사하고 있었는데, 목사님의 제안으로 교회에서 매주일 오후 수프 키친을 운영하며, 킹스턴 지역의 영국 노숙자들을 교회로 초대하여 빵과 수프를 대접했습니다. 하루는 목사님께서 노숙자 한 명을 집으로 데리고 가서 깨끗하게 샤워를 시키고선 함께 쇼핑몰에 가서 새 양복을 사서 입혀 보내셨다는 이야기를 당시 교회 부목회자를 통해 들은 적이 있습니다. 목사님께서 무슨 연유로 그렇게 하셨는지 여쭤보지 못해 지금도 여전히 의문으로 남아 있습니다.

-김동규 은퇴장로(런던한인교회)

1980년대 말 어느 여름으로 기억합니다. 저희는 부부 성경 공부 모임

(예루살렘 구역)에 꾸준히 참석하고 있었습니다. 당시 우리 교회에서 가장 고령이신 신호철 집사님(현 신동선 장로의 부친)께서 구역장으로 섬기고 계셨습니다. 하루는 구역장님의 회갑을 축하하기 위해 구역 식구들이 음식을 준비하여 저녁 식사를 하게 되었습니다. 그 자리에는 김북경 목사님, 신씨아 사모님 그리고 김북경 목사님의 모친께서도 함께 참석하셨습니다. 그래서 그날은 자연스레 성경 공부는 쉬고 구역장님의 회갑을 축하하는 자리가 되었습니다. 화기애애한 분위기가 무르익으며 식사가 끝나자, 목사님께서는 다들 그냥 집에 가지 말고 오늘은 노래를 한 곡씩 부르면 좋겠다는 제안하셨습니다. 단 찬송가는 하지 말고 다른 노래를 하자고 하셨습니다.

말이 떨어지기 무섭게 목사님의 모친께서는 유창한 영어로 며느리를 향하여 한 말씀 하셨습니다. "I have never heard Cynthia sing songs before. Today is the day I can hear her sing a song, here and now!"(지금까지 한 번도 며느리 노래를 들어본 적이 없는데, 드디어 오늘 한 번 들어보겠구나!) 목사님은 덤덤하게 침묵을 지키고 계셨고, 모친께서는 지금까지 못 들어본 며느리의 노래를 오늘에야 들을 기회로 여기시고 기대에 찬 눈빛이셨습니다.

구역 식구들은 돌아가면서 찬송이 아닌 노래를 한 소절씩 불렀고, 마지막으로 신씨아 사모님 차례가 되자 모두 박수로 노래를 재촉하였습니다. 과연 무슨 노래를 부르실까 기대하는 마음임이 분명했습니다. 그런데 막상 무슨 노래인지 알 수가 없는 노래를 부르셨습니다. 어디선가 들어봤음직 한 멜로디로 보건데 주일학교에서 부르는 복음성가인 것 같기도 했고, 영국 동요 같기도 했습니다. 신씨아 사모님이 노래를 끝내고 자리에 앉으시자, 목사님의 모친께서는 환하게 웃으시며 박수를 치셨습니다. 이렇게 막을 내린 그날의 구역장님의 회갑 축하 모임은 오랜 시간이 지난 지금도 떠오르는 추억의 한 자락입니다.

-유환옥 은퇴장로(런던한인교회)

불신자였던 저희 부부(고 하찬영 장로)가 김북경 목사님을 처음 뵌 곳은 런던킹스턴병원이었습니다. 새벽 1시 30분, 남편의 입사 동기였던 런던한인교회 성가대장님이 소천하신 직후였습니다. 장례 절차를 함께 하면서 목사님과 교인들과의 만남이 이루어졌고, 저희 부부는 자연스럽게 신앙의 첫발을 내딛게 되었습니다. 그 뒤 목사님의 하나님 사랑과 성도 사랑과 선교사 사랑을 곁에서 지켜보면서 이것이 하나님께서 저희 부부에게 베푸신 큰 은혜임을 깨달을 수 있었습니다. 자신을 아낌없이 내주신 예수님의 사랑처럼, 목사님 또한 아낌없는 사랑과 헌신으로 성도들을 섬기시고 자신을 내주시는 모습을 보이셨습니다. 옥스퍼드, 레딩, 일링, 런던, 입스위치 등 멀리서 오시는 분들을 안타깝게 여기시고, 그곳까지 직접 찾아가서서 예배를 인도하시며 곳곳에 개척 교회를 세우신 것도 하나님 사랑과 성도 사랑이었습니다.

구역 예배 때 본문 말씀을 중심으로 각자의 생각을 나누던 시간에 "목사님도 나누어주셔야 준비된 맛있는 점심을 드실 수 있습니다."라고 하면, "허허, 저도 해도 되나요?"라며 즐거워하시던 목사님의 모습이 떠오릅니다. 찬송을 부를 때면 페이지 숫자 옆에 꼭 신청자의 이름을 기록하셔서 오랫동안 기억해 주시고는 하셨습니다.

제가 가장 충격적인 사건은 목사님의 너무 이른 은퇴였습니다. 우리 모두의 가슴을 '쿵'하게 만들었던 일이었습니다. 후배를 사랑하고 동역자들을 아끼며, 하나님 사랑을 이웃 사랑으로 보이셨던 최고의 스승이셨던 목사님의 모습! 말이 아닌 몸으로 복음을 증거하셨던 목사님은 은혜 가운데서 참 자유를 누릴 줄 아시는 분이셨습니다. 어떤 형식이나 틀보다 그 속의 정신을 소중히 여기셨으며, 지극히 겸손하셔서 곁에 계실 때 편안함을 느끼게 하심으로써 예수님의 평안을 전달하셨습니다. 그래서 지금도 큰 존경과 사랑을 받으시며 저희 기억 속에 여전히 생생히 남아 계신다고 생각합니다.

하루는 목사님께서 성찬기를 챙기셔서 병원으로 심방을 오신 적이 있었습니다. 한 사람이라도 진정으로 회개하고 참된 구원 얻기를 바라시는 목사님의 소망이 나타난 심방이었습니다. 지금도 여전히 당시 성찬기를 들고 들어오시던 목사님의 모습이 눈에 선합니다. 이런 목사님의 영혼 구원을 위한 열정은 마지막 순간까지도 변함이 없었습니다. 목사님께서 소천하시기 열흘 전 세례 공부를 마친 한 청년에게 세례를 주셨습니다. 하나님의 부름을 받던 마지막 순간까지도 한 영혼을 위해 예전을 인도하셨고, 약 30명 이상의 성도들이 그 자리에 참석하여 함께 하나님께 영광을 돌릴 수 있었습니다. 이것이 목사님의 마지막 공식 사역이었습니다.

-서혜경 권사(런던한인교회)

1988년 처음 영국에 온 이후, 일 년 남짓한 시간을 보낸 뒤 남편의 지인이 "환한 해를 닮은 전도사님"이라는 분과 우리 집을 방문했다. 그 인연이 순전한 호기심으로 이어져 찾아가게 되었던 곳이 런던한인교회였다. 나의 신앙생활은 그렇게 시작되었다.

생소하기도 서먹하기도 했던 나는 "왜 여기 앉아 있나"를 수없이 되뇌며, 마치 물통의 기름처럼 겉도는 나날들을 보냈다. 그러던 중 구역 예배를 통해 막연한 선입견과는 너무도 달랐던 김북경 목사님을 만나게 되었다. 성경 공부가 끝나고 이어지는 식사 시간은 긴장을 풀고 호흡을 가다듬게 되는 시간이었다. 그래서 지금까지도 참 좋아하는 시간이기도 하다. 내가 다 먹지 못해 접시에 남겨둔 음식을 드시겠다며 쏙 가져가시는 목사님의 모습을 보고 놀랍기도 했지만, 한편 민망하기도 했다. 그때의 인상이 지금까지도 생생하다. 이후 마치 소용돌이에 휩싸인 듯 우리 가족이 겪은 여러 사건들 속에서도 목사님은 우리 가족을 계속 돌보아 주셨고, 런던에서의 삶을 다시 시작할 때도 목사님은 듬직한 바위 같은 분이 되어 주셨다.

유럽 전역에 목사님을 아는 분들이 흩어져 사시는데, 그분들에게서 전해 들은 목사님의 평판은 절로 내 고개를 끄덕이게 했다. 특히 우리 큰아들을 하나님의 종이 되게 하시는 주님의 뜻이 이뤄지는 과정에서도 목사님은 함께 해주셨다. 아마 목사님 같은 분을 만나서 우리 아들이 그 길을 간다고 할 때 응원할 수 있었는지 모른다. 그분 같은 목자가 되기를 바라면서 말이다. 이글이글한 여름 햇살 아래, 파라솔 하나 없던 정원에서도 맛있게 식사해 주시던 목사님과 신씨아 사모님, 두 분이 참으로 그립다.

-장정희 집사(런던한인교회)

제가 김 목사님 부부를 처음 뵌 기억은 1980년, 그분들이 총신대학교를 방문하셨을 때로 돌아갑니다. 그 당시 지금의 남편과는 연애하던 시절이었고, 매주 수요일이면 저는 수업이 없어 제가 다니던 학교가 아니라 남편이 다니던 총신대학교에 가서 함께 도서관에서 공부하다가 학교 식당에서 점심을 먹곤 했습니다. 그러던 어느 수요일 김북경 목사님께서 강당에 모인 전체 학생들 앞에서 라브리에 관련된 강의를 하셨던 것이 어렴풋하게 떠오릅니다. 강의가 끝난 후 목사님께서는 질문이 있거나 관심이 있는 학생은 당신의 기숙사 방으로 오라고 초청하셨습니다. 저는 재학생도 아니었지만, 남자친구를 따라서 그 방으로 가서 곱상하게 생긴 서양 사모님께서 직접 구워주신 쿠키를 대접받았습니다.

그후 1991년, 저희 부부는 영국의 라브리로 3년을 계획하고 유학을 떠났습니다. 1960년대 말에 스위스 라브리에서 만나 부부가 되신 김북경 목사님과 신씨아 사모님은 가끔 라브리를 방문하셔서 저희와 교제를 나누셨습니다. 그리고 저희는 1993년부터 런던한인교회를 나가기 시작했습니다. 당시 런던한인교회에는 신학을 공부하러 온 목사님들이 제법 많이 계셨습니다. 제가 기억나는 것만 해도 런던한인교회를 거쳐 가신 목사님들이 열 명은 족히 넘는 것 같습니다. 목사님은 그분들에게 한 구역씩 맡겨 주시면서 어느 정도의 재정적 지원도 해주셨습니다. 크리스마스 때는 목사님 댁에 초청하셔서 풍성한 음식으로 파티를 하고, 아이들에게는 선물도 챙겨주셨습니다. 어느 교우님 가정에서 목사님을 초청하시면, 저희 유학생 목사님 가족들도 다 몰고 가셔서 살짝 눈총을 받았던 기억도 새록새록 떠오릅니다.

목사님은 새로운 교인이 오면 댁으로 초청하셔서 사모님이 요리하신 맛있는 파스타로 대접하셨습니다. 신씨아 사모님의 메뉴는 일관되게 파스타였습니다. 어느 날 제가 이유를 물었더니 김북경 목사님이 사람을 몇 명 부를지 예측할 수 없는데, 파스타로 메뉴를 정하면 나중에 토마토 캔만 추가하여 금방 양을 불릴 수 있어서 그렇게 하신다는 속사정을 들려주셨습니다. 저희 부부도 한동안 목사님을 따라서 새로운 교인을 집으로 초청해서 식사 대접을 한 적도 있었는데, 몇 년 지나지 않아 힘에 부쳐 그만두었습니다. 그러면서 신씨아 사모님의 수고가 얼마나 컸는지를 더 잘 알게 되었습니다.

저에게 목사님은 어떤 분이셨는가 곰곰이 생각해 보니, 무슨 말을 해도 다 받아주시고 이해해 주실 것 같은 편하고 자상한 아버지 같은 분이셨습니다. 언젠가 저희 부부가 목사님 앞에서 소리를 치며 싸운 적도 있습니다. 지금 생각해 보면 얼굴이 화끈거릴 정도로 철없는 행동이었습니다. 그런데 두 분이 얼마나 편하면 그렇게까지 할 수 있었을까 싶기도 합니다. 영국에 산 지 7년째 되던 어느 순간부터, 저는 이곳에 사는 게 싫어지고 한국으로 돌아가고 싶은 마음이 점점 커졌습니다. 그래서 김 목사님께 상담을 요청했습니다. "목사님, 저 너무 한국으로 돌아가고 싶어요. 어떻게 해야 할까요?" 목사님은 먼저 아이들을 생각하라고 조언해 주셨습니다. 당시 영국에서 8학년이던 큰아이는 한국으로 가면 중학생으로 입학해야 하는 나이였습니다. 그다지 공부에 취미가 없던 딸아이는 한국에 가면 적응하기 힘들 수도 있겠다는 생각이 들었고, 그때부터 저의 향수병이 확 깨졌습니다. 그리고 계속 영국에 머물러 보기로 맘먹었습니다. 그 당시 목사님께 상담받기를 얼마나 잘했는지 모르겠습니다.

목사님 내외분을 떠올리면 스치는 장면들이 참 많습니다. 지금은 떠나고 안 계시지만, 그분들의 표정과 말투, 또 모습은 여전히 제 기억 속에 생생하게 남아 있습니다. 끝으로 목사님이 돌아가시기 얼마 전에 반복적으로 설교하셨던 메시지가 있습니다. 서로 용서하고 서로 사랑하라는 메시지였습니다. 그 말씀을 잊을 수 없습니다. 두 분은 가셨지만, 그분의 본을 따라 살아가려는 노력을 게을리하지 않겠습니다. 김북경 목사님, 신씨아 사모님, 고맙고 감사합니다. 그리고 사랑합니다. 많이 보고 싶습니다.

-이동희 사모 (런던한인교회)

나의 멘토
바위 같은 어른
일상의 묵상인

영국 국제장로회와 영혼의 동역자들

나의 멘토

양영전 목사(마산재건교회 원로)

독일에서의 첫 만남

김북경 목사님과의 첫 만남의 장소는 독일이다. 1980년대 초반에 독일 마인츠대학교에서 교육학을 공부하던 중 전공을 신학으로 바꾸고 어디에서 공부할 것인가 고심하며 기도했다. 어떤 계기로 나의 사정을 전해 들은 김북경 목사님이 독일을 방문하실 때 우리 집으로 오시게 되었다. 하룻밤에 만리장성을 쌓는다는 말이 있듯이 뜻밖의 만남은 우리 부부에게 확신을 주었다. 그날 저녁 가정 예배 때 주신 말씀을 지금도 기억한다. "하나님께 등 돌려 살던 우리를 그리스도를 통하여 먼저 화목케 하시고, 이제는 우리에게 하나님과 화목케 하는 직책을 주셨는데…"(고후 5:17-19) 목사님은 이 말씀을 읽으며 그 일에 전적으로 헌신하려는 우리를 격려하는 내용이라고 풀어주셨다. 그 이후 목사님은 우리 가족을 런던으로 초청해 주셨고, 나는 올네이션스 크리스천 칼리지와 런던 바이블 칼리지에서 신학을 공부하면서 런던한인교회의 집사로, 전도사로, 부목사로 시무하며 목사님께 많은 배움의 시간을 가졌다. 그리고 목회초년생임에도 옥스포드 근처 미공군기지 한인들을 위해 헤이포드한인교회(옥스포드한인교회)를 개척하도록 도와주셨다.

수수함과 순진무구함

김북경 목사님은 있는 모습 그대로 노출하시는, 목사 같지 않은 목사님이셨다. 누구나 손쉽게 대할 수 있는 소탈한 모습이었다. 더벅머리에 젖꼭지가 보이는 축 늘어진 속옷을 입고 잔디를 깎으시고, 때로는 엄지발가락이 나온 구멍 난 양말을 신고 있었다. 말하기보다 듣기를 좋아하고 설교는 웅변적이 아닌 대화하듯 하셨다. 조용하지만 진심이 느껴지는 설교였다. 교회 운영은 사역보다 사람을 더 중시하셨으며, 누군가 반대하면 손쉽게 거둬들이고 스스로 깨닫고 변화되기까지 기다려 주셨다. 특별하게 기도 생활이나 말씀 묵상에 많은 시간을 할애하시는 것 같지 않았지만, 경건 생활이 이미 삶에 배어있는 분이셨다.

한국에서 권위와 격식과 조직적 틀에 익숙했던 성도들은 처음에는 어떻게 목사가 저럴 수가 있나 하고 의아해했다. 나도 처음에는 그런 생각이 들었다. '좀더 권위적이었으면 좋을 것을…' 그러나 그것은 큰 착각이었다. 목사님은 있는 모습 그대로 하나님과 사람들 앞에서 영적 자유함을 보여주셨다. 그렇게 삶에 배어있는 경건과 순수한 믿음은 점차 성도들을 압도했고, 감동을 주었으며, 우리 모두를 사로잡는 힘으로 작용했다. 대화 중에 때때로 어디에서 그런 지혜가 나오는지 마치 깊은 샘물에서 나오는 맑은 물처럼 지혜의 샘물이 솟아나 부러운 적이 한두 번이 아니었다. 목사님의 설교에는 당신의 인격과 삶과 믿음이 더해져 있었다. 그래서 졸음을 주는 설교가 아니라 언제나 진실한 설교였다. 내 가슴에 닿는 설교였기에 늘 은혜가 되었다. 실로 목사님은 하나님을 진실히 사랑하시고 성도들을 사랑하며 품어주시는 참 권위자이셨다.

또한, 신학생과 목회자와 선교사만 아니라 무작정 영국행에 오른 한국의 나그네들을 섬겨 주셨기에, 목사님의 집은 런던의 "무궁화 호텔"이라고 소문날 정도였다. 나 역시 목사님 집에서 한 주간 생활한 적이 있었다. 사랑과 존경으로 가득한 부부애, 입양한 두 자녀에 대한 열린 신앙교육, 식사 시간에 자연스럽게 함께 성경을 읽으며 대화하여 기도하는 모습, 참으로 배울 것이 많았다. 특히 아름다운 부부애는 감동적이다.

임종 전 마지막 밤의 풍경

2019년 4월, 나는 정기철 선교사로부터 목사님이 위독하다는 연락을 받고 살아생전 뵙기 위해 급히 영국을 방문했다. 목사님은 병원에서 퇴원해 영국 라브리 근처 자택에서 2주 가까이 혼수상태였는데, 하룻밤을 목사님 침상 곁에서 보내게 되었다. 그때 나는 감동적인 모습을 지켜보았다. 늦은 밤에 신씨아 사모님이 잠옷을 입고 의식 없는 목사님 곁에 누우시는 것이 아닌가? 그리고 목사님의 손목을 잡기도 하고, 껴안기도 하고, 뺨에 입을 맞추기도 하고, 때로는 사랑의 고백을 하면서 주무시는 모습을 지켜보면서, '아, 이런 부부애를 어디에서 찾아볼 수 있겠는가? 목사님보다 사모님이 더 훌륭하시구나!' 하는 생각을 했다. 운명하기 직전까지 가장 늦게 상실하는 것이 청각이라고 한다. 나는 의자에 앉아 시편을 한글과 영어로 읽어드리기도 하고, 목사님 이마에 손을 얹어 기도하기도 하면서 그 밤을 보냈다. 그런데 그 밤이 마지막 밤이 될 줄이야. 목사님은 다음 날 아침 9시 5분에 81세의 일기로 지상의 삶을 마감하고 하늘나라로

가셨다. 신씨아 사모님은 그로부터 3년 뒤에 김북경 목사님 곁으로 가셨다. 참으로 아름답고 감동적인 부부의 삶이다.

인격 목회

나의 영적 멘토이신 김북경 목사님. 목사님은 나의 목회 철학 형성에 많은 영향을 주셨다. 목사님을 닮고 따라가기엔 턱없이 부족한 제자이지만, 조금이라도 흉내 내고 싶은 바람이 많았다. 특히 "사역보다 사람을 중시하자"고 하신 목사님의 철학을 나는 "인격 목회"라고 부르는데, 그 덕분에 허물과 부족이 많은 목사임에도 우리 가족이 귀국 이후 마산재건교회에서 30년 목회(1989~2019)를 "서로 품어주는 따뜻한 사랑"으로 별다른 어려움 없이 은혜 가운데 마칠 수 있었음을 고백한다. 다시 한번 김 목사님 내외분 곁에서 첫 목회 수업을 받을 기회를 주신 하나님께 감사드리고 하늘나라에 계신 김북경 목사님과 신씨아 사모님께 감사를 드린다.

바위 같은 어른

방인성 목사(함께여는교회, 하나누리 대표)

삶의 여정에서 많은 사람을 만나지만, 아름다운 향기와 진한 흔적을 남겨준 분이 우리 곁에 있다는 것은 축복입니다. 저에게는 목회자의 자세를 삶으로 가르쳐 주신 신앙의 바위 같으신 분, 김북경 목사님이 그러한 분입니다. 김북경 목사님을 기억하며 짧은 글을 남깁니다.

그분은 저와 처음 만난 자리에서 꿈을 갖고 영국 유학을 택한 제게 질문했습니다.

"왜? 목사가 되려는가? 다른 길도 많지 않느냐?"

1983년 여름, 윔블던에 있는 목사님 사택에서의 첫 만남과 대화는 많은 생각을 하게 했고, 평생 나 자신을 확인하는 질문이 되었습니다. 솔직하고 거침없는 목사님의 질문과 대화가 그 당시에는 나에게 충격을 주었지만, 훗날 라브리 공동체의 모토가 "정직한 질문에 정직한 대답"이라는 것을 알고는 이해하게 되었습니다. 목사님께서는 라브리에서 프란시스 쉐퍼를 만난 후 인생관이 바뀌었고, 목회자의 길을 가게 되었다는 것도 나중에 듣게 되었습니다.

숙소가 런던 중심가에 있다고 했더니, 자신이 목회하는 윔블던의 런던한인교회보다는 중심가에 있는 킹스크로스한인교회가 가까우니 그 교회로 가라고 추천해 주셨습니다. 당시에는 국제장로회의 교회가 런던에 셋 (윔블던, 킹스크로스, 일링) 있었습니다. 세 교회의 연합 수양회가 런던 바이블 칼리지에서 열렸을 때, 광고를 맡은 집사님께서 화장실 변기가 막혀 뚫어 주실 분을 찾자 김북경 목사님께서 손을 번쩍 들고 나섰습니다. 설마 하는 마음으로 뒤쫓아가 보니, 목사님은 꽉 막힌 변기 앞에서 고무장갑을 끼고 씨름하시더니 마침내 뚫어내시고 있었습니다. 보아하니 한두 번 하신 솜씨가 아니었습니다.

외로운 나그네

목사님은 꾸밈없는 소탈함과 겸손이 더해진 사람 사랑으로 진한 흔적을 남기신 분입니다. 그렇지만 외로움도 많았습니다. 자신이 사랑으로 돌봐주던 후배들이 사역 때문이든 오해 때문이든 목사님 곁을 많이 떠났기 때문입니다. 솔직하고 거침없는 그의 언어는 때로 누군가에게는 큰 상처로 다가오기도 했습니다. 그뿐만 아니라 같이 신앙생활 하던 교인들이나 아끼던 후배 목사들이 직장의 임기나 공부를 마치고 고국으로 떠날 때마다 목사님은 더욱더 아쉬움과 외로움을 느끼셨을 것입니다. 목사님 내외께서 한국을 방문하셨을 때, 양영전, 박득훈, 방인성 세 목사가 부부 동반으로 모였는데, 신씨아 사모님께서는 오랜만에 삼총사가 모였다고 좋아하셨습니다. 그러면서 영국에서 함께 지내다 우리가 떠나고 얼마나 허전했었는지를 말씀하시던 기억이 납니다. 사람 보내는 일이 다반사고 늘 새로운 사람들로 채워지니 우리를 그만큼이나 아쉬운 마음으로 보냈는지를 몰랐습니다. 참 미안했고 고마웠습니다. 그때 목사님은 저에게 "사람은 혼자 떠나게 되는 외로운 나그네이기에 같이 있을 때 즐겁게 사랑하자"고 말씀하셨습니다. 마산 어느 계곡으로 놀러 가서는 흐르는 냇가에서 옷을 훌훌 벗어 던지고 팬티만 입으신 채로 물로 뛰어드시는 천진하심에 우리는 쩔쩔매며 같이 입수할 수밖에 없었던 장면은 아직도 눈에 선합니다.

순전한 믿음의 기도

나의 유학 생활 중 가장 큰 사건은 큰아들(당시 3세)의 교통사고로 런던 한인사회를 떠들썩하게 했던 일입니다. 뇌를 다쳐 한 달간 병원에 있을 정도로 중상이었는데, 목사님께서 소식을 듣고 한걸음에 달려오셨습니다. 병상에 앉으셔서 가방에서 기름병(올리브유)을 꺼내시고 어린 아들 이마에 바르시면서 성경을 읽으셨습니다. "여러분 가운데 병든 사람이 있습니까? 그런 사람은 교회의 장로들을 부르십시오. 그리고 그 장로들은 주님의 이름으로 그에게 기름을 바르고, 그를 위하여 기도하여 주십시오. 믿음으로 간절히 드리는 기도는 병든 사람을 낫게 할 것이니, 주님께서 그를 일으켜 주실 것입니다."(약 5:14-15) 그때 성경에 있는 그대로 기름을 바르시면서 장로로서 기도를 드리는 장면에 저희 부부는 감동할 뿐만 아니라 순전한 믿음의 기도에 큰 위로와 힘을 얻었습니다.

스스로 설교를 잘하지 못하신다고 하시면서도 언제나 열정적으로 준비하셨습니다. 그리고 설교를 전하시면서 십자가를 말씀하실 때는 늘 눈물을 흘리셨습니다. 저는 목사님의 설교에 매번 감동과 깨달음을 얻은 사람 중의 한 사람입니다. 어느 주일 설교를 위해 강단에 올라가셔서 설교문을 깜빡 놓고 오셨다고 원고를 가지러 가셔서 10분 이상을 기다려 설교를 들은 기억도 납니다. 늘 자신의 빈틈을 꾸밈없이 보여주셨기에 교인들은 익숙한 듯 넘겼고, 대신 짧은 설교로 위로(?)를 얻었을 것입니다.

내가 틀렸던 것 같아

목사님 내외분은 은퇴 후 한국에서의 삶을 참 좋아하셨던 것으로 기억합니다. 오랫동안 영국에서 목회하시면서 사귀었던 분들과 후배 목회자들이 한국에 많이 계셔서 그들과 교제하는 일과 새로운 것을 배우는 일에 대한 열정이 대단하셨습니다. 에스라성경대학원대학교의 초대 총장의 사역, 국제장로회 한국노회의 초석을 놓은 역할, 한국 라브리를 향한 섬김, 개척교회 설교자로의 헌신 등 후배들에게 큰 도전을 주는 삶을 이어가셨습니다. 무엇보다 국제장로회 3대 정신-성경과 열린 마음(정직한 질문과 정직한 대답), 통전적 구원과 균형적 세계관(복음은 모든 영역에서 적용 되어야), 복수 리더쉽 (그리스도를 중심으로 모든 성도가 평등, 특히 목사와 장로는 동등함)-을 신학과 목회로 가르쳐 주셨습니다.

아쉬운 것은 한국 교회의 사회적 역할과 여성 목사 안수가 필요하다는 것에 대한 토론과 대화가 부족했다는 것입니다. 목사님은 늘 열린 자세로 토론하시고 자기 생각을 수정하시는 것을 두려워하지 않으신 분이었습니다. 저에게 종종 "방 목사는 급진적이야"라고 하시면서도 "내가 틀렸던 것 같아"라고 자기 의견을 바꾸기도 하셨습니다. 남북 평화통일 문제도 자주 저에게 물으시며 저의 사역에 대해서도 깊은 관심과 지지를 보내주셨습니다. 여성 장로 건에 대해서는, 총회에서는 먼 길이지만 한국 교회에서 필요하다면 지교회에서 장로를 뽑아 감독의 역할을 하게 하고, 노회원 자격을 부여하는 것은 좀더 기다려 보면 어떻겠느냐고 하셨습니다. 이것이 국제장로회 정신이 가진 유연성에 비추어 보면 현재로서는 가능한 방안이라고 제안해 주신 기억이 납니다. 하나님과 사람을 사랑하신 당신의 향기와 깊이, 그 넓은 유연성이 오늘은 더 많이 그립습니다. 이제는 후배들이 목사님 가신 길을 더 잘 발전시키고 이어갈 것을 다짐해 봅니다.

작은 거인

박득훈 목사(전 교회개혁실천연대 대표)

김북경 목사님을 회고하니 그분을 '작은 거인'이라고 부르고 싶어진다. 나로선 이보다 더 적절한 표현을 찾을 수가 없다. 그 작으신 몸에서 어쩌면 그렇게 소탈하면서도 늠름한 기개와 품격이 자연스럽게 흘러나올 수 있는지 신비로울 정도다. 그분을 나의 멘토로 모실 수 있었다는 게 나로서는 얼마나 고맙고 행복한 일인지 모른다. 그분은 내게 목사란 어떤 존재여야 하는지 인품과 삶으로 보여주셨다. 물론 지금 내 모습은 여전히 부족하지만, 나의 좋은 면이 있다면 대부분 그분에게서 전수받은 것이라 해도 과언이 아니다.

내가 처음 목사님을 만나 뵙게 된 것은 1983년 봄 킹스크로스한인교회 목회 및 당시 런던 바이블 칼리지 신학 수업 차 영국 런던으로 갔을 때였다. 그때 내 나이는 고작 31살이었다. 정식 신학 공부라고는 아세아연합신학대학원에서 영어로 진행된 목회학 석사 과정(M.Div.) 1년, 그것도 파트 타임으로 다닌 게 전부였다. 그런데 기독대학인회(ESF)에서 4년 동안 간사 활동을 한 것이 인정되어, 이승장 목사님께 추천을 받아 그분의 후임으로 킹스크로스한인교회 담임 전도사로 부임하는 은혜를 누리게 된 것이다. 나에겐 가히 기적이라 할 만한 사건이었다.

신뢰의 힘

아니나 다를까, 목회 2년 차쯤에 내게 위기가 찾아왔다. 도저히 힘들어 목회할 수 없는 지경에 이르렀다. 그도 그럴 것이, 나는 원래 "범생" 기질을 가진 사람이어서 나와 다른 사람을 잘 이해하지 못한다. 더구나 대학생 선교단체와 교회는 전혀 다른 성격의 신앙공동체가 아니던가. 사실 대학생 선교단체에서 사역할 때도 죽 쓴 게 전부였다. 깊은 실의와 좌절에 빠져 목회를 중단하고 싶었다. 그때 나를 그 심각한 위기에서 건져 주시고 붙들어 주신 분이 바로 김북경 목사님이시다. 그때 무슨 말씀을 해 주셨는지는 정확히 생각나지 않는다. 다만 또렷이 기억나는 것은, 그분이 나에게 보여주신 무한한 신뢰와 따뜻한 위로다. 김북경 목사님의 주특기는 탁월한 말솜씨가 아니라 고귀한 인품이다. 그러니 그게 기억나는 것이 자연스러운 일일지 모르겠다. 예수님을 세 번씩이나 부인한 베드로가 예수님의 신뢰와 위로로 다시 일어설 수 있었듯이, 나도 그랬다.

목사님도 예수님처럼 한 번 누군가를 신뢰하기로 마음먹으면 끝까지 신뢰해 주신다. 한국에서는 신학교를 졸업해도 바로 목사 안수를 받지 못한다. 몇 년에 걸쳐 여러 단계를 거쳐야 한다. 하지만 나는 런던 바이블 칼리지를 졸업한 지 몇 개월 후, 노회 인터뷰에 통과되어 바로 장로로 안수를 받고 목사로 임직할 수 있었다. 그게 가능했던 결정적 이유는 김북경 목사님이 내게 보여준 신뢰뿐이었다. 신뢰란 사랑 없이는 불가능한 것이다. 신뢰하는 사람에게 배신당하고 상처받는 경우가 얼마나 많은가! 김북경 목사님은 그런 아픔까지 감내할 준비가 되어 있으셨던 것이다. 그것이 바로 사랑 아닌가! 나는 그분을 통해 사랑에서 비롯되는 신뢰의 힘을 배웠다. "사랑은 모든 것을 덮어주며, 모든 것을 믿으며, 모든 것을 바라며, 모든 것을 견딥니다"란 바울의 고백(고전 13:7)이 언제부터인가 그저 멋진 노래 가사로 들리지 않고 아름다운 생명으로 내게 뜨겁게 다가오기 시작했다. 지금 돌이켜 보니, 그 결정적 계기 역시 김북경 목사님이 말씀을 몸으로 내게 보여주신 사랑임을 이제야 깨닫게 된다.

사심 없는 인격 목회

김북경 목사님의 다른 제자들처럼 나도 목사님을 통해 사심 없는 인격 목회를 배웠다. 목사님은 소위 한국에서 잘나가는 목사들과는 전혀 다른 모습이었다. 대화를 나눌 때나 기도할 때나 설교할 때나 늘 자연스러웠다. 경건하고 권위 있게 보이려고 억양을 바꾸거나 표정이나 몸짓 혹은 복장에 신경 쓰시는 것을 본 적이 없다. 설교를 통해 성도들에게 감동을 주려고 억지로 애쓰거나 교회의 수적 성장에 연연하지 않으셨다. 그저 진실하게 하나님과 성도들을 사랑하는 데 최선을 다하셨고, 결과는 주님께 맡기고 자신의 몫에 행복해하셨다.

그러니 그분이 사람들의 환심을 사려고 달콤한 말로 아부하는 건 상상조차 되질 않는다. 아니 너무 솔직하고 진솔해서 때론 오해를 받으셨다. 목사님을 아는 사람이라면 다 아는 유명한 이야기가 있다. 목회자는 연말이 되면 다음 해에 서리 집사직을 맡을 만한 사람을 찾아 부탁하게 된다. 한국 사람들은 마음속으론 맡을 마음이 있더라도 일단 "제가 어떻게 그런 일을 맡을 수 있겠어요?"라는 반응을 보이기 마련이다. 그게 겸양이라고 믿기 때문이다. 그러면 목사는 곧 눈치채고, "아이, 무슨 말씀을요. 잘 해낼 수 있을 겁니다. 전 믿습니다. 그러니 꼭 직분을 맡아 주십시오!"라고 강권한다. 그러면 성도들은 아주 겸손하게 그 직분을 맡겠다는 의사를 표시한다. 그런데 김목사님은 그런 과정을 전혀 거치지 않으셨다. 성도가 사양하면, 그 말을 그대로 믿으셨다. "아, 그러세요. 그럼 잘 알겠습니다." 그러고는 그것으로 끝! 내가 성도라고 해도 상처받을 것 같다. 하지만 성도들은 곧 익숙해졌다. 머잖아 김북경 목사님의 사심 없음, 솔직 담백함에 오히려 매력을 느끼기 시작했기 때문이다.

그뿐 아니다. 설교하다 시간이 너무 길어진다 싶으면, "아, 오늘은 여기까지 말씀드리겠습니다." 하곤 밑도 끝도 없이 중단하신다. 나로선 도무지 상상이 가질 않는 상황이다. 아니, 그러실 것 같으면 처음부터 시간을 잘 조절해서 말씀하실 것이지, 란 생각이 든다. 근데 그게 그분의 약점이라기보다는 오히려 그분만의 매력으로 느껴진다. 그 역시 그분의 사심 없는 인품 때문이다. 그분의 인품이 가장 강렬하게 느껴질 때는 설교 중 예수님의 십자가 사랑을 이야기하시다 더는 말을 잇지 못하고 조용히 눈물을 흘리실 때다. 늘 차분하게 말씀하시는 분이라 매우 이성적이라고 생각해왔는데, '아, 이분에게 이렇게 따뜻하고 약하고 부서지는 감성이 있으시구나.' 하고 비로소 깨닫기도 하였다.

대학원대학교의 가난한 총장

목사님께서 런던한인교회에서 은퇴하신 후, 한국에 있는 에스라성경대학원대학교 총장으로 부름을 받으신 게 너무 감사했다. "맞아, 바로 목사님 같은 분이 그런 역할을 감당해 주셔야지"란 생각이 들었다. 한국에서 뵌 목사님은 영국에서 함께한 목사님과 똑같았다. 여전히 사심이 없으셨고, 진실하셨고, 인품이 아름다우셨다. 그분에게서 노욕이나 어떤 권위주의적 요소를 찾으려야 찾을 수가 없었다. 어떻게 사람이 이렇게 좋은 방향으로 한결같을 수 있을까! 너무나 존경스러웠다. 다른 신학대학교 총장들과 공식적으로 만나는 자리에 가실 때도 무슨 격식을 차리려고 하지 않으셨다. 경차를 몰고 당당하게 화려한 장소에 등장하신다. 조금도 민망해하거나 부끄러워하는 법이 없으시다. 나 같으면 얼굴이 조금은 화끈거렸을 텐데 말이다. 최고급 외제 자동차를 타고 다니면서 하나님의 축복과 성도들의 사랑을 받은 증거라며 목과 어깨에 힘주고 다니는 소위 "주님의 종님"들과는 격이 다르셨다.

그렇게 가난을 부끄러워 아니하셨기에 돈 앞에서 굽실거릴 일도 없으셨다. 물론 대학원대학교의 총장직을 맡으셨으니, 대학교 재정에 어찌 마음을 쓰지 않으셨겠는가! 하지만 결코 비굴하지 않으셨다. 나만 만나면 내가 교회개혁 운동에 몸담은 것을 그렇게 자랑스러워하셨고, 칭찬과 격려를 아끼지 않으셨다. 근데 난 런던 바이블 칼리지와 기독교 경제 윤리로 박사과정을 밟았던 더럼대학교를 거치면서 자본주의 체제에 대해 매우 저항적이고 급진적인 입장을 갖게 되었다. 프란시스 쉐퍼 박사님이나 라브리 그리고 국제장로회의 일반적 흐름보다 훨씬 급진적인 입장을 취하게 된 것이다. 목사님은 이를 어느 정도는 알고 계셨음이 분명하다. 하지만 목사님은 나를 여전히 신뢰하셨다. 난 그 점을 그분이 기독교 경제

윤리를 전공한 나를 에스라성경대학원대학교에 특강 강사로 초청한 데서 확인할 수 있었다. 그때 정말 놀랐다. 내가 아는 한 그 학교는 성경 신학자 외엔 그런 자리에 초청하는 법이 없는 것으로 유명했기 때문이다. 목사님이 가난을 부끄러워하거나 두려워하지 않으시고 사심이 없으셨기에 그리고 인품이 아름다우셨기에, 그런 예외가 허락되었을 거라고 나는 지금도 확신한다.

너른 마음

한국에 국제장로회 노회가 세워지면서 나에겐 제법 큰 고민거리가 생겼다. 내가 국제장로회 장로요 목사인데, 내가 섬기고 있는 새맘교회 소속을 어떻게 해야 하나, 하는 문제 때문이었다. 당시 새맘교회는 민주적 정관을 갖고 있는 독립교회였다. 내가 국제장로회에 가입하자고 제안한다고 반드시 그렇게 된다는 보장은 없었다. 그래도 시도는 해봐야 하지 않겠는가, 하는 생각을 떨쳐 버릴 순 없었다. 하지만 큰 장애가 있었다. 국제장로회 헌법은 여자 장로를 인정하지 않는데, 새맘교회에는 이미 여자 장로가 있었다. 그런 고민을 듣자 목사님은 대뜸 나에게 "일단 가입하고, 영국 총회까지 가서 한번 신학적인 대토론을 해 보죠. 설득하면 되지 않겠어요?" 하는 것이었다.

난 다시 한번 목사님의 너른 마음에 깊이 감동하지 않을 수 없었다. 그분은 여성안수를 반대하는 신학적 입장을 갖고 계신 게 분명했기 때문이다. 그럼에도 여성안수 찬성 입장을 존중할 줄 아는 분이셨다. 신학적 토론을 통해 자기 입장이 틀린 게 명확해지면 언제든지 수정할 준비가 되어 있으셨다. 최근에 다니엘 K. 핀(Daniel K. Finn)의 *Christian Economic Ethics: History and Implications*를 읽으면서 접했던 아주 흥미로운 문장이 생각난다. 역사학자 야로슬라프 펠리칸(Jaroslav Pelikan)이 한 말이다.

"전통은 죽은 사람들의 살아있는 믿음이고 전통주의는 살아있는 사람들의 죽은 믿음이다."

핀은 미국의 가톨릭 신학자이다. 가톨릭은 전통을 얼마나 중요시하는가? 하지만 그는 전통과 전통주의를 예리하게 구분한 펠리칸의 명제를 확실하게 지지한다. 전통은 진리에 대한 새로운 깨달음에 열려있기 때문에 물려받은 전통에 오류가 있을 수 있음을 인정할 줄 안다. 그래서 전통은 죽은 사람들의 살아있는 믿음이다. 그러나 전통주의는 그렇지 않다. 물려받은 것을 그대로 고수하는 것이 곧 진리를 사수하는 것이라고 믿는다. 그래서 전통주의는 살아있는 사람들의 죽은 믿음이다. 김북경 목사님이 지키고 싶어 하신 것은 전통이지, 전통주의가 아니라고 나는 굳게 믿는다. 그분의 너른 마음에 존경을 표하지 않을 수 없다.

사랑하는 김북경 목사님,

저에게 너무나 소중한 멘토가 되어주셔서 고맙습니다. 목사님은 저에게 '작은 거인'이십니다. 몸은 작으셨지만, 속사람은 우람하셨습니다. 이렇게 글을 쓰다 보니 목사님이 더욱 그리워집니다. 그리고 사랑은 역시 내리사랑인가보다, 생각하게 됩니다. 이렇게 목사님을 존경하고 사랑하면서도 목사님이 가까이 계실 때, 잘 표현하지 못했거든요. 너무 아쉽고 죄송스럽습니다. 때론 서운하셨을 텐데, 조금도 표현하지 않으시고 한결같이 따뜻한 마음으로 저를 격려해 주신 것 정말 고맙습니다. 저도 조만간 이 땅의 삶을 마무리하게 될 겁니다. 오늘도 저는 어떻게 죽는 것이 가장 아름다운 것일까, 생각하고 기도하고 있습니다. 이 땅의 행복했던 소풍을 마치고 주님 품으로 갈 때, 목사님 찾아뵙고 큰절 올리겠습니다.

일상의 영성, 일상의 묵상인

박대영 목사(광주소명교회)

1996년 여름의 충격

나이가 들수록 시간은 뭉개진다. 그래서 추억을 먹고 산다고 하는 건가 보다. 10대와 20대는 또렷하다. 그 이전의 일들도 친구들을 만나면 소환된다. 이제야 나를 찾았냐는 듯 동요가 떠오르고, 이제 고인이 된 선생님과 잊었던 친구들의 이름도 떠오른다. 윤동주 시인에게 "소학교 때 책상을 같이 했던 아이들의 이름과, 패, 경, 옥, 이런 이국 소녀들의 이름과, 벌써 아기 어머니 된 계집애들의 이름과, 가난한 이웃 사람들의 이름"(『별 헤는 밤』)이 찾아왔듯이 말이다. 나에게 26살의 1996년은 그해 한 해가 다 기억날 정도로 생생하다. 휴학을 결심하고 영국문화원과 종로학원을 다니며 영어를 공부했던 6개월과 그때 만난 유학 준비 중인 친구들과 이진섭 목사님과 함께 영국에 갔던 일, 치통으로 창백한 나는 히드로 공항에서 붙잡혀 건강 상태를 다시 체크 당했던 일, 싸우스올침례교회의 영어학원과 거기서 만난 다정한 한국학생들과 선생님들, 처음 들은 CCM의 감격, 침례교회 연합수련회에 가서 올랐던 스도우도니아 산과 웨일즈의 고성들, 그리고 지금껏 내 인생의 특별한 선물, 케이펀레이 바이블 스쿨(Capernwray Bible School)에서의 9개월 동안의 생활과 아웃리치 등의 추억들이 눈을 감으면 주마등처럼 펼쳐진다. 그 추억의 한 페이지에 런던한인 교회의 김북경 목사님과 신씨아 사모님이 계신다.

나에게 김북경 목사님이 건넨 첫 마디는 "형제님도 같이 하시지 그래요!"였다. 목사님은 청바지 차림으로 토요일에 청년부가 찬양하는 모임에 잠깐 들렀는데, 잠시 방문 중이어서 잘 어울리지 못한 채 찬양 연습하는 청년들을 구경하던 내게 다가오신 것이다. 청바지 입은 60대 할아버지 목사님도 처음이고, 울림이 좋은 음성의 목사님도 처음이다. 나중에 그분이 그 음성으로 영어로 말씀하시는 모습을 보고 흠모하지 않을 한국인은 없었을 것이다. 나는 그때 신씨아 사모님은 모든 한국인의 말을 잘 알아듣는 줄 알았다. 다만 한국말로 대답하는 게 서툴러서 영어로만 말씀하신다고 생각했다. 나중에 사모님이 한국말을 전혀 못 알아듣지만, 한국인들의 말을 거의 정확히 짐작하고 대화에 참여하고 계신다는 것을 알고 바벨탑의 저주가 이 동네는 비껴갔다고 생각하기에 이르렀다. 나에게 사모님은 참 기품이 넘치는 멋진 영국 여인이었다. 그렇게 20대에 몇 날 스쳐 간 이분들이 나의 30대의 어머니, 아버지가 될 줄 몰랐고, 나의 50대에 이를 때까지 선한 영향력을 미치는 분들이 될 줄 몰랐다.

2002년의 기회

유학을 결정하고 준비를 하나씩 해가던 무렵에 집이 파산하였다. 농촌에서 파산하기는 흔치 않은데 부모님의 양돈 단지에 구제역이 들이닥쳐 그간 지독할 만큼 선량하고 성실하게 살아온 60대 초반의 부모님에게서 거의 모든 것을 앗아갔다. 농촌을 사랑했고, 그 농촌을 위해 안정된 삶을 버렸던 분들에게는 너무 가혹한 일이었다. 그 후로 우리 사남매는 부모님 빚을 20년간 갚았다. 법원에 파산신청을 하지 않고 직접 다 갚았다. 그것이 부모님의 명예를 지켜드리는 길이라고 생각했고, 사실 그렇게 오래 걸릴 줄 몰랐다. 사남매 중 둘째 누이와 막내 남동생이 어머니와 14년간 식당을 해서 갚았고, 나머지는 첫째 누이와 내가 갚았다. 그렇게 부모님을 지켰고, 형제의 우애도 지켰고, 무엇보다 믿음을 지켰다. 유학을 가려고 모아둔 돈이 식당을 시작하는 밑천이 되었다. 그렇게 2002년 난 유학을 접고 약 7개월 정도 식당에서 일했다.

그때 갑자기 나타난 한 후원자의 도움으로 다시 유학의 길이 열렸다. 김북경 목사님께 편지를 드렸다. 9월에 런던 바이블 칼리지 입학 전에 잠시 머물 방과 영어학원을 주선해달라는 부탁이었다. 목사님은 '자기소개서' 하나만 보내 달라고 하셨다. 영국의 영어학원에서는 이런 것도 요구하는가, 하는 궁금증만 가지고 영국에 들어갔다. 런던에 살고 계시는 줄 알았던 목사님 부부는 히드로 공항에 직접 나와서 나를 태우고 햄셔에 있는 당신네 집으로 데리고 가셨다. 그리고 깨끗하게 치워놓은 방과 새로 들인 침대를 보여주시면서 여기서 2달을 보내고, 한 달은 차로 10분 거리에 있는 라브리에 가서 보내도록 준비해 주셨다. 목사님에 대해 내가 배우고 경험하고 알게 된 거의 모든 것은 이 두 달간 한집에서 같이 사는 동안 얻었다고 해도 과언이 아니다. 궁핍하지 않지만 그렇다고 사치스럽지도 않고, 넉넉하지만 넘치지 않고, 소박하지만 멋이 있는 삶이었다. 가끔은 이 정도로 근사하게 누려도 되는구나 싶었고, 절제하지만 때로는 나의 경계를 넘어 새로움을 경험할 기회였다. 여기에는 신념이 뚜렷하면서도 고정관념에 사로잡히지 않고 늘 열린 마음으로 대화할 준비가 된 김북경 목사님의 넉넉함이 한몫했고, 영국인이면서도 그것이 성경적이라고 생각하여 실천하신 남편을 향한 사모님의 순종과 존경과 존중의 태도, 이웃을 향한 환대의 태도 역시 이것을 가능하게 해주었다. 미술을 전공하였기 때문인지 사모님은 아름다운 것에 대한 가치를 알고 자주 경탄하였다. 또 귀족 가문의 자제답게 나는 충분히 알아듣지 못했지만, 그분은 참으로 멋진 영어를 구사하셨고, 직접적인 표현보다는 은유적인 표현들을 사용하여 대화에 윤기를 더해주는 분이었다. 손님들을 자주 초대하여 대접했는데, 그때마다 나는 새로운 영국인들과 다채로운 음식 앞에서 낯선 주제를 두고 대화를 하는 고약한 호사를 누릴 수 있었다. 그 손님들 중에는 쉐퍼의 제자인 제람 바즈(Jerram Barrs) 내외도 있었고, 쉐퍼의 부인은 에디스 쉐퍼도 있었고, 여러 저명한 한국인 리더들도 있었다. 그 집에 식객으로 있다는 것만으로 참 여러 분들을 만날 수 있었다. 하지만 누구를 상대하든 한결같은 두 분의 태도가 더 인상적이었다. 크게 힘들이지 않고도 사람들을 참 편하게 해주셨다. 아마 사모님이 더 젊고 건강하셨다면, 더 많은 분들을 맞이하셨을 것 같았다. 실제로 젊은 시절에는 목사님 곁에서 그렇게 목회를 돕고 라브리 사역을 도우셨다고 한다.

나는 청소도 하고 잔디도 깎고 심부름도 하면서 집세를 대신하였다. 특히 두 분이 나를 많이 칭찬한 것은 '라면 끓이기'였다. 국물 맛이 시원한 라면을 끓이는 나만의 비법이 두 분을 그토록 진심으로 행복하게 해드릴 줄 몰랐다. 자주 자주 내게 부탁하셨고, 그때마다 흡족해하셨다. 라브리에 한 달 있는 동안에 영국 라브리 안에서 김북경 목사라는 인물의 위상을 새삼 경험했다. 그분과 아는 사이이고, 또한 그분이 담임하는 교회의 설교자라는 사실이 모든 추천서를 대신하였다. 심지어 각국의 학생들을 나에게 보내서 상담을 하게 하였다. 김북경 목사님은 맨 처음 영국 라브리를 래널드 맥콜리와 함께 개척하였기에, 그분의 손길이 학교 곳곳에 스며 있었다. 그의 탁월한 영어 실력은 라브리 행사와 강의와 토론 때마다 빛이 났다. 그는 여러 영국인 그리스도인들로부터 존경과 사랑을 받고 있었다. 이렇게 귀하게 여김을 받는 한국인이 또 있을까 싶었다.

영국에 도착하고 나서 돌아온 그 주일에 목사님이 두 번째로 개척한 레딩한인교회에 나를 데리고 가셨다. 가는 길이 가깝지 않았지만, 오가는 그 길이 너무도 아름다워서 눈물이 날 정도였다. 그렇게 라브리에 있는 기간까지 합쳐서 석 달 내내 우리는 그 길을 따라 교회를 오갔다. 얼마나 많은 대화들이 있었던가. 특히 에스라성경대학원대학교의 초대 총장으로 내정된 상태였기 때문에, 나를 통해 학교의 역사, 학교의 소식, 학교의 현안, 학교와 관계된 분들에 대한 소개 등 다양한 정보들을 듣고 공부하셨다. 한국 교회의 필요들을 파악하셨고, 자신이 학교에 가서 어떤 역할을 해야 할 것인지 그림을 그리셨던 것 같다. 실제 학교에 오셔서 그분의 여러 구상들이 다 좌절되면서 크게 마음 아파하시고 실망하셨던 것을 생각하면 지금도 안타깝다. 레딩한인교회는 옥스퍼드한인교회의 한 구역이었다가 유학생들과 교민들의 수가 늘어나자 따로 독립하여 교회로 섰다. 내가 처음 갔을 때는 1년 반 정도 된 시점이었다. 갓 개척한 교회같은 인상이 역력했다. 그런데 주일에 나를 소개하시면, 목사님은 "이제 이 교회를 맡으실 박대영 전도사님을 소개합니다."라고 하시는 것이었다. 나중에 알고 보니, '자기소개서'의 용도가 바로 이것이었다. 한국에 가시는 자신을 이을 담임으로 나를 내정하고 교인총회를 통과한 상태였던 것이다. 정식 임기는 2003년 1월부터였지만, 목사님이 여름이 지나면 한국에 몇 달 가셔서 취임을 준비하기로 되어 있었기 때문에, 사실상 그다음 주부터 설교를 시작할 수밖에 없었다. 사전에 일체 협의도 없었고 언질도 없으셨다. 내 의견을 묻지도 않으셨다. 나와 전혀 교제한 적도 없었는데, 어떻게 그런 확신을 가질 수 있었는지 지금도 모른다. 다만 내가 『매일성경』을 담당하여 만들고, 윤종하 장로님의 광야교회에서 설교자로도 섬겼다는 소식을 듣고 결정하신 것 같다. 영어가 짧고 공부에 대한 두려움으로 가득 찼던 나는 마음으로는 절대 못한다고 거절하고 있었지만, 이 어른의 호의와 믿음을 저버려서는 안 된다는 생각이 더 컸다. 차도 없는 내가 런던과 레딩을 오가며 공부와 사역을 병행해야 하는 현실에 눈앞에 캄캄했고 가슴이 답답했지만, 그래도 이 사역을 통해 내가 왜 공부를 해야 하고 어떻게 해야 하는지를 가르쳐줄 것이라는 확신이 있었다. 그 믿음은 적중했다. 나의 3년 런던 바이블 칼리지 기간 만큼이나 3년 레딩한인교회에서의 사역과 노회 서기로서 봉사한 시간이 가르쳐준 깨우침이 적지 않다. 한국으로 돌아오는 비행기 안에서 레딩한인교회 사역의 기회를 주신 하나님께 얼마나 뜨겁게 감사했는지 모른다. 2002년, 한국에서는 월드컵 4강 신화로 한반도 땅이 들썩일 그때가 나에게는 김북경, 신씨아 사모님과 레딩한교회와의 만남, 그리고 국제장로회와 라브리와의 만남, 무엇보다 낯선 영국살이로 인해 전혀 새로운 나를 경험하는 충격의 시간이었다. 그 중심에 김북경 목사님과 신씨아 사모님이 계셨다.

일상의 영성가

　김북경 목사님을 단면으로만 경험한 이들은 그분을 오해할 수 있다. 그분은 오해를 받을 만한 분이다. 하지만 그 전후좌우를 보고 그 내면과 외면을 다 함께 본다면, 한 인간으로서 김북경을 더 잘 이해하고 사랑할 수 있게 된다. 누구에게든 그렇겠지만, 김북경은 더욱 그렇다. 얼마나 고요한 사람인지 모른다. 하지만 그 고요함에서 나온 힘과 에너지는 크고 웅숭깊었다. 그것이 '욱'하는 성격으로도 나왔고, 세련되지 못한 말로도 나왔다. 하지만 그는 순수했고 단순했다. 겉과 속이 같았다. 앞과 뒤가 같았다. 자기 이익을 도모하지 않았다. 그가 사는 모습과 대중 앞에서의 그의 모습 사이에는 간극이 없었다. 김북경이니 저렇게 말하고 저렇게 행동할 수 있다고 생각할 만했다. 화술이 좋지 못한 것이 그에게는 오히려 큰 장점이었다. 그 어눌함이 그의 진실성을 더 부각시켰다. 그는 게으른 듯하지만, 일을 미루지는 않았다. 느려서 효율이 없어 보이는 듯했지만, 해야 할 일을 하고 있었다. 그런데 그것이 다른 이들이 살아가는 일상과 겹치기도 하지만, 그분만의 독특한 행보이기도 했다. 젊은 시절에 하나라도 더 배우고 일하고 성과를 내려고 했던 내가 그분과 두달을 같이 지내면서, 급기야는 하루에 한두 가지만 마음을 기울여서 꾸준히 하면 되는구나, 라는 생각을 하기에 이르렀다. 그는 천천히 움직였지만 족적을 남겼고, 나는 서둘렀지만 흔적이 없었다. 요리하고 독서하고 산책하고 소그룹을 인도하고 친구를 환대하고 쇼핑을 하고 잔디를 깎고 대문에 페인트칠을 하고 나무의 가지치기를 하고 제인 오스틴의 생가를 다녀오고 동네의 가정 예배에 참여한다. 날마다 정해진 일정을 따라 나아가기도 하고, 한참을 머물러 묵상하고 기도하고 또 아침 늦게까지 일어나지 않고 주무시기도 한다. 처음에는 함께 지내는 나를 전혀 신경 쓰지 않는 듯해서 서운했고, 잔정이 없는 분인 것 같기도 했다. 하지만 그래서 더욱 내 삶의 리듬을 찾으려고 했고, 내가 내 일정을 스스로 만들어서 살려고 했다. 그렇게 여백이 많은 김북경 목사님과 신씨아 사모님의 삶이 나를 편안하게 하였고, 본격적으로 힘겨운 공부를 하기 전에 큰 안식을 누릴 수 있게 해주셨다. 그분들은 나에게 영국의 시간이 흘러가는 속도를 알게 하신 것이 아닌가 싶다. 이후에 이런 리듬을 내가 꾸준히 유지한 것은 아니지만, 그래도 이전에 없던 많은 일상의 습관들이 형성되었고, 그것은 3년 동안 영국에서 지내는 동안 큰 자산이 되었고, 한국에 돌아와서도 각박한 삶에 숨통을 열어주는 나만의 의식(ritual)이 되었다. 특히 두 분과 함께 자주자주 했던 산책의 습관은 얼마나 소중한 문화인지 모른다. 산책하면서 꺾어 온 꽃들로 항상 식탁을 아름답게 장식하던 것도 멋없는 나를 일깨워주었다. 그래서 나에게 김북경, 신씨아는 일상의 영성가였다. 종교적인 것이 없이도 신앙적으로 산다는 것이 무엇인지를 보여주었다. 몸에 밴 배려와 환대와 친절, 그리고 상대를 향한 기도, 진솔함, 담백함, 희생 등을 나는 교회가 아니라 일상에서 보았다.

마지막 만남

내가 귀국하고서 교회를 개척했을 때, 두 분은 다시 한국에 나와서 얼마 동안 사셨다. 그러는 동안에 두 번이나 광주를 방문하여 얼마나 큰 격려를 해주셨는지 모른다. 그때 찍은 사진과 성도들과의 만남의 추억들은 나와 우리 광주소명교회 교인들에게 아련하다. 한국에 국제장로회 한국노회를 세우기 위해 애쓰시고, 이곳이 영국보다 더 성장할 것이라고 격려하시던 것도 기억한다. 노회원 한 명 한 명 가입할 때마다 지나칠 만큼 까다롭게 하셨던 마음도 이제는 헤아릴 수 있다. 그리고 2018년, 나는 목사님이 암 투병을 하신다는 말씀을 들었다. 그리고 서둘러 쓰고 있던 책을 마무리하고, 요한복음 강해 두 번째 책 『예수님을 닮아가는 요한복음』을 김북경 목사님과 신씨아 사모님께 헌정했다. 그리고 안식월을 얻어서 그 책을 들고 영국을 찾았다. 나는 그때 직감했다. 이것이 김북경 목사님과의 마지막 만남이라는 것을. 그래서 사진도 많이 찍었고 동영상도 많이 남겼다. 두 분이 탁구 하시는 모습, 같이 묵상하시는 모습, 성경을 읽는 모습, 요리하는 모습을 담았다. 오래오래 기억하고 싶었다. 헤어질 때 말했다. "목사님, 다시 못 만날 수도 있어요. 너무 감사했습니다."라고 진심으로 인사했다. 대문 앞에서 사진도 찍었다. 그리고 그것이 실제로 마지막이 되었다. 임종이 가까웠다는 소식을 듣고 몇몇 노회원들이 영국을 갔지만, 나는 장례식에 갈 맘을 먹고 가지 않았다. 목사님은 돌아가셨고, 그분의 장례식은 장엄하고 영광스러웠다. 김북경 목사님의 장례에 어울리는 의식이었다. 손수 준비한 순서라서 더욱 의미가 있었다. 마크 하비(Mark Harvey) 장로에게 설교를 부탁하시다니. 나는 그분과 김북경 목사님 간의 우정도 알고, 껄끄러운 관계도 안다. 그런데 설교 본문과 설교자와 찬양까지 정해주시고 부탁하셨다니, 목사님답다고 생각했다. 장례식에 가서 하관 예배에 기도 순서를 맡아 기도했다. 그것이 목사님에 대한 나의 마지막 인사였다.

그리고 2019년, 나는 런던한빛교회에 사경회 부탁을 받고 다시 런던에 갔다. 그때 홀로 남아 딸 은미씨와 같이 지내던 신씨아 사모님을 두 번 뵈었다. 아들 선재도 동행했다. 공원 이곳저곳을 다니며 교제하고 근사한 식사도 하고 차에서 헤어지려던 순간이었다. 그때 김북경 목사님과 헤어지던 순간이 떠올랐다. 어쩌면 사모님과도 이것이 마지막 만남일 수 있겠다는 생각이 들었다. 그런데 그때 갑자기 사모님이 내 목을 끌어안고 '꺼이꺼이' 큰 소리를 내며 우시는 것이었다. 그분도 아셨구나 싶었다. 이것이 마지막 만남이 될 거라는 것을. 나도 얼마나 울었는지 모른다. 과분한 사랑이었다. 그리고 돌아가셨다는 소식을 듣고 내가 할 수 있는 것은 멀리서 드리는 감사의 기도뿐, 아무 것도 없었다.

내가 생을 마감할 때 끝까지 몇 사람이나 기억할 수 있을지 모르겠다. 그런데 노력하지 않아도 김북경 목사님과 신씨아 사모님은 떠오를 것 같다. 하나님이 내게 주신 소중한 선물로 말이다. 나의 30대의 부모님이라고 할 수 있을 만큼 춥고 외롭고 두려울 수 있었던 영국살이를 밝고 환하고 따뜻하고 아름답고 싱싱하게 만들어 준 분이다. 교회를 담임하여 섬기면서 교회를 향한 지금의 열망에 불을 밝혀주셨고, 국제장로회를 소개하여 목사가 되고 교회를 개척할 수 있게 해주셨고, 라브리와 쉐퍼를 소개받고 기독교 신앙과 문화와 삶을 연결할 수 있는 지혜를 얻을 수 있게 해

주셨다. 무엇보다 들레지 않고 소박하면서도 잔잔하게 삶을 통해 주를 예배하고 이웃을 사랑하는 삶을 몸소 보여주신 것이 감사하다. 아무것도 아닌 나를 기억해주시고 기회를 주시고 보살펴주시고 챙겨주신 은혜는 하나님께서 나를 얼마나 사랑하신지를 보여주신 증거였다. 그렇게 일상의 영성가로서, 묵상가로서, 그리스도의 증인이 되어주셨다.

김북경 목사님, 신씨아 사모님, 고맙습니다. 정말 고맙습니다. 오늘은 더욱 많이 그립고 보고 싶어서 사진을 꺼내봅니다. 영상으로 당신들을 보고 음성을 듣습니다. 저도 아름답게 살다가 두 분 뵙고 싶습니다.

겸손하고 진솔한 목사님

최종상 선교사(전 둘로스 선교선 단장, 암노스유럽선교회 설립자)

50파운드의 추억

김북경 목사님을 생각하며 제일 먼저 떠오르는 것은 어느 날 나에게 50파운드를 주셨던 기억이다. 처음 뵌 날이었는데, 별말씀도 없이 손에 쥐여 주셨다. 엉겁결에 받고 고개를 숙여 감사드리고 주머니에 넣었다. 집에 돌아와 꺼내 보니 50파운드였다. 1985년만 하더라도 큰돈이었다. 더구나 영국에 유학 온 지 얼마 안 되어 선교후원금이 절반 이상 줄어든 상황에 있던 우리에게는 더욱 그랬다. 우리는 주님의 공급하심으로 믿고 감사 기도를 진하게 드렸다.

목사님은 알지 못하는 사람에게도 힘든 유학 생활을 미리 알아보시고 아낌없이 나누는 분이셨다. 그러다 보니 남에게 기쁨과 감사를 주는 주님의 도구가 되셨다. 여러 해 후에 그때를 말씀드리며 다시금 감사의 말씀을 드렸더니, "제가 그랬습니까? 있으니까 드렸겠지요!" 하고 아무것도 아닌 일이었다는 듯 쿨하게 넘어가셨다.

끝도 없는 도움의 손길

이렇게 영국 생활 초기에 저를 도와주신 목사님이 수십 년이 지난 후에도 도와주셨다. 이번에는 돈보다 더 귀한 인맥을 연결해 주셨다. 2014년 9월 런던시티미션의 대표 그래함 밀러(Graham Miller)를 소개해 주셨다. 그에게 내 얘기를 했더니 나를 만나고 싶어 한다고 하셨다. 몇 달 후에 만났는데, 그래함은 암노스가 런던씨티미션 관할의 건물을 쓰고 싶은지 한번 돌아보라 했고, 적당한 것이 없다고 하자 런던씨티미션 본부 건물로 들어오면 좋겠다는 파격적인 제안을 했다. 이사회까지 가서 결국 성사되지 못했지만, 그래함의 이런 행보는 김북경 목사님이 나를 사전에 분에 넘치게 소개했기 때문이라는 생각이 들었다.

전문 설교훈련 기관인 콘힐트레이닝센터의 데이비드 잭맨(David Jackman) 목사도 소개해 주셨다. 그 결과 2014년 11월 말에 그가 암노스 교회개척학교에 와서 설교의 구성과 전달에 대해 사흘간 종일 강의해 주었다. 목사님께도 암노스교회개척학교에서 강의해 달라고 요청했는데, 정작 당신은 "너무 늙고 피곤을 자주 느껴!"라고 하시면서 수락할 수 없어 미안하다는 솔직한 답신을 보내주셨다. 그러면서 대신 다른 분을 소개해 주셨다. 항상 암노스 사역에 깊은 관심을 보이셨고, 암노스 기도 편지를 보내드리면 영국 국제장로회 회원들과 한인노회원들에게 자주 자원하여 배포해 주시곤 하셨다.

삶으로 구현하신 국제장로회 정신

목사님은 삶으로 국제장로회 정신을 구현하시는 분이셨다. 담임 목회를 끝낸 다음부터는 "장로"로 불리기를 자처하셨다. 이메일 끝에는 늘 "김북경 장로"라고 쓰셨다. 2014년 11월 25일에는 프란시스 쉐퍼 박사님이 국제장로회를 설립한 지 60주년 되는 날이라면서 이메일을 쓰셨다. 국제장로회 정신을 되새기고 성도들에게 국제장로회 정신을 널리 알려 달라는 당부를 하셨다. 그러면서 "쉐퍼 박사 개인을 교주로 세워 인간을 영화롭게 하려는 것이 아니라, 그의 정신을 귀하게 여겨 기억하기 위함"이라고 적으셨다.

한국에 계시던 때에 한번은 목사님의 재정 보고를 노회원들에게 돌리셨다. 넉 달 동안 총수입은 480만 원인데 잔액은 두 은행에 1,635,924원이라고 끝자리까지 밝히셨다. 그렇게까지 하지 않으셔도 되는데 하나님 앞에서뿐 아니라 형제들 앞에서도 빛 가운데 사시는 모습을 보여주셨다. 목소리를 높이지 않고 늘 겸손하셨다. 한국 사역을 마무리하고 영국으로 아주 옮겨오시면서 한국 노회원들에게 쓴 감사 편지 앞에 "혹시 노망으로 말실수한 것 있으면 용서하십시오"라는 말부터 덧붙이셨다.

한번은 '대외비'라고 경고를 달고 노회원들에게 이런 재미있는 메일도 보내셨다. "저희 교회 청년이 결혼할 계획인데 상황이 다음과 같아 조언을 구합니다. 1. 여자는 신자, 남자는 불신자지만 저희 교회에 출석함 2. 임신했음! 어떡하지요? 본인들에게 상처를 최소한으로 줄이면서, 하나님을 기쁘시게 하는 방법, 그리고 교회와 세상에 덕이 되게 하는 방법: 하늘의 별 따기지요? 형제들의 (뱀 같은) 지혜를 구합니다. (성경적, 신학적, 문화적 요소를 고려해 주세요.)" 목회적 사랑과 겸손이 몸에 밴 목사님의 모습이다.

목사님과의 마지막 시간

목사님과의 첫 만남으로 글을 시작했는데, 이제 마지막 만남으로 글을 마치려 한다. 2019년 4월 22일 밤 귀국하였다. 한국에서부터 목사님이 위독하시다는 말씀을 듣고 있었기 때문에, 24일 아내와 함께 목사님을 뵈러 갔다. 사모님과 김온양 목사님이 계셨는데, 목사님은 깊이 주무시고 계셨다. 오래 기다려도 깨지 않으셨다. 사모님이 깨우려 하셨지만, 나는 깊이 주무시는 것이 건강을 회복하시는 데 필요하겠다며 기도하고 일어서겠다고 말씀드렸다. 사모님이 옆에 계셔서 영어로 기도하는데 목이 메었다. 하나님과 목사님께 감사한 마음을 많이 말씀드리며 목사님의 영혼을 주님 손에 의탁해 드렸다. 사흘 후 목사님은 평생 사랑하며 섬기셨던 주님의 품에 안기셨다. 5월 10일 천국환송예배에는 영국과 한국의 국제장로회 가족들은 물론 많은 런던의 목회자들과 성도들이 모여 목사님을 추모하고 사모님을 위로하며 하나님께 영광을 돌렸다.

내가 영국과 한국의 국제장로회와 런던 안의 한인교회들과 평안을 누리며 동역한 데는 사심 없이 겸손하고 진솔한 김북경 목사님의 역할이 컸다. 목사님, 감사했습니다. 보고 싶습니다.

실천하는 겸손한 영성가

정기철 선교사(WEC 선교회)

목사님과 우리 부부의 첫 만남은 우리가 선교사로 영국에 첫발을 내디딘 1993년이었다. 그 이후 무려 30여 년 동안 나는 가까이서 목사님을 직간접적으로 지켜보았고 또 경험했다. 특히 임종하시는 마지막 순간을 함께했고, 돌아가신 후에도 목사님 안 계신 햄셔의 그 댁에서 몇 개월을 머물면서 서고와 집들을 여기저기 정리하는 일도 도맡으면서 목사님의 체취를 구석구석에서 끝까지 누리는 행운을 주셨다. 내가 기억하는 목사님은 어떤 분이실까?

첫째, 목사님은 말씀과 삶의 일치를 강조하셨고, 목사님 스스로 그렇게 노력하시는 분이었다. 내가 아는 사역자들 중에는 자신의 가르침과 일치된 삶을 살려는 모습이 이렇게 뚜렷하게 드러나는 분이 거의 없는데, 내 곁에 김북경 목사님이 계셨다는 것이 얼마나 감사한지 모른다.

둘째, 목사님은 겸손과 소탈함 그 자체이셨다. 아마 런던에서 그분을 겪은 분들은 이구동성으로 동의할 것이다. 영국이라는 세련된 나라에 사셨고, 영국의 한인사회에서 그분처럼 영어를 잘하는 한국인은 없었기에 모든 것의 중심이었다. 유지 역할을 하셨다. 하지만 그는 늘 수수하셨고, 자기를 낮추셨고, 가장 아래에서 섬기려고 하셨다. 자기 교회를 얼마든지

키울 수도 있었지만, 후배 목회자들에게 지역별로 교회를 개척하게 하시고는 성도들을 떼어 주셨다. 영국 최초의 한인교회인 런던한인교회에서 은퇴하시고도 레딩한인교회를 개척하셨고, 한국에 가서도 어려운 교회를 일으켜 세우셨고, 국제장로회의 한국노회가 시작하는 데 발판을 마련하기도 하셨다. 무엇보다 선교사들을 돕기 위해 WEM이라는 영국 채러티에 등록한 최초의 한인 선교회도 만드셨다. 이렇게 영국의 한인 교민 사회에서 그분의 영향력은 절대적이셨다. 하지만 한 번도 권위를 내세우거나 본인 자랑을 하시기보다는 남녀노소 관계없이 다른 사람들의 말을 경청하시는 만인의 친구로 사셨다.

셋째, 섬김과 나눔을 아주 자연스럽게 실천하셨다. 목사님 댁은 거의 항상 오픈 하우스였다. 누가 오든지 집에 있는 것을 다 내주려고 노력하셨다. 특히 한인교회 초기 20-30년 동안은 숱한 유학을 온 신학생들과 목회자들이 영국에 와서는 목사님부터 찾았고, 무엇이든 목사님으로부터 도움을 받았다. 선교사들도 예외가 아니었다. 그 모든 분이 맨 먼저 거쳐 간 곳이 목사님의 집과 런던한인교회였다. 이것은 내가 만든 말인데, 그 당시 김북경 목사님을 모르는 한인 선교사는 가짜(?) 선교사라고 할 정도였다. 우리가 그 교회에 출석할 당시에 보통 교인 중 한국 다녀오면 목사님을 위해 옷이나 각종 선물을 사 오는 일이 많았다. 그런데 그런 것들을 받으시면 감사하다는 말을 하시고는, 주위에 그것들이 필요한 다른 사역자들이나 선교사들에게 나눠주셨다. 자신은 많이 있으니 필요가 없다고 하시면서 말이다. 또 목회의 마지막 몇 년 동안은 장성한 자녀를 둔 목사님보다 어린 자녀들이 있는 부목사들이 사례비가 더 필요하니 교회가 이분들에게 더 많은 사례비를 준 것으로 알고 있다.

다섯째, 목사님은 배우기를 잘하고 감사하기를 잘하셨다. 1998년쯤 WEC 선교부의 IT 담당 선교사였던 나에게 "정 선교사님, 이메일 사용하는 것을 배워야 합니까?"라고 물으시길래, 나는 앞으로는 이메일이 대세가 될 것이니 꼭 배우셔야 한다고 대답해드렸다. 그 후로 목사님은 이메일을 배워서 사용하기 시작하셨다. 그리고 거의 매번 만날 때마다 그때 정 선교사께서 강력히 추천해 주어서 지금 이메일을 잘 사용하고 있다고 감사의 인사를 하셨다. 이것은 단 한 가지의 사례일 뿐이다. 교인들이나 사역들에게 새로운 것이 나오거나 새로운 신학적인 흐름에 대해서 물어서 배우는 일을 게을리하지 않으셨고, 후배들에게 배우는 것을 부끄러워하지 않으셨다. 당신은 설교를 못하니 부목사님들이 많이 했으면 좋겠다는 말도 곧잘 하셨다. 진심이었다. 그렇게 배우기 잘하고 감사도 잘하는 겸손한 종이었다.

마지막으로, 목사님은 치맥을 좋아하셨다!!! 솔직히 생전에 치맥을 얼마나 좋아하셨는지 혹은 얼마나 자주 드셨는지는 잘 모른다. 돌아보면 그분의 생의 마지막의 마지막 순간에, 즉 전혀 식사하실 수 없고 의식이 가끔 돌아왔던 순간에 딸 김은미 집사가 무엇을 하시고 싶으신가, 무엇을 드시고 싶으신가 하고 여쭈었을 때, 치맥을 먹고 싶다고 해서, 효녀 은미가 뉴욕든 한인 시장을 뒤지고 뒤져서 치맥 비슷한 것을 구해왔고, 비록 못 드시지만 냄새라도 맡으시게 한 일이 있었다. 어쩌면 위트가 많으셨던 목사님이 마지막까지 농담하신 것이 아닌가 하는 생각이 들기도 한다.

김북경 목사님, 나에게는 목사님은 그런 분이셨다. 그는 말주변은 없었지만 실천력이 강한 겸손한 영성가였다. 이렇게 실력이 있으면서도 소탈하고, 단호하면서도 따뜻하고, 위트가 넘치는 성직자를 다시 볼 수 없을 것 같다. 이런 보석 같은 분을 아주 곁에서, 그리고 끝까지 함께할 수 있었던 것이 내 인생의 큰 선물 같은 축복이었다.

꾸밈없이 소탈한 시골 아저씨

김대영 목사(광주과기원교회 은퇴, 현 광주소명교회 동역)

제가 런던한인교회에 갔을 때가 1991년도입니다. 그 교회에 이미 출석하고 있는 지인의 소개로 교회에 첫걸음을 했습니다. 그때는 김북경 목사님이 안식년을 보내고 계시는 중이었고, 그 한 해 동안 한국성서유니온 선교회의 대표로 계셨던 윤종하 총무님이 안식년으로 영국에 오셔서 런던 바이블 칼리지를 다니면서 교회에서는 설교 봉사를 하고 계셨습니다. 평소에 윤 총무님 말씀을 갈망하고 교제하고 싶었기 때문에 자연스럽게 런던한인교회로 출석하게 되었습니다.

다음 해인 1992년 안식년을 마치고 오신 김 목사님을 만나게 되었습니다. 제 기억으로 목사님에게 받은 첫인상은 어느 시골의 아저씨를 만난 것 같은 느낌이었습니다. 꾸밈이 없으시고 너무도 소탈하셨습니다. 그런데 처음 만난 사이라도 말을 돌려서 하시는 법이 없어서 당황스러웠습니다. 목사님이 먼저 제안해 주셔서 저는 그 교회에서 협동사역자로 6년을 섬기게 되었습니다. 돌아보건대 이때가 제 사역의 삶 가운데서 가장 중요한 기간이었습니다. 목사님을 통하여 목회다운 목회를 배웠기 때문입니다. 귀국 후 고향인 광주에서 과학기술원교회를 개척하고 섬길 때, 제 목회와 사역자의 모델이 되어 주셨던 분이 김북경 목사님과 런던한인교회였습니다. 평소에도 그렇지만, 특별히 어려움을 만났을 때, 김북경 목사님이 런던한인교회를 담임하시면서 보여주셨던 목회 철학을 기초 삼아 그 난관을 해결해 나갔습니다. 광주과학기술원교회는 학교 안에 있는 교회의 특성상 학업을 마치면 떠나는 학생들이 대부분입니다. 늘 새로운 교인들이 오고 또 정들려고 하면 떠나기를 반복하는 이런 교회를 섬기는 일이 목회자로서는 쉽지가 않습니다. 그런데 24년 동안 이 교회를 섬기고 무사히 은퇴를 할 수 있었던 것은 그 영국에서의 목회 경험 덕분이었습니다. 그때 이런 종류의 교회는 어떤 목회관을 갖고 섬겨야 하는지를 김북경 목사님을 통해서 배울 수 있었습니다.

또한 가난한 유학 시절 재정적으로 어려울 때마다 물심양면으로 도와주셨던 그 사랑의 손길을 지금까지 잊을 수가 없습니다. 협동 목회자의 신분임에도 두 주에 한 번씩 하는 사역자 회의에 꼭 제가 참석할 수 있도록 해주셨고, 그 자리에서 부사역자들과 허물없이 토론하고 의논하던 모임은 제 가치관을 더욱 탄탄하게 해주었습니다. 부사역자들이 설교하고 나면, 당신보다 더 설교를 잘한다고 추켜세워주시고 격려를 아끼지 않으셨던 모습도 생각납니다. 사역자 모임을 할 때면 신씨아 사모님이 매번 샐러드를 내오셔서 맛있게 즐겼던 추억도 떠오릅니다.

한번은 교회에서 음향기기가 필요해서 새로 구입했습니다. 그런데 안타깝게도 며칠 뒤에 도둑이 들어 도난을 당하고 말았습니다. 교회 천장에 자그마한 창문이 있었는데 거기로 도둑이 들어와 몽땅 가져간 것입니다. 당연히 교인들은 경찰에 신고하자고 했지만, 목사님은 "필요한 사람이 가져갔을 것이니까, 신고하지 맙시다"라고 하시면서 만류하시는 것입니다. 그리고 새로운 음향기기를 구입했고, 이번에는 캐비닛을 구입해 단단히 잠금장치를 했던 기억이 납니다. 나중에 도둑이 붙잡혔는데, 목사님은 죄를 묻지 않으셨습니다. 또 한 번은 교회에 노숙자들이 와서 숙식하도록 허락하시겠다고 하셨습니다. 너무 악취가 심하게 나서 교인들의 반대로 무산되었지만, 그렇게 목사님은 교회 건물 자체를 신성시하지 않고 가난한 이웃들에게 내주는 일을 마다하지 않으셨습니다.

   목사님이 소천하셨다는 소식을 들었을 때 저와 아내는 정말 마음이 아팠습니다. 목사님은 런던의 모든 한인교회와 목회자들뿐 아니라 런던의 한인들 모두에게 가장 소중한 분이셨습니다. 검소하고 청렴하며 연약한 지체들을 아낄 줄 아는 자애로운 분이셨습니다. 김북경 목사님, 보고 싶네요. 잘 계시지요?

파격적인 그러나 본질적인 스승

박완철 목사 (전 런던한인교회, 현 남서울은혜교회)

하나님 나라의 기인(奇人)

김북경 목사님은 여러모로 좋은 의미에서 '기인'이셨다. 목회자에 대한 한국 교회의 일반적인 시각으로 볼 때, 참으로 파격적인 모습을 자주 보여주셨다. 한번은 교회에 새 신자가 와서 예배 후 잠깐 담임목사님을 뵙고 서로 인사하는 시간이 있었다. 실무책임자로 나도 그 자리에 있었다. 목사님이 물으셨다. "어디 사세요?", "일링 지역에 삽니다.", "그래요? 그러면 거기 가까운 곳에 일링한인교회가 있는데 그리 나가시면 좋겠습니다." 당황한 건 처음 온 그 성도와 옆에서 이야기를 듣던 나였다.

목사님은 기독교 정신의 원칙과 상식에 근거해서 모두 어려워하는 이야기를 매우 쉽게 하시는 분이었다. 당시는 주일 저녁 예배가 있었는데 예배가 끝난 후 갑자기 목사님이 광고하셨다. "요즘 제가 우울증이 있어 안수를 받고 싶으니 가지 마시고 안수해 주시기 바랍니다." 깜짝 놀란 교인들이 한편으론 목사님이 걱정도 되고 평신도가 목사를 안수한다는 생각에 어쩔 줄 몰라 하였다. 결국, 목회자들과 안수집사님 몇 사람이 예배 후에 목사님을 가운데 모시고 안수했던 기억이 난다. 한국 교회 분위기를 생각하면 정말 말도 안 되는 발상이었다. 하지만 목사님이 시행하면 마치

넘지 못할 선이 없는 것처럼 자연스러운 생각이 되기도 했다.

파격적인 그러나 본질적인

언젠가는 목사님께서 예배 후에 현관에서 나가는 교인들에게 배웅하며 인사하는 것을 그만하겠다고 말씀하셨다. 이유인즉 교회의 주인은 하나님이신데 교인들이 담임목사를 마치 교회의 주인인 것처럼 착각하는 것 같아 이롭지 못하다는 것이었다. 은퇴하시기 전 언젠가 한 번은 목사님께서 이렇게 말씀하셔서 다른 부목사들을 당황하게 하셨다. "나는 설교를 잘 못하는데 우리 교회 부목사님들은 나보다 설교를 잘하니까 앞으로는 주일날 한 번씩 교대로 설교하기로 합시다." 이 말을 듣고 주일날 예배가 여러 번 있는 것도 아니니 주일설교는 꼭 담임이신 목사님이 맡아주셔야 한다고 적극적으로 만류하던 기억이 새롭다.

지금 생각해 보면, 내가 런던한인교회에서 재직하는 동안(1990-2002) 목사님과 사모님에 대한 좋은 추억이 많다. 목사님이 교회 근처에 살고 계실 때, 매주 하루는 오후 5시쯤 모여 목회자 모임을 했는데, 우리 교회만이 아니라 런던에 와있던 신학생들, 유학생들, 다른 목회자들을 초청하여 함께 이야기를 나누었다. 한국 교회 이야기와 최근 가장 쟁점인 신학 이야기 등 온갖 이야기를 나누면서 교제하고 지식을 넓히는 시간을 가졌다. 저녁 먹을 시간이 되면, 사모님이 간단하게 밥과 된장국을 내오시거나, 정원에서 기른 허브를 넣어 기가 막힌 맛을 내는 파스타를 대접하곤 하셨다.

나는 교회에서 멀지 않은 곳에 살고 있었는데, 집이 숲에 둘러싸인 데다 많이 낡아 종종 거미가 천장에서 내려오곤 하였다. 어느 날 초인종 누르는 소리에 나가보니 목사님께서 낡은 작업복 차림으로 커다란 공구 가방을 들고 문밖에 서 계셨다. 깜짝 놀라 어리둥절한 나에게 씩 웃으시면서 낡은 집을 좀 손봐 주려고 왔다는 것이었다. 여러모로 여느 한국 교회 담임 목회자들과는 너무 달랐던 목사님이셨다.

나에게 영향을 준 스승

사람은 누구나 다른 누군가에게 영향을 받기 마련인데, 내가 가장 영향을 받은 몇 사람 중에 한 분이 김북경 목사님이셨다. 목사님은 프란시스 쉐퍼의 영향을 많이 받으셨고, 생활 속에서 실천하는 기독교를 많이 강조하셨다. 실천에선 매우 강하셨지만, 또 한편으론 마음이 약하셔서 설교하시다가 종종 울먹이시곤 하였다. 영국 사람들이 그런 것처럼 목사님은 차 한잔 놓고도 얼마든지 대화와 이야기를 나눌 줄 아셨던 분이었다. 이제는 내가 우리 교회 부교역자들과 나이 차이가 나지만 제법 대화와 소통을 할 수 있는데, 그건 순전히 목사님 덕분이다. 행동과 실천으로 참된 기독교를 가르쳐 주신 귀한 스승인 목사님과 말없이 사랑으로 품어주시던 사모님을 추억하며 좋은 스승을 주신 하나님께 감사드린다.

김북경 목사와 선교, 그리고 WEM

김한식 목사(전 에스라성경대학원대학교 총장)

한국, 선교의 나라가 되다

선교하면 한국을 빼놓을 수 없게 되었다. 국제선교대회에서는 한국어가 공용어에 포함될 정도다. 선교역사를 자랑하는 세계 선교계의 지도자들이 한국 교회의 선교 열풍을 한때의 붐 정도로 생각한 적이 있다. 그래서 한국 선교의 열기가 언제 식을 것인지를 기다리며 지켜보았다. 하지만 이들의 예상이 틀렸다는 것을 안 것은 한국 선교사가 없이는 선교사 충원이 되지 않으면서부터다. 그들은 서둘러 한국에 지부를 설치하기 시작했다. 이제 이름이 알려진 선교 기관들은 거의 대부분 한국에 지부를 두고 있다.

여기서 주목할 것이 하나 있다. 하나님의 이러한 간섭 속에 특정인을 사용하신 흔적을 발견할 수 있다는 점이다. 그 가운데는 많은 순교자들이 포함된다. 그들은 무력의 위협이나 고문에도 타협하지 않고 믿음을 지킨 승리자들이다. 일제의 압제 아래서 그리고 한국전쟁의 회오리 속에서 많은 순교자들이 복음을 지켰다. 20세기 후반에 접어들면서 대학 캠퍼스에 신앙의 열기가 넘치기 시작했다. 각종 선교단체가 설립되고 이들 선교단체들을 통해 한국의 젊은이들이 주님을 향해 헌신을 다짐했다.

영국의 선교에 김북경 목사를 사용하시다

이러한 국내의 선교의 열기가 국외에서도 나타나기 시작했다. 유럽, 특히 영국도 예외가 아니었다. 영국의 경우 그 중심에 김북경 목사가 있었다. 미국을 중심으로 세계를 바라보던 한국인의 국제관 때문에, 김북경 목사를 중심으로 일고 있던 영국의 선교의 움직임에는 주목하는 이가 별로 없었다. 미국 기독교인의 열정적이고 개방적인 분위기와는 달리 영국 기독교인은 다소 조용하다. 자기가 한 일을 잘 드러내지 않는다. 이슬람 선교나 공산권 선교처럼 비밀이 보장되어야 하는 경우 영국 선교계는 미국 선교계와 협력을 꺼리는 이유도 바로 여기에 있다. 정보를 유지하는 일이 어려워지면 장기 선교가 힘들어지기 때문이다. 김북경 목사의 선교 행적이 지금껏 잘 알려지지 않은 것도 이러한 영국인들의 기질과 한국인의 미국 편향적인 국제관과 관계가 깊다.

김북경 목사가 런던 윔블던에서 한국인을 위한 교회를 설립한 해가 1978년이다. 런던한인교회로 명명되면서 영국 최초의 한인교회가 되었다. 윔블던에 위치한 임마누엘교회 예배당을 빌려 오후에 한인 예배를 드렸다. 이후 오랫동안 영국의 한인교회는 교단의 벽이 없이 서로 돕고 연합하는 아름다운 모습을 보였다. 이것은 김북경 목사의 편견 없는 신앙관과 특정 교단에 편향되는 일이 없도록 노력한 세심한 배려 때문이라는 데 아무도 이의를 제기하지 않을 것이다. 그가 런던한인교회를 중심으로 선교에 관심을 보인 것은 1980년대 초부터다. 프란시스 쉐퍼 박사의 지도를 받으면서 일찍부터 선교에 눈을 떴고, 특히 부인 신씨아의 도움으로 영국 교계 지도자들과 폭넓은 교류를 가질 수 있었던 점이 계기가 되었을 것이다. 더욱이 영국에는 선교에 대한 수많은 자료가 쌓여 있고 많은 선교기관이 활동하고 있어, 선교에 대한 접근이 어느 나라보다 용이했다는 점 또한 김목사가 일찍부터 선교에 깊은 관심을 갖게 된 이유 중의 하나일 것이다.

김북경 목사가 처음 선교에 관여한 방법은 선교 기관을 돕는 것이었다. 개척교회로서 어려움이 적지 않았음에도 얼마라도 재정적인 여유가 생기면 선교 기관을 도왔다. 영국성서유니온, OM, WEC, ANCC 등이 대상이었다. 이들 선교 기관에 한국인 선교사를 소개하기도 했다. 하지만 쉬운 일은 아니었다. 무엇보다 체계적인 선교활동이 되지 못했다. 그냥 여건이 되면 선교헌금 얼마를 보내고, 선교기관에 속하고자 하는 한인 선교사가 있으면 소개하는 데 그쳤기 때문이다. 이때부터 그는 좀더 활동적이고 장기적이고 체계적인 선교를 구상하기 시작했다.

이러한 그의 관심이 현실로 드러난 데는 매우 가슴 아픈 사연이 있다. 선교지에서 선교활동을 할만한 준비가 안 된 한국인 선교사들을 만나면서부터다. 이들은 선교에 대한 열정만을 갖고 선교에 뛰어들었다. 한국 교회에서 파송을 받고는 일단 영국으로 온 것이다. 선교 현장에 갈 엄두를 못낸 채 런던에 장기간 머물면서 런던에 있는 한인교회를 기웃거리면서 시간을 허송하기 일쑤였다. 더욱이 안식년을 맞아 영국에 온 한국 교회지도자들이 설교하고 싶어도 초청하는 한인교회가 별로 없었다. 자연히 이들은 영국에 개척된 지 얼마 안 되는 한인교회를 오가며 그곳에 안주하려 하였다. 자기를 인정해주지 않는 데 대해서 불만을 품기도 했다. 이때부터 이들 지도자들은 자신이 속한 교단의 교회를 개척하기 시작했다. 기존 한인교회에 속해 있던 자기 교단 성도들을 모아 교회를 창립하는 것이었다. 이때부터 영국에는 갑자기 많은 한인 교회들이 생겨나기 시작했다. 한인 선교사들은 새로 생긴 교회에 사역자들이 되어 영국 체류의 명분으로 삼았다. 선교의 열정을 조용히 멈추기 시작한 것이다. 김목사의 체계적인 선교계획은 이러한 분위기 속에서 무르익어갔다.

WEM을 통한 선교가 시작되다

김목사가 생각한 체계적인 선교란 간단하다. 열정에 찬 한국인 선교사를 실제로 선교할 수 있도록 여건을 마련해주자는 것이다. 그러자면 선교기관이 필요하다고 보았다. 이름을 정하기까지 많은 시간이 흘렀다. 1983년 드디어 그 이름을 정했는데, 그것이 국제복음선교회(Worldwide Evangelical Mission)다. 그렇게 WEM이 탄생한 것이다. 김목사의 선교 열정은 WEM을 바탕으로 무르익기 시작했다. 런던 시내 몇몇 국제장로회(IPC)에 속한 한인교회가 먼저 WEM에 가입했다. 각 교회 담임목사와 선교부장이 WEM의 이사나 임원이 됨으로써 영국 내 한인 선교기관으로서 WEM의 위상은 자리잡아 갔다.

김북경 목사의 선교 열정은 WEM을 바탕으로 더욱 활발해져 갔다. 1983년 윔블던에 있던 런던한인교회를 주축으로 5개 한인교회로 구성된 WEM 선교회는 한 달에 한 번씩 번갈아 가며 모임을 가졌다. 여기서 말씀을 나누고 선교사를 위한 기도로 선교의 열정이 차곡차곡 체계를 갖추어가고 있었다. 선교사 한 사람 한 사람을 위해 기도하면서 필요한 경우

선교헌금을 보내기도 하였다. 선교기금을 마련하자는 뜻을 모아 2만여 파운드를 모은 적도 있다. 이러한 분위기에서 각 교회마다 선교에 대한 관심이 높아지고 선교의 열기도 더해갔다. 어떤 경우엔 런던 남쪽에서 선교모임을 위해 런던 북쪽 일링까지 가기도 했고, 때로는 옥스퍼드까지 가기도 했다. 분주한 일정 가운데 먼 거리를 갔다가 저녁 늦게 집에 돌아오면 지치기 마련이다. 하지만 선교를 위해 한몫을 감당한다는 자부심에 마냥 즐거웠다.

런던한인교회는 김북경 목사의 선교의 근거였고, WEM은 그의 선교의 동력이었다. 1983년에 이미 선교사에 대한 기도가 일부 구역모임에서 자연발생적으로 나타났고, 교회 공식 집회에 선교사가 초청되어 선교보고를 들으며 선교에 관심을 기울이기도 했다. 하찬영 집사(2007년 목사로 안수받았다) 내외는 선교사가 런던에 오면 숙소를 제공하는 등 모든 뒷일을 도맡아 도왔다. 당시 영국에 체류했던 한국의 교계 지도자들도 이러한 분위기를 따라 WEM 기도회에 참여하였다. 그러나 WEM이 공식적인 선교기관이긴 했지만, 1984년부터 영국정부에 등록되었고 세금도 혜택을 받게 되었다.

십 년이 지난 1993년에 내가 영국을 다시 방문했을 때, 런던한인교회와 WEM을 통한 김목사의 사역 방향은 매우 확고했다. 보다 구체적인 진전이 있었다. WEM은 이사회 조직으로 체계를 갖추었고, 매달 정기적으로 모임을 가졌다. 지금 그해 내 수첩의 기록이 이를 잘 말해준다. 1월 12일, 4월 26일, 5월 17일, 9월 6일, 10월 11일, 12월 6일 등 WEM 이사회가 열렸다는 기록이 있다. 6월 5일 WEM 부흥회가 처음으로 열렸다.

WEM을 통한 김목사의 선교 열기는 더해갔다. 런던한인교회는 매달 한 번씩 정기적으로 선교 예배를 드리는 것이 이젠 정착되고 있었다. 내 수첩에 기록되어 있는 것을 보니 2월 21일, 3월 21일, 4월 18일, 5월 17일, 6월 20일 등에 선교예배를 드린 것으로 되어 있다. 뿐만 아니다. 영국 선교기관에 소속되어 훈련받고 있던 한국 선교사를 돕는 일에도 적극적이었다. 1993년 WEC 선교후보생으로 영국에 머물고 있던 최선교사가 훈련과정을 마치고 선교사 자격을 확인하는 최종 인터뷰가 있었다. 김목사와 내가 초청을 받았다. 우리는 여기에도 기꺼이 참여하여 가깝지 않은 WEM 본부까지 갔다. 한국인 선교사를 돕고자 하는 김목사의 헌신된 모습은 그의 선교에 대한 열정을 잘 보여주고 있었다.

선교지를 방문하다

1993년에 김목사의 선교에 대한 관심은 새로운 획을 긋고 있었다. 런던에서 선교사를 만나거나 선교사의 도움 요청이 있을 때만 관여하는 종래의 방법에서 이제 선교에 보다 적극적이고 직접 참여하는 방법으로 전환하기 시작했다. 선교 현장을 방문하면서 선교를 돕는 일이 좀더 실질적이고 구체적이 되었다. 이러한 적극적인 선교활동은 그해 6월에 일어났다. 폴란드와 루마니아 선교 현장을 방문한 것이다. 6월 29일부터 7월 6일까지 김북경 목사 내외는 나와 아내 성혜옥 권사와 폴란드를 방문했다. 폴란드에는 김헌종 선교사가 한인교회를 개척하여 사역하고 있었다. 우리는 그곳 교우들과 선교의 성경적 이해를 나누었다. 폴란드가 처한 지정학적, 역사적 여건이 선교와 어떤 관계가 있는지를 토의했다. 대부분 폴란드 사람들은 가톨릭을 신봉하고 있었다. 그래서 가톨릭과 공산주의 의 관계, 가톨릭 사회에 복음을 전하는 선교전략 등 많은 문제를 새삼 배우고 생각하게 되었다. 이 만남은 김목사를 비롯한 우리 모두에게 선교의 비전을 마음에 새기는 새로운 계기가 되었다. 하나님께서는 우리가 처한 상황에서 무엇을 하기를 원하시는지를 생각하게 하는 귀중한 기회가 된 것이다.

이러한 선교지 방문은 참으로 신명나는 일이었다. 그리하여 곧장 7월 10-17일까지 8일간 우리 네 사람은 루마니아를 방문하였다. 그곳에는 김병갑 선교사가 심혈을 기울여 복음을 전파하고 있었다. 김병갑 선교사는 육군 대령으로 루마니아 주재 대사관에 근무하고 있었다. 그는 무관으로서 자신의 역할을 성실히 할뿐 아니라 선교사로서 사역에 최선을 다하고 있었다. 그는 한국 선교사가 개척한 교회에서 오전에는 한인들을 위해 예배를 드리고 오후에는 루마니아인을 위해서 예배를 드렸다. 그는 많은 루마니아 형제 자매들이 그곳에서 주님을 만나도록 인도하고 있었다. 우리가 말씀을 전하는 방법은 매우 어색했다. 우리가 영어로 말하면 루마니아 자매가 루마니아 언어로 통역하는 식이었다. 그러다 보니 시간이 많이 걸렸지만, 얼마나 진지한 집회였는지 모른다. 지금 생각해도 가슴이 뛴다. 공산 치하에서 막 벗어난 루마니아인들은 영혼에 갈급함을 느끼고 있었으며, 자기들이 믿어온 정교회에 대해 회의하고 있었다. 새로운 복음의 능력을 갈구하고 있었던 것이다.

이후로 김목사의 선교기관 방문도 다양해졌다. ANCC, IXOUS

Fellowship, Waverley Abby House 등을 방문하면서 선교전략의 다양성을 익히고 있었다. 이제 WEM은 종전보다 훨씬 활발하게 움직이고 있었다. 1997년 6월 27일에는 WEM Revival Meeting이 처음으로 이뤄지기도 했다. 영국 WEM이 런던에 있는 선교사들을 초청한 것이다. 런던 한인교회 교우들과 이들 선교사들이 서로 WEM의 이름으로 만난 것이다. 선교의 경험을 나누며 격려하는 참으로 아름다운 모임이었다. 가난한 선교사들을 위해 모처럼 영국의 뮤지컬을 감상하는 기회도 마련되었다.

런던 한인교회의 선교활동은 여기서 끝나지 않았다. 폴란드 WEM의 김헌종 선교사를 초청한 것이다. WEM을 매개로 하여 각기 다른 나라의 선교현장 소식을 서로 나누었다. 그러니까 그해 11월 21일은 WEM 파송 선교사 간에 국제교류가 시작된 날인 셈이다. 1997년, 김목사의 선교 여정에 빼놓을 수 없는 해다. 이제 한인교회의 주요 일꾼들에게도 선교 현장을 경험하게 한 것이다. 그 해 5월 9일부터 12일까지 런던 한인교회 선교부가 폴란드 WEM 선교현장을 방문했다. 선교 현장을 다녀온 내용을 6월 2일 WEM 모임에서 보고하였다. 교회 내에 선교의 열정이 점차 확대되어 나간 것이다. 김 목사 자신도 10월 9일부터 20일까지 그리스 양용태 선교사의 사역현장을 다녀왔는데, 그것도 이러한 흐름의 연장선상이라 할 것이다.

한국 WEM이 탄생하다

한국 WEM이 탄생한 것도 김북경 목사가 음양으로 지원한 덕분이다.

1984년 영국 WEM에서 김목사와 함께 일했던 멤버들이 한국에 돌아왔다. 이들이 영국에서처럼 한국에서도 성경묵상 모임을 계속하자고 했다. 이 모임이 시작된 것이 1985년 5월이었다. 이 모임이 계속 발전하여 한국 WEM이 태동된 것이다. 1985년 9월 14일이다. 한국 WEM이 오늘에 이르면서 나름으로 성경말씀에 충실하려고 애쓰며 말씀묵상을 지켜온 것도, 그리고 선교사역에 동참하는 것이 어떤 의무감에서가 아니라 마음 깊숙이 주님의 뜻을 살피는 노력을 기울인 것도 김목사가 보여준 삶의 모습에서 얻은 지혜 덕분이다.

지금도 생생하게 기억되는 것이 있다. 한국 WEM이 자체 건물을 소유할 무렵의 일이었다. 선교단체가 건물을 가질 필요가 있는지를 두고 많은 논의가 있었다. 건물을 가질 여유가 있다면 일선의 선교사를 돕는 것이 옳다는 생각이 강했다. 그런데 어느 날 영국에서 보낸 원고가 분실되었다. 아무리 기다려도 원고가 오지 않아 영국에 알아보니 이미 보냈다고 했다. 한참 뒤에 원고가 분실된 이유를 알았다. 집세를 올리려는 건물주의 요구에 못 이겨 WEM 사무실을 자주 옮길 수밖에 없었다. 그러면서 주소가 자주 바뀌는 바람에 문서를 수령하지 못한 것이다. 얼마나 당황했는지 모른다. 이 일을 계기로 더는 쫓겨다니지 않아도 되는 고정된 주소가 필요하다는 데 의견이 모아졌다. 주님께 건물을 달라고 요청하는 기도를 드리기 시작했다. 자체 건물을 가지는 것이 사치가 아니라 주님께서 인정하실 만하다는 데 의견을 모을 때까지 2년여 시간이 걸렸다. 한국 WEM이 기독교 선교기관의 사단법인으로는 허가를 받은 과정에서도 비슷한 경험을 했다. 한국에서 선교기관이 사단법인으로 인가를 받은 것은 WEM이 처음이 아닌가 싶다. 사단법인 허락을 받기 위해 모든 노력을 기울였다. 그렇게 어려운 일인 줄 상상도 못했다. 최선을 기울였지만, 번번이 실패했다. 사단법인으로 인가를 받은 것이 불가능하다는 것을 깨달았다. 단념할 수밖에 없었다. 불가능하다는 사실을 알고 포기하자 기적이 일어났다. 주님께서 뜻밖의 사람들을 국방대학교의 저의 연구실로 보내주셨고, 그들을 통해 일을 이루어주셨다. 인위적 방법이 아니라 말씀에 따르려고 애쓴 이 같은 방식의 노력도 김목사의 평소 신앙관과 무관하지 않다고 생각한다. 그가 한국 WEM에 보인 관심은 지대했다. 한국을 방문할 때면 아무리 일정이 바빠도 한국 WEM의 정기모임에 참석하는 것을 우선으로 했다.

나가면서

김북경 목사는 의지 때문이었든 혹은 여러 곳을 이동하며 살았던 환경 때문이었든 간에 그는 일찍부터 선교 비전을 가지고 있었다. 신앙의 스승으로부터 받은 영향, 부인 신씨아의 지원, 선교의 본고장인 영국의 분위기가 그의 선교 열정을 형성하는 데 영향을 미쳤을 것이다. 오랜 역사를 통해 하나님의 간섭으로 이뤄진 한국 교회의 급격한 성장과 한국인 선교사의 열정과 헌신이 한국인으로서의 김목사의 선교 열정에 불을 붙인 계기가 되기도 했을 것이다. 1978년에 창립된 런던한인교회가 그의 선교의 근거지가 되었다. 1983년에 접어들면서 선교에 대한 꿈이 WEM의 탄생으로 불길이 더욱 활활 타오르기 시작했다. 훈련이 부족한 한인 선교사들을 바라보던 아픔이 한인 선교사들을 체계적으로 돕겠다는 열망으로 이어졌고, 그것이 WEM의 결성으로 귀결되었다. 그는 한국 WEM의 탄생에도 큰 영향을 미쳤다. 시작하는 계기를 마련해주었고 선교회의 정신을 형성해주었다. 오늘날 WEM은 영국 WEM과 한국 WEM을 비롯하여 폴란드, 루마니아, 그리스, 캐나다 등으로 확대되고 있다. 전 세계 WEM 곳곳마다 김목사의 숨결이 스며 있다. WEM을 통해 그의 선교에 대한 꿈은 더욱 영글어 갈 것이다.

김북경 목사가 정리한 국제장로회 정신

누가 나에게 국제장로회(International Presbyterian Church, IPC) 정신이 무엇이냐고 물어오면 당황하기 일쑤였다. 그래서 라브리와 IPC에서 훈련받으며 목회해 왔던 과거를 생각하면서 몇 자 적어본다. 물론 내 생각이 IPC를 대표하는 것도 아니고, 또 IPC 정신이란 것이 불변한 것도 아니니 나중에 다른 누군가를 통해서 덧붙여지거나 변경될 수 있다고 본다. 살아있는 공동체라면 그 정신이 변할 수 있다. 한 공동체의 정신은 공동체 회원들이 함께 살면서 만들어가는 지혜의 결정체이기 때문이다. IPC의 정신을 한마디로 말한다면 20세기와 21세기에 걸쳐 사는 교회와 세상에 남겨준 IPC 설립자 프란시스 쉐퍼(1912년 1월 30일~1984년 5월 15일) 목사의 사상이라고 할 수 있다.

1. 인간관계를 중시한다.

인간관계를 말하지만, 하나님과의 관계가 바로 서 있는 것을 전제로 한다. 어거스틴(Augustinus Hipponensis)이 "하나님을 사랑하라. 그리고 마음대로 살아라."라고 한 것같이 하나님을 사랑한다면 이웃을 사랑하게 되어 있다. 예수 그리스도로 말미암아 하나님과 화목하게 되었다면 이웃과도 화목한 관계를 맺어야 한다. 우리의 이웃은 누구인가? 부모, 직계가족, 친척, 성도, 사역자, 그리고 안 믿는 세상 사람들을 포함한다. 특히 다양한 민족, 다양한 종교인들이 모여 사는 사회에서는 그들과 화목하게 사는 관용과 아량이 필요하다. 선한 사마리아인의 태도가 필요한 것이다. 물론 그들이 믿는 종교까지 우리가 받아들일 수는 없지만, 그들도 하나님의 형상대로 지음받은 사람이라는 사실을 기억한다면, 얼마든지 그들을 존경하고 사랑할 수 있다. 그렇게 함으로써 언젠가 전도의 길도 열릴 것이다. 복음은 적대관계에서는 통하지 않는다는 것을 알아야 한다.

2. 투명해야 한다.

마태복음 5장 37절에서 이렇게 말한다. "'예' 할 때는 '예'라는 말만 하고 '아니오' 할 때는 '아니오'라는 말만 하여라." 마음에 있는 생각을 그대로 정직하게 말하고 살라는 의미다. 인간관계에서 투명성이 없으면 피상적이거나 율법적인 관계로 전락한다. 나의 진상을 타인에게 보인다는 것은 나의 약점을 보이는 것이기 때문에 내가 약세에 몰리게 된다. 정직함은 경쟁적인 세상살이 법칙에 반한다. 타락 전에 아담과 하와는 벌거벗었어도 부끄러워하지 않았다. 타락한 후에야 나뭇잎으로 부끄러움을 감쌌다. 그러나 하나님은 나뭇잎으로 그들의 추함을 감출 수 없다는 것을 아시고 동물 가죽으로 감싸주셨다. 인간은 자기의 죄와 허물을 감추기 위해서 온갖 인간적인 연막을 치지만 주님 앞에서는 감출 수 없다. 그리스도인은 예수님의 의의 두루마기로 우리를 감싸주신 하나님 앞과 공동체 앞에 적나라하게 설 수 있다. 그렇지 않으면 벌거벗은 황제가 될 수 있다.

3. 협력해야 한다(복수지도체제).

인간은 섬에서 혼자 살 수 없듯이 목회도 혼자 할 수 없다. 그래서 장로교는 장로단(당회)을 구성하여 협동 사역을 원칙으로 한다. 천주교나 성공회같이 주교나 신부의 감독에 강조점을 두거나(이것을 '감독제'라고 한다), 회중 교회같이 회중의 의사에 많은 비중을 두기도 한다. 장로교는 장로들(목사를 포함한)이 함께 협동 목회를 하되 회중의 의사도 존중하는 제도로서 가장 공평하고 합리적인 목회 형태다.

장로교 특징 중 하나는 복수 지도 체제다. 장로들(목사를 포함하여)이 서로 도울 뿐 아니라 서로 견제하여 잘못된 길에 들어서지 않도록 한다. 동시에 회중들이 공동의회를 통하여 교회 운영에 참여하는 "민주적인" 요소를 갖추고 있어서 가장 형평성 있고 성서적 제도라고 할 수 있다. 17세기의 엘리자베스 여왕은 웨스트민스터신앙고백을 지나치게 민주적이라고 판단하고 장로교 대신에 성공회를 국교로 채택했다.

4. 겸손해야 한다.

함께 목회하는 데 절대적으로 필요한 태도는 겸손이다. 겸손은 모든 권력을 내려놓은 상태를 말한다. "여자는 사랑을 먹고 살고, 남자는 권력을 먹고 산다."는 말이 있다. 남자들이 직장을 잃으면 시들해지는 이유가 여기에 있다. 그래서 남자가 여자보다 겸손해지기 힘들다. 액튼(Lord Acton)이 말한 것처럼 "모든 권력은 부패한다. 그리고 절대적인 권력은 절대적으로 부패한다." 예수님은 그 큰 권력을 다 버리시고 이 땅에 오셨다. 그 권력을 십자가에서도 쓰시지 않았다. 그리고 우리에게도 낮은 데로 오라고 하신다. 십자가를 지고 주님을 따른다는 것은 매일 죽고 매사에 죽는 일이다. 죄에 쌓인 '나'를 죽이는 일이다. 내가 죽는다는 것이 얼마나 힘든지 모른다. 안이숙 여사가 "죽어도 살아있네요."라고 한 것은 얼마나 정확한 표현인지 모른다. 또 어떤 이가 말했듯이, 내가 겸손하다고 느끼는 순간, 나는 이미 교만해지고 있다는 것을 알아야 한다. 참 어렵지 않은가!

5. 교회는 국제적이다.

교회는 우주적(catholic)이다. 세계에 흩어져 있는, 그러나 육안으로 볼 수 없는 모든 그리스도인의 집합이다. 그러므로 보이는 교회도 국제적이어야 한다. 세계 복음화를 부르짖으면서 어찌 국제적이기를 포기할 수 있겠는가. 유대인들이 왜 하나님의 징벌을 받았는가? 제사장 나라로서의 사명을 망각한 채 자기네들만 하나님의 선민이라고 자부하고 국제적이지 못하였기 때문이다. 비유대인은 개로 취급함으로써 증인의 사명을 감당하지 못하였고 장자의 직분을 다하지 못했기 때문이다. 1885년에 한국에 온 언더우드(Horace Grant Underwood) 선교사의 손자인 호러스 언더우드(Horace Grant Underwood Jr) 선교사가 한국을 떠나면서 한국인에게 마지막으로 부탁한 말이 있다. "한국 형제들이여, 외국인들에게 마음 문을 좀 더 여시오." 해외에 있는 한인교회가 현지인들을 상대로 복음을 전해야 한다. 하나님이 왜 한국 교회를 축복하셨을까? 하나님은 왜 우리를 해외에 보내셨을까를 고민해 봐야 한다. 교회의 우주적이고 국제적인 성격을 믿는다면 이단이 아닌 이상 타교단을 향해서 마음 문을 열고 협력할 수 있어야 한다.

6. 역사와 전통을 중요시 한다.

전통에는 두 종류가 있는데, 절대적인 전통과 인간이 만들어낸 가변적 전통이다. 절대적 전통은 성경이다(고전 11:2, 23). 성경에 없는 전통도 아름답고 유익할 수 있다. 그러나 인간이 만든 전통을 절대화하면 오히려 해로울 수 있다. 가령, 천주교의 외경과 성경에 없는 전통을 만들어 고집하는 경향이 그렇다. 마리아를 예수님의 어머니라는 이유로 예수와 거의 동격으로 추앙하고 마리아에게 기도하는 전통이다. 심지어 그들은 마리아가 승천했다고 주장한다. 예수께서는 장로의 전통을 지키려다가 하나님의 뜻을 어긴 바리새인들의 어리석음을 꾸짖으셨다(마 15:1-9). 그래서 우리는 꼭 지켜야 할 절대적인 전통(성경)은 고수하되 비절대적이고 가변적인 전통은 창의성과 융통성을 발휘하여 취사선택하는 지혜와 용단이 필요하다.

교회의 역사는 오순절 이후 세워진 예루살렘교회에서 시작된다. 물론 교회의 시작을 구약에서 찾을 수도 있다. 장로교의 역사는 16세기 종교개혁자들의 개혁주의(특히 칼빈주의)에 뿌리를 두고 있다. IPC의 역사는 프란시스 쉐퍼 목사의 신학에 기반을 두고 있다. 쉐퍼 신학의 특징은 그의 신학이 아주 새롭다는 데 있기보다는 개혁주의 신학과 전통에 깊이 뿌리를 두면서 20세기 교회가 들어야 할 선지자적이고 참신한 메시지를 담고 있다는 데 있다. 그런 의미에서 IPC도 개혁주의 전통에 기반을 두고 있다고 할 수 있다.

쉐퍼 목사가 자주 강조한 것은 통일성(Unity)과 다양성(Diversity)이다. 절대 진리에 있어서는 연합하고 비진리적인 부분에서는 다양성을 지향한다. 예를 들어, 노회에 속한 여러 지교회에서 예배드리는 형태는 다양하지만, 진리와 영으로 예배드리는 데는 통일성 있다.

　로마 가톨릭을 비롯한 모든 교단이 그 자체로 절대적인 전통이라고 할 수는 없다. 성경 자체는 절대적인 전통이지만, 성경해석은 다양한 견해가 존재하기 때문에, 해석의 강조점에 따라서 다양한 교단이 생길 수 있다. 그렇다면 우리가 속한 장로교 역시 절대적인 전통이라고 말할 수 없다. 즉 IPC만이 가장 좋은 교단이라거나 우리의 성경해석이 가장 옳다고 주장하는 것은 오만이다. 그것은 2천 년 교회 역사를 모르는 소치다.

　IPC가 세워지고 또 우리가 이 교단을 택한 이유는 저마다 다양하지만, 내가 IPC에 몸담은 것은 하나님의 섭리와 인도하심의 결과라고 말하고 싶다. 내가 처음 IPC를 선택할 때 세상의 모든 교회를 조사해 보고, 그 교단들이 성경적인지를 숙고한 끝에 선택한 것은 당연히 아니다. 나는 IPC도 다른 모든 교회들처럼 죄인들이 모여 사는 병원이라고 생각한다. 그렇더라도 우리의 제도(개혁주의, 장로제도, 쉐퍼의 사상 등)와 정신을 현시점에서 볼 때, 다른 교단에 비해 더욱 성경적이라고 믿는다. IPC도 장래에는 얼마든지 변할 수 있다. 단 개혁가들이 주장한 것처럼, 항상 성경으로 돌아가서 계속하여 교회개혁을 시도해야 할 것이다.

7. 진리의 존재를 믿어야 한다.

　우리는 '진리'라는 단어 자체가 무의미해진 포스트모던 시대를 살고 있다. 예수가 유일한 진리라는 말을 하기가 힘든 세상이다. 특히 다양한 민족과 종교인들이 모여 사는 사회일수록 더욱더 그렇다. 2천 년 전에 살

왔던 본디오 빌라도도 "진리가 무엇이냐?"라고 예수님께 회의에 찬 질문을 던진 바 있다. 절대 진리에 대해 회의를 가진 많은 교회를 향해서 쉐퍼 목사는 외쳤다. "그리스도인은 기독교가 아무 혜택을 주지 않는다 해도 단지 진리라는 이유만으로 기독교를 믿는다."

8. 문화명령과 선교명령을 둘다 믿는다.

문화명령은 창세기 1장 27-28절에 하나님이 아담과 하와에게 창조된 세계를 다스리라는 명령이다. 마태복음 28장 19-20절은 예수님이 부활하신 후에 제자들에게 하신 선교명령이다. 그런데 우리는 선교명령은 많이 듣고 또 세계 선교를 위해서 힘쓰지만, 문화명령은 선교명령과 별개인 듯이 여기는 것이 사실이다. 선교명령에서 말하듯이, 모든 민족이 복음을 듣게 되면 주님이 다시 돌아오실 터이니, 주님이 빨리 오시게 하려면 복음을 전 세계에 빨리 전해야 한다고 말하곤 한다. 심지어 주님이 재림하시면, 세상은 불로 태워서 없애고 믿는 자들은 (영혼만) 하나님이 계신 천국으로 간다고 믿는다. 그러나 주님이 오시면 새 하늘과 새 땅을 만드시며, 믿는 자들은 새로 창조된 이 땅에서 영원히 살 것이다. 그렇다면 지금 이 땅에서 우리가 하는 (문화명령을 따른) 모든 선한 활동은 가치가 있고 또 필수적이기도 하다. 그래서 그리스도인들은 복음도 전해야 하지만, 지금 하나님의 좋은 세계에서 하나님이 창조하신 좋은 선물들, 즉 자연을 잘 가꾸고 감사히 즐기는 삶이 하나님께 영광이 되고 하나님을 즐기는 삶이 될 것이다. (웨스트민스터신앙고백 소요리문답 제 1문: 사람의 최고 목적은 무엇인가? 답: 하나님을 영화롭게 하고 영원토록 그를 즐기는 것이다.)

이 문화명령을 기반으로 환경운동을 할 수 있고, 생명운동(의학의 발전, 인간 생명존중, 태아보호 등)도 할 수 있다. 점점 악화되는 세상에서 빛과 소금의 역할을 감당하도록 강조할 수 있다. 그러나 이 문화명령을 무시하면 우리는 세상과 등지며 살 수밖에 없고, 우리의 삶이 무미건조해질 수밖에 없다. 가령, 라브리를 찾은 한국 학생이 기독교 공동체에서 왜 농업에 대해서 강의하느냐고 질문한 적이 있다. 또한 옥스퍼드대학을 다니는 학생이 음악을 전공하려고 하자, 예수 믿는 친구가 자기한테 "기독교인이 신학을 공부해야지 세상 음악을 공부해서 뭣 하려고 그러는가?"라고 말하더라는 것이었다. 찰스 다윈(Charles Robert Darwin)이 진화론에 대해 확신하고부터는 음악 감상을 꺼렸다는 얘기가 있는데, 기독교인도 영육 이원론(영혼만이 구원할 가치가 있고 물질로 형성된 육체는 악한 것이니 함부로 취급해도 된다고 믿는 이론; 초대교회에 영지주의가 이런 이원론을 주장했다)을 믿으면, 우리의 삶이 무미건조하게 될 것이다. 이런 이원론은 위험한 생각일 뿐 아니라 우리 자신과 후손들에게 해로운 생각이다.

또 문화명령은 우리로 하여금 국지적 그리고 국제적으로 사회 참여를 하게 한다. 이제는 세계가 한 지구촌으로 축소되어 싫든 좋든 하나로 연결되어 있다. 그래서 세계적인 정치적, 경제적, 사회적인 변화에 눈감을 수 없게 되었다. 특히 환경문제가 그렇고 경제, 정치적으로 관심 두고 원근에 있는 이웃을 위해 기도하고 적극적으로 서로의 삶에 참여해야 한다. 아브라함 카이퍼(Abraham Kuyper)가 "주님이 이 세상에서 내 것이 아니라고 할 만한 곳은 단 한 평도 없다"라고 한 것을 기억하라.

9. 목회자의 참 권위는 하나님의 말씀에서 온다.

목회자(장로와 목사)의 권위는 예수님에게서 나온다(마 28:18-20). 목회자는 화목의 직분을 받고 하나님의 대사로 파송 받았다(고후 5:18-20). 한 나라의 대사는 파송한 대통령의 메시지를 전할 뿐 자기 생각을 말해서는 안 된다. 그렇다면 목회자가 성경을 해석하고 가르치고 삶에 적용하는 것은 대단히 중요하다. 목회자의 권위는 복음을 전할 뿐 아니라 그 복음을 따라 예수님을 닮아가는 삶을 사는 것에 비례한다(마 7:24-26; 28:20). 인도의 한 어머니가 자기 아들을 간디에게 데리고 와서 아들이 설탕에 중독 들었으니 좀 엄하게 훈계해 달라고 간청했다. 간디는 2주 후에 다시 오라고 했다. 2주 후에 모자가 간디를 다시 찾아갔다. 그때 간디는 아들에게 설탕 먹는 것을 줄이라고 훈계했다. 어머니가 의아해서 물었다. "왜 2주 전에 그 말을 안하셨습니까?" 이에 간디는 "그때는 나도 설탕을 너무 많이 먹고 있었기 때문입니다."라고 대답했다고 한다. 그는 적어도 자신이 가르치는 것을 자기가 먼저 실천하고 있어야 한다고 믿은 사람이었다. 사역자의 참된 권위는 말씀을 바르게 알고 자기가 먼저 그 말씀을 실천하는 데서 나온다.

10. 생각하는 그리스도인이 되어야 한다.

서울에서 목회하는 한 목사님이 설교하기 전에 성도들에게 주일 아침에 교회 올 때 제발 머리를 가지고 오라고 했다는 말을 들었다. 생각하면서 말씀을 들으라는 뜻이다. 우리는 가끔 전도할 때, "성경을 따지고 믿으려면 복잡하니까 우선 덮어 놓고 믿어 보라"고 하는 말을 들어본 적이 있을 것이다. 돌다리도 두드려보고 건너라고 했다. 하물며 성경이겠는가? 최근 들어 젊은이들이 교회를 많이 떠난다는데, 그 이유가 세상의 과학과 철학에 대해서는 많이 듣는데, 교회에서는 젊은이들의 질문과 의문에 귀를 기울이지 않은 채 너무 태평한 태도를 보이기 때문이 아닐까 싶다. 많은 지식으로 머리만 커져 있는 것도 문제지만, 이성을 건너뛰어서 감정에만 치우치는 것도 문제다. 이렇게 되면 '평신도'가 아니라 '병신도'로 놀림을 받을 수 있다. 가령, 설교 중에 설교자가 회중에게 자기가 말하는 것에 '아멘'을 강요한다면, 그것은 성도를 바보로 만드는 행위가 아니겠는가. 그래서 목회자는 성도들이 냉정한 머리로 판단할 수 있도록 훈련해야 한다. 판단력이 없는 성도들은 이단이나 세속적인 가치관의 공격에 취약할 수밖에 없다.

　라브리가 시작된 이유가 이것이다. 1960년대 서구에서 히피 운동이 일어났다. 많은 젊은 지성인들이 기성세대와 기성교회의 위선에 신물이 나서 들고 일어났다. 그들은 대학과 직장 그리고 교회를 떠나서 나름의 자유와 다른 종교, 특히 동양종교를 찾아 나섰다. 이들을 돕기 위해서 하나님이 라브리를 세우셨다고 나는 믿는다. 의심과 질문이 많은 젊은이들이 쉐퍼 목사의 소문을 듣고 스위스에 있는 라브리로 모여들기 시작했다. 쉐퍼는 그들의 심각한 질문에 정직하게 그리고 정성껏 대답해 주었다. 지금도 여전한 라브리의 모토는 "정직한 질문에, 정직한 대답"이다.

11. 사랑과 용서를 실천하는 교회가 되어야 한다.
　사랑의교회가 사랑하는 성도들만 모인 교회라서 그렇게 이름을 지은 것은 아닐 것이다. 우리는 모두 남을 용서하기 힘들어하는 죄인들이고 사랑에 인색한 사람들이다. 하나님은 이런 우리를 용서하시고 사랑하셨다 (롬 5장). 용서받은 사람은 용서해야 마땅하다. 쉐퍼 목사가 가장 많이 강조했던 것은 사랑이다. 특히 교회가 싸우고 갈라지는 현상을 안타까워하면서, 성도들이 서로 용서하고 사랑하는 것을 세상에 보여주는 것이 전도보다 더 우선적으로 해야 하고, 그것이 전도의 첩경이라고 강조했다. 성도들은 죄를 안 짓는 사람들이 아니고, 죄를 지은 후 고백하고 회개하고 용서하고 용서받는 사람들이다.

나가면서

결론적으로 IPC는 성경에 뿌리를 두고 있다. 모든 기독교회가 성경을 믿는다고 하지만, 성경해석이 다양하다. 로마 가톨릭을 비롯하여 종교개혁 이후에 성경해석의 차이로 수많은 개신교가 우후죽순처럼 생겨났다. IPC도 그중에 하나다. IPC는 칼빈의 개혁주의 신학 전통과 웨스트민스터신앙고백을 성경에 버금가는 준거로 믿으며, 쉐퍼 목사의 사상과 정신에 영향을 받은 교회다.

탈권위주의자
호모 루덴스
나의 어른

영국 국제장로회 목회자들의 목사님

탈권위주의와 탈형식주의

박병배 목사 (런던시내한인교회)

다가오는 사람을 멈칫하게 하는 기술을 보유한 자가 있는가 하면, 서로 무관하다 싶은 사이일지라도 묘하게 끌어당겨 거리감을 좁히고, 그러다 한 번 얼굴을 튼 후엔 이내 친구가 되어 주는 이가 있다. 내가 만난 김북경 목사님과 신씨아 사모님이 그런 분이셨다. 두 분은 처음부터 나를 강하게 끌어당겨 주셨다. 첫 만남부터 겉치레식 인사가 아닌 따뜻하고도 진정 어린 관심의 눈길로 맞아 주셨으며, 시시콜콜한 일상의 이야기나 우리 아이들의 이야기도 절대 흘려듣지 않고 귀담아 들어주셨다. 그리고 곧 30년이 넘는 연령차를 접고 뛰어넘어서 '친구'가 되어 주셨다.

탈권위주의 리더십

이후 교제하며 삶을 나누는 중에 두 분으로부터 받은 교훈과 도전이 많지만, 무엇보다 두 분의 삶에 배어있는 탈권위주의적 자세야말로 나에겐 신선한 충격과 커다란 울림으로 다가왔다. 사역 현장에서 부득불 선두에 서서 리더십을 발휘해야 할 순간에 직면할 때마다 진정한 리더십의 권위가 어디에서 나오는지 두 분이 보여주신 삶의 모범이 곧 내가 취할 자세의 바로미터가 되곤 했다.

누군가 "목사가 죽어야 교회가 산다"라고 말을 했던가? 하나님이 세워 주시는 성경적 개념의 권위야 마땅히 존중되어야 하겠지만, 자기 스스로 세우려는 권위주의는 철저히 배격되어야 한다. 나의 본래 성향상 누구와 충분히 의논한 후 일을 전개하는 스타일이 아니라, 혼자서 '많이' 고민하고 '나름' 기도한 후 일들을 계획하고 진행하는 편이었다. 얼핏 보기엔 다분히 독선적이고 독단적이라 평할 수 있었다. 그랬던 내가 지금은 가급적 한 사람 한 사람의 생각을 묻고, 소수의 의견을 존중하며, 나아가 비록 더디더라도 공동체 전체 구성원들로부터 최대한의 공감대를 이끌어낸 후, 한 걸음을 내딛어도 내딛는 스타일로 변해 있다.

물론 이 같은 태도에 답답함을 느끼는 지체들도 있을 것이다. 공동체를 '이끄는' 리더로서 강력한 카리스마 리더십을 발휘해 주길 바라는 이들일수록 그런 모습이 리더의 자격론을 운운해야 할 만큼 우유부단하게 비칠 가능성이 있지 않겠는가? 또 실제로 각자의 요구사항을 다 들어주려다 보면 결국 모두에게 불만을 안길 수밖에 없다는 현실도 부정하기 어렵다.

그럼에도 우리는 이 땅에 오셔서 친히 보여주신 예수님의 리더십을 떠올리지 않을 수 없다. 곧 호령하고 '이끄는' 리더십이 아닌 '섬기는' 리더십의 본을 말이다(마 20:28). 바로 그 리더십이 김북경 목사님께서 나의 뇌리에, 이론이 아닌 실제로 깊숙이 각인시켜 준 또 다른 종류의 리더십이었다. 그 리더십을 틈틈이 직관할 수 있었던 나는 너무 행복한 사람이었고, 현재 내가 섬기고 있는 교회의 성도들은 간접적으로 그분의 리더십의 혜택을 받는 셈이리라.

탈형식주의적 삶

탈권위주의(de-authoritarianism)와 결을 같이 하여, 또한 두 분의 인생을 회고하면 지워지지 않는 기억이 바로 탈형식주의(de-formalism; de-officialism)적 삶이다. 영어 표현 중에 "substance over form"이라는 용어가 있다. 형식보다는 내용을 중시하는 실속주의를 가리킨다. 사실 나는 어떤 프로젝트를 기획하든 미리 모든 게 완비되지 않으면 잠을 잘 못 이루는 편이다. 그런데 '코로나'라는 강을 건너면서 그 고집은 속절없이 무너졌다. 그리고 그동안 우리가 견고한 성처럼 사수해 오던 교회론과 예배 모범이 흔들리는 경험을 했다. 엄밀히 말하면 그동안 갇혀 있던 예배 장소와 시간과 예배순서 등의 형식과 의식에서 눈을 돌려 예배의 진정한 의미와 본질을 더듬어 보는 계기가 되었다고 할까?

신약시대에 율법준수를 강조했던 바리새인들은 예수님으로부터 보여주기식 외식에 능하다는 책망을 받기 일쑤였다. 인간이 결코 완벽할 수도 없지만, 완벽주의는 사람들을 멀어지게 만든다. 무엇보다 인간이 만든 꼼꼼하고도 촘촘한 아젠다는 성령께서 입회하셔서 역사하실 공간마저 틀어막기에 십상이다. 그것이 불성실함에서 나오는 허술함이 아닐진대, 차라리 뭔가 엉성한 틈을 보이는 쪽이 남들에겐 더 매력일 수 있다.

오래전 한국에서는 『목사가 넥타이 매고 자는 까닭은?』이라는 책이 출간된 바 있다. 마치 종합예술과도 같은 목회 현장에서, 누가, 언제, 어느

시에 목사를 찾을지 모르니 늘 준비된 자세를 유지해야 한다는 뜻에서 붙인 제목이 아니었나 추론한다. 그 책의 저자가 굳이 목회자의 준비성과 넥타이의 관계성을 말하려고 의도하진 않았을지라도, 어느덧 넥타이는 암암리에 목회자의 전형적인 이미지로 자리매김해 있다.

그런데 언젠가 신씨아 사모님께서 "학생들을 지도하는 목회자인데, 주일에 양복을 안 입고 넥타이 안 차면 어떻겠어요?"라고 물어오신 적이 있다. 순간 당황하여 "주일에 학생들도 만나지만 하나님도 만나려고 오기 때문에"라며 얼버무렸다. 이어서 "하나님을 만날 때 꼭 양복을 입고 넥타이를 차야만 한다는 규칙이 있는 건 아니지 않느냐?"는 사모님의 다음 질문엔 내가 뭐라고 답을 했는지 기억나지 않는다.

그렇다. 나는 지금 김북경 목사님과 신씨아 사모님께서 남겨주신 탈형식주의적 유산에 관해 말하고 있다. 물론 형식은 내용을 담아내는 그릇이긴 하다. 그리고 김북경 목사님과 신씨아 사모님의 탈형식주의가 완벽했다거나 유일한 정답이었다고 칭송하는 것은 아니다. 한 번은 노회에서 김북경 목사님을 향해 "모든 사안마다 일체의 형식을 탈피해야 한다는 생각을 굳혀 간다면, 그 자체가 또다른 형식주의를 낳는 것 아니냐?"고 당돌하게 발언한 적도 있다.

그러나 틀에 박힌 형식주의가 본질을 추구함에 있어 많은 제약을 가한다는 것도 사실이라는 점에서, 그리고 이미 몸에 밸 정도로 습관화된 형식주의로부터 한 눈금 벗어나기 위해서는 뼈를 깎는 듯한 각고의 노력이 요구된다는 점에서, 또 그러던 차에 코로나라는 지각변동의 시기에 돌입한 이래로 두 분이 남겨 주신 그 '털털하기만' 했던 탈권위주의와 탈형식주의의 자취가 더욱 그리워지면서, 나는 이제 왜 그 두 분이 살아계셨을 때 그분들과의 거리를 조금이라도 더 좁히지 못했었는지, 왜 더 많은 시간을 할애하여 더 많이 배우고 더 나누지 못했었는지, 못내 아쉽고 안타까울 따름이다.

공교롭게도 나는 두 분의 임종을 다 지켜보았다. 그리고 두 분의 무덤이 내가 지금 살고 있는 영국 집에서 그리 멀지 않은 곳에 있다. 마음만 먹으면 하루에도 몇 번씩 다녀올 수 있는 거리이다. 그러나 두 번 정도 다녀왔을까? 시간이 없다는 핑계를 댈 수도 있겠지만, 그보다 목사님께서 살아계실 때, 당신의 비석에 "여긴 왜 왔소? 내가 여기 없는데"라고 써 달라고 부탁하셨던 말씀이 떠올라서이기도 하다.

두 분을 회고하며 무엇을 추억할 것인가? 그저 주님 품에 안겨 안식하시며, 비록 "겉사람은 후패했으나 속사람은 더욱 새로워지셨을(고후 4:16)" 두 분을 부러워하면서, 두 분이 남겨주신 귀한 신앙적 유산을 닮아가려 다짐하고 후대에 계승하면서, 그러다 때가 되면 나도 그분들 곁으로 가, 주 안에서 다시 만나게 될 날을 기대하며 기도하며 기다릴 뿐이다.

굿나잇, 미스터 킴

윤성현 목사(런던한인교회)

"목사 안수를 받고 어디로 도망가실 겁니까?"

목사 안수를 위한 마지막 면접에서 김북경 목사님께서 내게 던진 첫마디였다. 목회를 위해 안수 과정을 밟는 젊은 신학생의 마음에 무슨 그리 음흉한 계획이 있으며, 혹여 있다 한들 저렇게까지 직설적으로 물어야 할 만큼 대수로운 일이겠는가. 그러니 그 질문의 배경을 알던 나로서도 적잖이 당황스러웠다. 해외에서 언제까지나 신학 공부를 하고 있을 수도 없는 노릇이니, 유학을 온 신학생들이 언제 어디서 생길지 모르는 사역이나 교직의 기회를 놓치지 않기 위해 학위를 받듯 목사 안수도 챙기려는 경향을 염두에 둔 비판적 질문이었다. 그래도 저리 대놓고 물을 줄은 몰랐다. 이것이 내가 받은 김북경 목사님의 첫인상이었다.

에둘러 말하는 것이 예의이자 유머인 영국에서도 애매하거나 에두른 표현을 사용하지 않으며, 사람의 감정이 아닌 옳고 그름을 원칙 삼고, 분위기 거스르기를 두려워하지 않고 할 말은 스스럼없이 해야 했던 사람. 노쇠해 가는 체력으로도 할 수 있는 일이라면 마다하지 않고 "밥 한 끼 주는 일이라면" 하겠다고 덤벼들었던 불도저. 자신의 허물조차 감추지 않고 오히려 드러내 보임으로써 낯선 이의 친구가 되어주던 사람. 그가 내가 만난 목사 김북경이었다.

호모 루덴스

목사 고시 면접에서는 내게 야속할 법한 질문을 던지셨지만, 우리 가족을 먼저 집으로 초대해 주신 분은 김북경 목사님이었다. 목사님이 '세겜 오크'라고 이름 붙인 호빗굴을 닮은 나지막한 집으로의 초대는 숙박과 놀이, 와인과 달콤한 디저트도 포함된 소위 '올인클루시브'였다. 일반적인 관광 상품과 차이라면, 김북경 목사님과 신씨아 사모님 두 분이 직접 모든 대접을 하셨다는 것이다. 점심, 저녁, 아침 무려 세 끼였다. 나는 스스로 예의가 깍듯하다고 생각하진 않지만, 그렇다고 어른의 대접을 앉아서 유유히 즐기는 넉살을 지닌 성격도 아니다. 아내도 마찬가지였는지, 우리는 약간은 어정쩡한 자세로 식사 때 그릇 나르는 것이라도 도우려고 했다. 하지만 신씨아 사모님은 자기 주방에 누가 들어오는 것이 불편하다는 평계(?)로 끝내 대접받고 앉아 있게 만드셨다. 삶은 닭에 와인을 곁들인 한식에서부터 라자냐에 이르기까지 1박 2일 동안 함께 한 식사 자리에서 목사님 부부는 영국식으로 세워 나온 삶은 달걀 앞에 낯설어하는 우리에게 어떻게 깨트려 먹는지 시범도 보이시고, 디저트에 따뜻한 커스터드를 부어 먹는 법도 자상히 알려주셨다. 조금의 꾸밈과 격의 없이 가정에서의 모습을 보여주는 어른을 만난 지가 언제인지 기억도 나지 않았다. 아니, 친척 어른을 제외하고는 그런 경험이 있긴 했는지 모르겠다. 그런 신선하고 낯선 경험 앞에 우리도 쉽게 긴장을 내려놓을 수 있었다.

사실 초대에 앞서 목사님은 나에게 앞으로의 사역과 비전에 대해 생각해 오라고 말씀하셨다. 그 말씀이 묵직하게 다가왔기에, 나는 있는 계획 없는 계획 다 쥐어짜 생각을 정리해 간 상태였다. 하지만 그런 노력이 무색할 정도로 우리의 대화는 가볍고 유쾌했지만 유의미했으며, 직설적이고 거침이 없었지만 찜찜함은 남지 않았다. 목사님의 솔직하고 직설적인 화법이 때로는 감정을 상하게 할 수는 있겠지만 너저분한 오해는 남기지 않겠다는 생각이 들었다. "나는 점잖게 말을 아낄 터이니, 너희가 알아서 내 의도를 짐작하라"는 이른바 '권위주의 화법'을 사용하지 않는 보기 드문 어른이셨다.

첫 만남이었던 우리의 대화는 주로 쉐퍼와 라브리에 관련된 주제들이었다. 이 주제로 대화를 시작해 본 사람은 어떻게 이 대화가 사회 문화 전반에 걸친 토론으로 쉽사리 이어지게 되는지 잘 알 것이다. 그렇게 되면 부족한 것은 대화거리가 아니라 시간이다. 이따금 어른들만 즐거운 주제가 되어 따분해할 수도 있는 우리 딸을 잊지 않고, 옛 사진을 꺼내 오셔서 이야기를 재미나게 풀어 놓으실 땐 영락없는 할아버지의 모습이었다. 다만 사모님과 기억하는 지점이 달라서, 날짜나 장소가 일치하지 않을 때는 두 분 모두 굽히지 않고 티격태격하셨는데, 보는 사람의 입장에서는 그 모습이 더욱 재미있었다. 내 입장에서 그 장소가 어디면 어떠하고, 그 시기가 언제면 어떠했겠는가. 그저 두 분이 기억의 조각을 맞추려 애쓰는 모습에서 깨 볶는 냄새나 맡으면 그만이었다.

미리 마련해 두신 포근한 잠자리에서 깬 것은 커튼 사이로 스민 햇살이 눈 부실 정도였기 때문이었다. 이는 지긋한 연세의 목회자라고 하여 새벽같이 부산을 떨 것이라는 예상을 깨는 일이기도 했다. 첫날과 달리 모두 엉클어진 머리와 잠옷 차림으로 둘러앉은 아침 식사에는 느슨한 긴장감조차 찾아볼 수 없었다. 식사에 앞서 목사님은 갓 지은 밥이 아니라 식은 밥을 데워 나온 것을 미안해 하셨다. 식은 밥을 버리기 아까워 사모님이 새로 밥을 안치려는 것을 자신이 말렸다는 것이다. 자칫하면 인색함과 검소함의 경계 사이에서 손님의 오해를 살 수도 있을 법한 모습이지만, 훗날 목사님 스스로 찬밥과 식은 국을 가리지 않고 감사하며 먹는 모습을 여러 번 본 나로서는 오해의 여지가 없다고 생각한다. 그러나 사모님과 뜻이 제법 달랐던 연유에서인지, 후일에 이메일을 보내오셨다. "며칠 된 밥을 드려서 죄송합니다. 신씨아로부터 꾸중 들었지요."

아침 식사 후에 목사님은 하던 습관을 따라 생각할 거리가 담긴 짧은 글을 낭독하셨다. 그 뒤에는 각자의 생각을 나누었다. 그리고 한 사람씩 돌아가며 짤막한 기도를 한 뒤, 목사님 집 근처에 있는 제인 오스틴의 생가로 산책을 갔다. 나는 그저 첫 문장만 유명한 연애 소설로 취급했던 『오만과 편견』의 작가에 대해 목사님은 큰 애정을 갖고 있었다. 그의 생가 곳곳을 특유의 담백한 어투로 설명해 주시며, 아이를 위해서는 직접 라벤더꽃을 빻아 넣은 티백을 만들어 주기도 하셨다. 영국인의 유머를 좋아했던 목사님은, 아이에게도 곧잘 유머로 말을 거시곤 하셨는데, 그런 유머를 이해하지 못한 아이 대신에 영혼 없는 웃음으로 맞장구를 쳐야 하는 나로서는 나름의 고충이었다.

그날 이후, 나는 별다른 용건 없이도, 어른을 대할 때면 으레 감도는 적당한 긴장감도 내려놓은 채로 목사님 댁에 놀러 갈 수 있었다. 실제로 영국인들은 "놀러 간다"라기보다는 "시간을 함께 보낸다"거나 어떤 목적(산책, 게임, 식사 등)을 위해 함께 하자는 표현을 쓴다. 그러나 김북경 목사님은 "놀러 오라"는 표현을 즐기셨다. 그 표현에는 목적어가 없다. 무얼 하며 시간을 보낼지 모른다. 일단 가봐야 안다. 일단 가는 마음에는 그 사람 자체를 향한 기대가 있다. 이는 그 사람과 보내는 시간에 대한 기대이다. 만난 뒤에는 함께 담소를 나누든, 지병에도 불구하고 식사 후 달콤한 디저트를 나눠 먹으며 일종의 금기를 함께 즐기든 아무 상관 없다. 아니면 그사이 기다리다 잠든 이를 깨우기 싫어 그저 베개 곁에서 함께 한 추억을 회상하다 돌아와도 정말 상관없는 일이다. 내가 먼저 가고 싶을 땐, 이렇게 이메일을 보내곤 했다.

"저희가 식사를 준비해 가려는데 금요일 시간 괜찮으세요? 뭐 특별한 용건은 없구요."

목사님이 먼저 부르실 땐 이렇게 보내셨다.

"윤 목사님, 아까 잊어버리고 말씀을 못 드렸는데 월요일 시간이 되시면 따님 데리고 저희 집에 놀러 오세요."

"윤 목사님, 이번 주 화요일이나 수요일 놀러 오시겠어요? 사모님과 모원이와 추석 명절을 보내고 가셔도 좋습니다."

전도를 '위한' 만남, 성경 공부를 '위한' 만남, 교회 운영을 '위한' 만남이 아니라, 그저 만나기 위해 만나자는 말, "놀러 오세요." 이해타산을 따지기에 너무 익숙하여 어떤 만남이라도 유익한 목적을 설정해야만 할 것 같은 강박증이 없는 하나님 나라의 초청장도 분명 그의 이메일을 닮았으리라! 당시 여덟 살 꼬마였던 딸의 질문에 근사한 대답이 생겼다. "하나님 나라에서는 매일 예배만 드려요? 자꾸 기도만 해요? 노래는 찬송만 불러요?" "그냥 놀러 가는 거야. 무얼 하며 놀지는 중요하지 않지. 예배를 드리건, 영화를 보건, 나른한 상태로 한갓진 담소를 나누건 정말 아무런 상관이 없거든. 하나님과 함께라면."

배움은 따라 함에서 시작된다. 이후 나의 목회도 그를 따라 하는 일이었다. 성도들을 기도의 자리로, 선교의 자리로, 성경 공부의 자리로 초청하기보다는 그저 "놀러 오라"는 말로 초대하기를 즐긴다. 내가 심방을 다닌 횟수보다 성도들을 집에 초대한 경우가 많다. 간혹 예고 없이 찾아온 성도의 방문에 여실히 드러난 어지러운 집안 살림, 흐트러진 옷차림도 만남에 방해되지 않는다. 나보다 한참 연세 많은(이제 김북경 목사님 연배는 없다) 목회자나 성도에게도 "놀러 갈게요", "놀러 오세요"라며 만남 자체를 목적 삼기를 즐긴다. 그가 보여준 하나님 나라는 실로 '호모루덴스(놀이하는 인간)'의 실천적 회복이었기 때문이다.

정직한 표현과 끝없는 배움

국제장로회 정신에는 "성경과 열린 마음"이 있다. 진리를 토대로 삼는다면 세상의 여러 철학과 사상을 대화의 장으로 마음껏 초대할 수 있다는 자세에서 비롯되었다. 간혹 이를 오해하는 이들은 '열린 마음'을 이런 저런 사상이나 신학을 따지지 않고 받아들이는 자유주의적 태도로 여기고 비판을 하기도 한다. 그러나 굳이 의미를 따지자면, 여기에서 열려있음은 자유로운 방임이 아니라 정직에 가깝다. 이는 곧 성경의 진리 외에는 오류가 있을 수 있음을 인정하고 겸손한 태도로 상대를 대하는 것을 말한다. 실제로 이 정신에서 태동된 라브리 공동체는 종교와 사상을 막론하고 정직한 질문이라면 환영하고, 정직한 대답을 찾으려고 애쓴다. 물론 '정직한' 질문을 '무례한' 질문과 혼동하는 이들이 있는 것이 현실이며, 둘 사이를 구분하기 애매할 때가 있는 것도 사실이다.

김북경 목사님 댁에서 약 3마일 떨어진 곳에 영국 라브리 공동체가 있었다. 3마일이라고는 해도 실제로는 런던 근교의 시골인데다, 신호 하나 없이 집에서 두 번의 우회전과 3분 정도의 직진만 하면 도착하는 곳이니, 실상 '이웃집'인 셈이었다. 그곳에는 말 그대로 이웃처럼 들락거리던 목사님을 한국식의 직함이 아닌 '킴'이라고 친숙하게 부르던 라브리 간사들과 사귄 세월이 오래된 동년배 이웃들이 있었다. 누구에게나 열려 있어 사전 통보 없이도 참석할 수 있던 매주 목요일 저녁 특강 참석은 목사님 부부의 일상이었다. 내가 한참 방문할 당시, 특강의 주제는 영국의 이민 정책에서부터 청소년 심리, 도로시 세이어스(Dorothy Sayers)의 문학에 이르기까지 다양했다. 우리 가족이 함께 참석하는 날이면 특강 전후로 목사님과 속(말?)편하게 한국어 토론이 벌어지곤 했다. 점점 그 즐거움에 동참하게 된 나는 목회를 하며 한국에서 영국을 방문한 청년들을 데려가기도 했고, 교회 중고등부 학생들을 데려가기도 했다.

이런 라브리 정신에 걸맞게 목사님께서는 자기 생각에 대한 비판이 두려워 말을 아끼거나 주저하기보다는 대담하게 의견을 개진하고 비판을 감내하는 방식이 몸에 배어 있었다. 그러니 주변 사람으로서는 그의 생각을 짐작하는 데 힘을 뺄 필요가 없었다. 오히려 그의 직설적인 표현에 대비하는 것이 대화를 이어가는 기술이라 할 수 있었다. 라브리 공동체가 여타의 공동체와 구별되는 점도 목사님의 성향과 맞닿아 있다. 개혁교회의 묵상과 불교의 묵언 수행이나 가톨릭의 침묵 피정에는 엄연한 차이가 있듯, 라브리에는 공부하며 사색할 시간은 있을지언정 프랑스의 떼제 공동체나 예수원에서처럼 침묵을 '수행'하는 시간은 없다. '솔직함'은 침묵으로 이루어지지 않는다. 묵비권은 자신을 변호하는 수단이지 진리 추구와는 아무 연관이 없다. 그러니 라브리는 시끄럽다. 저마다의 의견을 말하는 데 거침이 없다. 엉터리 근거나 비상식적인 언변이 오가기도 한다. 박사 학위를 갖춘 전문가의 대답이라고 쉽게 납득되는 법도 없고, 엉뚱한 질문이라고 해서 무시받는 곳도 아니다. 이런 라브리의 특징을 배경으로 이해하면 목사님의 성격도 쉽게 받아들일 수 있다. 그래서 목사님은 주변 사람도 쉽게 비판하셨고, 표현하면 자신의 밑천이 드러나 부끄러울 수 있는 의견도 거침없이 제시하셨다. 그러나 꽁한 마음이라고는 찾아볼 수 없는 태도였고, 자신에 대한 변호는 애초에 관심이 없었다. 자기 생각이 틀렸을 때는 다시 배우고, 생각을 고치면 그만이었다.

한 달 만에 만났는데, 한 달 전과 똑같은 책을 읽고 계셨던 적이 없었다. 오히려 목회 일정이 바쁘다는 핑계로 목사님이 추천해 주신 책을 못다 읽는 것은 매번 나였다. 독서의 범위도 넓어서 어떤 때는 결혼 생활에 관한 책을 추천해 주시기도 하고, 어떤 때는 교육, 심리학, 그림에 대한 책을 추천해 주셨다. 목사님의 출중한 영어 실력에 비할 수 없는 나로서는 원전을 읽는 것이 버거웠다. 특히 경험도 없던 내게 세미나나 설교 동시통역을 시키고 매번 날카로운 피드백을 주셨는데, 성인이 된 후 그렇게 서슴없는 비판을 받아 본 적은 처음이었고 그 이후로도 없었다.

한번은 목사님이 노회 세미나를 위한 강좌를 요청해 오셨다. 나는 알리스터 맥그래스(Alister McGrath)의 수업을 들으며 존 폴킹혼(John Charlton Polkinghorne)의 책을 공부했던 기억을 되살려 유신론적 진화론에 대한 강의를 했다. 나는 창조론 안에서 유신론적 진화의 입장을 받아들이는 것이 개혁주의 신학과 상충한다고 생각하지 않았지만, 마지막까지 갈등하게 만든 요인은 결국 쉐퍼였다. 엄연히 쉐퍼는 루이스(Clive Staples Lewis)의 유신론적 진화론에 반대하는 강의를 했고, 목사님도 이를 모를 리 없다고 생각했다. 그러나 쉐퍼는 라브리에서의 강의를 통해 비록 자신은 루이스의 견해에 동의하지 않지만, 그 견해에 큰 가치가 있음을 인정했고, 자신이 제시하는 두 가지 진리를 타협하지 않는 유신론적 진화론자를 본 적이 없지만 있을 수도 있다는 가능성을 열어 두었다. 그래서 나는 교단의 정신에 빗나가지 않는다는 확신을 가지고 세미나를 진행할 수 있었다. 세미나를 마친 후, 예상대로 몇몇 노회원에게 정제되지 못한 비판을 받았다. 그러나 김북경 목사님께서는 아주 즐거운 표정으로 한마디 하셨다. "윤 목사님, 아주 '아이 오프닝'한 강의였습니다. 감사합니다." 열 마디의 비판이 남긴 실망보다 그의 한 마디가 훨씬 큰 격려가 되었고, 누구보다 나이가 많아도 누구보다 열려 있을 수 있다는 사실을 몸소 경험한 사건이었다. 그 후로 나는 많은 사람들의 반대가 예상되는 말이나 결정을 해야 할 때면 목사님의 그 한마디 격려를 떠올린다.

민망할 정도로 솔직했던 성경 묵상

국제복음선교회(WEM, 이하 '웸')는 목회에서 은퇴한 이후 목사님이 더욱 애정과 열의를 쏟은 사역이었다. 웸 회원들은 런던한인교회를 중심으로 정기적인 기도 모임을 했는데, 당시 웸 이사장이시던 목사님은 이곳에도 나를 초청하셨다. 매달 마지막 목요일이나 월요일 저녁에 모였던 기도회에는 이름만 들어서 아직은 서먹했던 선교사나 처음 본 성도도 있었다. 어두운 조명에 천장은 높아 을씨년스러운 교회 별관에, 바쁜 일상을 보내고 이제 고작 남은 힘이라곤 저녁 시간 맞춰 오는 데 다 써버려 조금은 맥 빠져 보이는 사람들의 모임. 멋모르고 회원이 된 내가 받은 솔직한 인상이었다. 각자 도시락을 싸 와서 함께 먹으며 시작할 때도 있었지만, 주로 인근 식당에서 주문한 음식을 같이 먹고 기도회를 시작했다. 먼저 찬송을 부르고 그날에 해당하는 『매일성경』 본문을 돌아가며 한 절씩 읽고, 각자 묵상하는 시간을 가지고 나눈 뒤에 기도 제목을 나누는 식이었다. 순서도 별다른 것 없어 얼핏 지루해 보이는 모임이었다. 대체 왜 이를 위해 멀리 웨일즈에서, 버밍엄에서부터 모이며, 목사님은 한 시간이 넘는 길을 오셨을지 궁금했다. 그리고 몇 달 지나지 않아 곧 해소되었다. 일주일에 한 번이건, 한 달에 한 번이건, 심지어 연례행사라 할지라도 '정기적인' 힘은 강력했다. 불과 얼마 지나지 않아 얼굴들은 낯설지 않았고, 지난번보다 구체적인 기도 제목을 함께 나눌 수 있게 되었다. 선교사님들이 각자의 상황에서 들고 오는 소식과 도전들은 내 주변의 일이지만, 내가 직접 겪을 수는 없는 하나님의 역사를 보게 하였다. 특히 목사님께서는 한 분 한 분 선교사님들을 빠지지 않고 챙기시며, 사사로운 질문에서부터 사역에 관한 관심까지 두루 나타내셨는데, 하나같이 평소 관심이 없다면 할 수 없는 물음들이었다. 그리고 본인이 줄 수 있는 도움이라면, 말씀 묵상을 나누는 도중이라 할지라도 즉시 "OO에게 연락해 보세요"라거나 "내가 해보겠습니다"라며 나서곤 하셨다.

2016년 10월 3일의 『매일성경』 본문은 레위기 18:19-30이었다. 그날 모인 총 8명의 회원은 평소처럼 돌아가며 한 절씩 읽었다. "그의 하체를 범하지 말지니라.", "너는 여자와 동침함 같이 남자와 동침하지 말라.", "네 이웃의 아내와 동침하여 설정하므로…", "너는 짐승과 교합하여 자기를 더럽히지 말며…", "여자는 짐승 앞에 서서 그것과 교접하지 말라…." 원래 묵상이 그렇다. 조용한 순간이 필요하다. 하지만 나는 그날 그 순간의 고요함이 편치 않았다. 평온함을 가져오는 자연스런 고요함이 아닌, 뭔가 싸한 적막함이었다. 『매일성경』의 편집부는 죄가 없다. 그날 모이기로 한 것은 선교회의 결정이었다. 보통 묵상 나눔이라는 것이 한 구절 한 구절 뜯어서 주해하는 시간은 아니기에, 내가 특별히 꽂힌 단어나 구절을 붙들고 늘어지는 기술을 발휘할 수도 있었다. 그러나 본문이 그럴 여지를 주지 않았다. 근친상간, 간통, 인신 제사, 동성애, 수간. 그것이 전부였다.

먼저 김북경 목사님께서 입을 떼셨다. 일반적인 음란죄나 교회 안에서 일어나는 목회자나 성도의 음란함에 관한 말씀이 아니었다. 한평생 스스로 씨름하고 겪은 음란죄에 대해서였다. 그러나 묵상 나눔의 초점이 흐려지지 않게 과거의 음란함에 대한 구체적인 묘사는 피하셨다. 다만 일상에서의 경험을 나누셨다. 실례로, 언젠가 여성적인 매력이 풍기지 않던 중년의 여자 선교사님과 거실에 단둘이 남게 된 상황이 있었는데, 한국말을 하지 못하는 신씨아 사모님이 번잡스레 자꾸 들락날락했다는 것이다. 선교사님이 돌아간 뒤에 사모님께 그런 상황 자체가 조성된 일로 단단히 혼이 났다고 말씀하셨다. 그리고 이어진 고백.

"저는 전립선암 수술을 하고 나서야 성욕이 없어졌습니다."

그 뒤에는 그런 육체적 아픔이 음란함을 다스리는 데 도움이 되었다고 말씀하셨다. 하지만 지금의 나로서는 정확한 어구를 옮길 도리가 없고, 저 한 문장만을 또렷이 기억할 뿐이다. 찰나의 순간이지만 온갖 생각이 스쳤다. 교단의 어른인 70대 후반의 목사가 30대부터 중년에 이른 평신도와 사역자가 한데 모인 자리에서 어찌 저리 솔직할 수 있단 말인가! 이럴 때 사용하라고 있는 것이 적당한 미사여구 아닌가. 그런데 이건 영적 지도자에게 마땅히 기대되는 신학적 적용이나 고상한 경험과는 거리가 먼 대답이었다. 하지만 그것이 김북경 목사였다. 말씀 앞에서 낱낱이 벗겨지는 일을 피하지 않고, 자신의 약점과 자신의 추함도 미사여구로 포장하지 않는 진실한 사람. 솔직해야 할 상황에 앞뒤 재고 따지지 않는 사람이었다.

한 사람의 솔직한 고백은 모임 전체의 분위기를 바꾸었다. 그다음 연장자였던 조성영 장로님도 비슷한 말씀을 하셨고, 그분들보다 한참 젊은 사람들도 솔직한 자신의 속내를 고백하는 분위기가 형성되었다. 솔직함을 두려워하지 않고 오히려 그것이 가진 위험조차 한껏 끌어안을 수 있는 사람이 있으니, 더 이상 그 모임은 겉도는 고백만이 가득한 무미건조하고 따분한 시간이 될 수 없었다.

나는 이듬해 여름 방문한 한국의 라브리에서 그때의 경험을 나누었고, 성인경 목사님으로부터 한국 라브리의 전설이 되었다는 한 이야기를 전해 들을 수 있었다. 김북경 목사님 부부가 한국의 라브리에서 지내던 어느 여름이었다고 한다. 한 청년이 물었다. "요즘도 사모님과 성관계를 하시나요?" 아마도 그 청년은 정직한 질문과 무례한 질문을 구분하지 못한 듯하지만, 당시 70대의 목사님은 바로 이렇게 대답하셨다고 한다. "근래에는 못했습니다. 날이 더워서요."

금을 캐는 것은 남은 자의 몫

2018년의 마지막 달, "김북경 목사님을 싫어할 수는 있어도 무시할 수 있는 사람은 없다"고 말할 수 있을 정도로 한인사회 전체 역사에 있어서도 거목이 되신 목사님을 존경하고 사랑하는 이들의 마음이 모아지던 연말이었다. 영국 전역과 유럽에서, 그리고 저 멀리 미국과 한국에서도 목사님의 마지막 때를 직감한 이들이 문병을 왔다. 6개월 전 췌장암을 진단을 받으셨을 때만 해도 연말을 넘기기 힘들 것으로 예상했었지만 생각보다 시간이 더 주어졌다. 목사님의 일상에 실질적인 지장을 초래한 것은 췌장암이 아니라 더 오래전부터 진행된 뇌졸중이었다. 췌장암을 진단받기 전, 이미 목사님은 뇌졸중 때문에 쓰러지기도 하셨고, 라브리의 담벼락을 차로 들이받아 허물어 버린 사고를 내기도 하셨다. 이처럼 목사님은 전립선암, 뇌졸중, 췌장암을 차례로 앓으면서도 본인이 할 수 있는 일이라면 마다하지 않으셨다. 오히려 없는 일도 만들어 하실 정도였다. 영국인을 대상으로 하는 선교 전략 강의를 준비하기도 하셨고, 사모님과 영어로 마가복음 강의를 하시기도 했다. 그런 목사님의 성품을 알던 주변 사람들은 미리 만류하기도 했다. 그럴 때면 어김없이 목사님은 벌써 없는 사람 취급한다는 푸념 섞인 농담을 하곤 하셨다.

나의 담임목사 취임 예배 때 설교를 맡아주셨는데, 무슨 이유인지 그 이후로 우리 교회에 오신 적이 없었다. 나도 목사님의 건강을 우려해 초청할 엄두를 내지 못했다. 하지만 그해 연말은 달랐다. 마지막이라는 생각에 꼭 모시고 싶었다. 목사님도 마지막까지 기회가 주어질 때는 일해야 한다며 선뜻 응하셨다. 신씨아 사모님께는 주일학교 인도를 부탁드렸다. 하지만 예배 때까지 순탄하지는 않았다. 일단 설교 본문이 너무 길었다. 34절에 이르렀는데, 목사님의 상태를 고려해 최대한 예배 시간을 짧게 가져가고 싶었던 나로서는 무리라는 생각이 들었다. 게다가 그걸 나와 번갈아 읽자고 하셨는데, 서서 읽을 생각을 하니 아득했다. 조심스레 제안했다.

"목사님, 본문이 길어서 그러니 일부분만 봉독하면 어떨까요?"

그때부터 목사님 마음이 불편하셨는지, 나를 향해 이런저런 잔소리를 많이 하셨다. 예배 당일이 되었다. 혹시 몰라 의자를 준비했는데, 한 번도 앉지 않으시고 끝끝내 서서 예배를 인도하셨다. 내가 지나치게 목사님을 배려했다는 생각이 들었다. 다행히 순조롭게 예배가 끝났다. 나는 목사님 내외를 모셔 드리기 위해 나가고 있었는데, 그때 일이 터졌다. 내가 교인들과 잠시 인사를 나누고 있는 사이에, 목사님 혼자 걸어가시다 교회 주차장에서 쓰러지시는 것을 뒤늦게 보고 부축해 드렸다.

그날로부터 열흘이 지나 목사님은 다시 입원하셨다. 이제는 좋아하시던 우거지 갈비탕을 준비해 방문할 수 없게 되었다. 대신에 아내와 함께 꽃을 골랐고, 아이는 작은 인형을 골라잡았다. 목사님은 꽃보다 그 작은 인형을 좋아하셨다. 그 모습을 보니 아이의 안목이 기특했다. 아니, 그 와중에도 아이의 마음을 헤아리시는 목사님이 대단해 보였다. 인형에 입을 맞추시고는 곧 다시 잠이 드셨다. 어떤 날은 한 시간을 기다려도 일어나지 않으실 때가 있어 기도만 하고 오기도 했다.

하루는 목사님 연배의 국제장로회 리스교회의 장로님들과 문병 시간이 겹쳤다. 사전에 계획하셨는지 기름을 붓고 기도를 할 거라고 하시며 함께 서둘러 병원 내 채플실로 갔다. 그리고 장로님들은 미리 준비한 감람유를 목사님의 이마와 머리에 바르며 안수하고 돌아가며 기도하였다.

목사님은 어떤 때는 죽음 앞에 의연한 모습으로 방문객들을 맞으시다가도, 어떤 순간에는 생에 대한 간절함으로 판단력이 흐려지셨다. 노회 목사님들과 함께 병문안을 가서 전달한 위로금을 받으시고는 천국 가는 길에 카페가 있으면 들르겠다고 하시며 혼자만 웃을 만한 농을 하시다가도, 다시 운전할 수 있을 날이 올 거라면서 맥락없이 기대하기도 하셨다. 때로는 회복을 위한 기도조차 못하게 말리시다가도, 집에 돌아와 보면 그새 기적적으로 암을 치료한 사례나 검증되지 않은 약품에 대한 기사들을 이메일로 보내 놓기도 하셨다. 바그너(Wilhelm Richard Wagner)에게 실망한 니체(Friedrich Wilhelm Nietzsche)는 결국 그와 절교하기에 이르렀다. 아무도 초인은 아니다. 늘어난 잔소리도, 출처도 모를 정체불명의 약에 대한 복용법을 찾아봐 달라는 부탁도, 기름을 바르며 기도하는 일도 나에게는 김목사님에 대한 실망으로 이어지지 않았다. 래리 크랩(Larry Crabb)은 영적 공동체는 서로의 장점을 칭찬하고 인정하는 교양 있는 공동체가 아니라, '깨어진' 모습을 믿고 드러낼 수 있는 곳이라고 했다. 목사님은 끝까지 깨어진 모습을 감추지 않는 방식으로, 영적 관계들을 안전하게 유지해 주셨다.

한국 교회의 원로이신 강원용 목사님이 돌아가시기 전에 청년들에게 남긴 말씀이 떠올랐다. 당시에 내가 청년이어서 더 와 닿았는지도 모르겠다. 노태우 대통령이 강 목사님께 조언을 구했을 때 하신 말씀이었다.

"노인에게 듣는 말은 금광에서 금을 캐는 것과 같습니다. 광부들이 금광에 금을 캘 때 나오는 모든 것이 금은 아닙니다. 찌꺼기가 더 많습니다. 그 와중에 금이 나오는 것입니다."

김북경이라는 금광에서 누군가는 불순물만 보고 실망하고, 누군가는 찌꺼기를 걸러내지 못해 니체처럼 절교를 선언하고 돌아섰을지도 모르겠다. 그러나 나는 그 깊은 광산에서 금을 캔 많은 이들을 만났고, 아직도 그 금맥을 탐사하는 일이 즐겁다.

굿나잇, 미스터 킴

세겜 오크의 차고에는 미술을 전공하신 신씨아 사모님의 안목이 의심될 정도로 태극 문양이 투박하게 페인트로 칠해져 있었다. 그 주변으로는 포도나무 덩굴이 있었는데, 작고 볼품없는 나무에 비해 포도가 매해 꽤 열렸다. 포도알이 알차지는 않지만, 주렁주렁 잔뜩 열렸다. 그날도 달기보다는 어깨가 들썩할 정도로 시었던 그 포도를 한 송이 따 먹으며 주방으로 들어갔더니, 목사님께서는 처음으로 직접 깍두기를 담가 봤다고 하시며 수줍게 내미셨다. 맛을 보니 차라리 시었던 그 포도가 나았다.

우리 가족과 목사님 부부는 함께 식사한 뒤, 거실에서 영화를 보았다. 미셸 마고리안(Michelle Magorian)의 소설 『굿나잇, 미스터 톰』을 각색한 영화였다. 목사님은 이미 소설도, 영화도 보셨지만 우리와 같이 보고 싶었다고 하셨다. 작품은 실제 영국 역사를 바탕으로 한 것이었다. 세계 2차 대전 당시 히틀러가 런던을 공습하자 영국 정부는 아이들만이라도 안전할 수 있도록, 런던에 거주하는 아이들을 전국 각지에 할당하여 위탁한 시기가 그 배경이다. 실제로 신씨아 사모님은 이 일을 겪었다고 하셨다.

홀로 살며 소통의 대상이라곤 자신이 키우던 개가 유일하던 무뚝뚝하고 거친 성격의 60대 노인 톰은 예배를 마치고 나오다 목사의 권유를 받는다. 그는 거절했지만, 주변 성도가 그것은 선택이 아닌 의무라고 쏘아대는 통에 결국 8살 소년 윌리를 위탁받게 된다. 런던에서 엄마와 살았던 윌리는 엄마의 잘못된 신앙으로 학대를 겪어 지나치게 방어적이고 부끄러움이 많았다. 말수 적은 윌리는 톰을 언제나 "미스터 톰"이라고 깍듯이 부르며 예의를 지키지만, 서로에게는 딱 그만큼의 거리가 있었다. 영화의 중반부는 세상과 담을 쌓고 살아가던 무뚝뚝한 노인과 학대받아 위축된 소년이 점점 마음을 열게 되는 사건들을 보여준다. 영화의 절정은 마지막 장면이다. 절친하고 유일했던 친구를 잃은 윌리는 그가 남긴 자전거를 탈 수 있게 된다. 그리고 힘차게 소리치며 언덕을 내려온다. 집 마당에서 목공 일을 하던 톰은 윌리의 소리를 듣고 언덕 쪽을 쳐다본다. 톰 앞에 자전거를 세운 윌리는 신이 나서 외친다. 영화의 마지막 대사이다. "아빠, 이제 자전거를 탈 수 있게 됐어요. 이제 탈 수 있다구요, 아빠!" 이제 윌리에게 톰은 "미스터 톰"이 아니었다. 톰은 윌리의 아빠가 되고 윌리는 그의 아들이 되었다.

무슨 글을 읽든, 강의를 듣든, 영화를 보든 간에 목사님과 함께라면 토론으로 이어졌다. 하지만 그날은 달랐다. 목사님은 눈물만 주르륵 흘리고 계셨다. 흐느끼는 소리조차 없이 하염없이 그렇게… 신씨아 사모님은 뭔가를 이해하신다는 듯 "오, 달링…"하며 잠자코 기다리셨다. 한참 후, 감정을 수습하신 목사님은 우리 아이에게 원작 소설책을 선물해 주시며 나에게도 읽어보길 권하셨다.

그날의 눈물은 어떤 의미였을까? 당시에는 물어볼 분위기가 아니었고, 그 뒤로도 그럴 기회가 없었다. 그러니 추측만이 전부다. 목사님은 자신의 인생과 윌리를 동일시하지 않으셨을까. 세상은 전쟁터고, 아빠는 없고, 그나마 있는 엄마라곤 근본적 신앙에 빠져 아들을 보살펴 주기는커녕 학대하고, 어린 나이에 낯선 동네로 위탁되어 만난 보호자는 무뚝뚝하기 그지없어 마음 열 곳 하나 찾지 못한 윌리. 그가 "미스터 톰"이라고 부르는 깍듯한 예절은 그저 본능적 생존을 위함이다. 아마도 목사님도 하나님을 그렇게 만난 것은 아닐까? 거친 세상 속에서 생존을 위한 아저씨 정도로 만났다가, 아니면 우연히 구원의 손길을 잡았지만 도무지 친해질 수 없는 '미스터' 정도의 존재로 지내다가, 닫혔던 마음이 시간이 흐르며 활짝 열려 결국은 아빠와 아들이 된….

이제는 윌리처럼 활짝 웃으며 아빠와 함께 있을 목사님께 오랜만에 인사를 건넨다.
"굿나잇, 미스터 킴!"

나의 가이드, 나의 친구, 나의 어른

윤태로 목사(국제장로회 재영한인노회장)

내가 김북경 목사님을 처음 만난 것은 아주 오래전이었다. 1996년 당시 선데이 크리스천이었던 나는 주재원으로 영국에 도착하자마자 가장 편안한 교회를 찾아 한인타운에 있는 모든 교회를 탐방한 적이 있었다. 그중에 한 교회에 갔는데, 목사님이 설교하다가 눈물을 흘리는 장면을 목격했다. 속으로 뭐 저런 목사가 있나 하면서 이상하게 여기고 그 교회 아닌 다른 교회에 정착하게 되었다. 그 후 긴 세월이 흘렀고 나도 목회자의 길에 들어서게 되었다. 영국에서 정착하게 된 세 번째 교회의 담임목사님이 신학교를 마친 나에게 목사 안수 받을 것을 권유하셨다. 6개월에 걸친 목사고시를 마치는 마지막 관문은 제출한 답안에 대한 구두심사와 설교 심사였다. 약 15분 설교하게 되어 있었는데, 설교 하다 갑자기 감동이 몰려와서 나도 모르게 울먹였다. 겨우 마음을 진정시키고 설교를 마쳤을 때 한 나이 든 목사님이 내게 "설교자는 설교를 준비하는 과정에서 흘릴 눈물 다 흘리고 설교단에서는 눈물 흘리면 안된다"고 코멘트를 해주셨다. 나중에 그분이 누군가 알아보니 바로 김북경 목사님이셨다.

그 이후 김북경 목사님은 나를 자녀 키우듯이 개인적으로 많은 훈련을 시켜 주셨고, 결국 목사님과 내가 속한 국제장로회에서는 김북경 목사님에 이어 내가 두 번째로 한국인 출신 총회장이 되었다. 첫 만남 후 긴 세월이 흘러 2016년 김북경 목사님은 나의 첫 목회지였던 레딩한인교회에서 임시 담임목사로 교회의 담임목사 청빙 과정을 지도해 주셨다. 레딩한인교회는 김북경 목사님이 1대 담임으로 개척단계에서부터 관여하신 교회다. 이 교회는 전임 담임목사가 부임한 후 김북경 목사님의 지도로 청빙 과정을 진행하였고, 목사님의 적극적인 추천으로 결국 내가 담임 목사로 부임하게 되었다. 그 후 목사님은 곧바로 그 교회의 장로로 1년간 섬기시며 나를 보호하고 지도해 주셨다. 매주 서면으로 당회 보고를 하게 하셨고, 목회를 어떻게 해야 하는지 일일이 가르쳐 주셨다. 때로는 나의 어설픈 회의 진행으로 성도들에게 맹공격을 받고 있을 때 앞에 나서서 성도들을 호통치시며 질서를 잡아 주시기도 하셨고, 때로는 나의 잘못된 목회에 대해서 무서우리만치 냉정하고 혹독하게 비평을 마다하지 않으셨다. 덕분에 나는 목사님의 지도 아래 성장할 수 있었고, 늘 그분의 가르침과 교회를 향한 사랑, 주님 사랑에 대한 열정과 노고를 잊지 않으려고 노력한다.

목사님은 장로직 사임 후에도 종종 레딩한인교회에 방문하셔서 성도들과 교제하시며 사랑을 베풀어 주셨다. 오실 때마다 따뜻한 메시지로 성도들을 위로하시며 동시에 믿음으로 굳건하게 설 것을 강조해 주셨다. 그러다 어느 한순간 뇌졸중으로 왼쪽이 불편해지셨을 때도 1시간 가까이 되는 먼 거리를 친구가 운전하는 차를 타고 계속 방문해 주셨다. 한 번은 설교할 기회를 달라고 하셨다. 그래서 의자에 앉아서 설교하시겠다고 약속하지 않으시면 설교를 할 수 없다고 말씀드렸다. 목사님은 몇 번 앉아서 설교하셨지만 결국 자꾸 왼쪽으로 기울어지셔서 설교를 못 하시게 되었다. 그랬더니 어느날은 내게 메일을 보내오셨는데 "설교자가 설교를 할 수 있다는 것이 얼마나 큰 축복인지 모른다. 설교를 할 수 없는 상황이 되니 그것이 더욱 절실하게 깨달아진다"고 하셨다. 그때가 80세가 되셨을 때다. 그 후 건강이 더욱 악화되어 몸져 누우셨고 결국 마지막 순간을 기다리는 상황이 되셨다. 그때 목사님을 방문하곤 했는데, 그 순간에도 농담하시기를 즐겨하셨다. 입이 너무 탄다고 맥주 한 숟가락만 마시게 해 달라고 하셔서 모두를 당황하게 만드셨다. 실제로 맥주를 한 숟가락 떠서 드렸더니 그걸 얼마나 달게 마셨는지 모른다. 발이 너무 부어서 아프다고 하시기에 발을 주물러 드렸더니 너무나 시원하다면서 어린아이처럼 좋아하시던 모습이 지금도 눈에 선하다.

평생 복음의 진보를 위하여 힘쓰시며 교회를 개척하시고 믿지 않는 사람들과 교제하시며 그들의 존경을 받으셨던 목사님의 인생은 모든 기독교인의 모범이 되었다. 비록 영원한 곳으로 주소 이전을 하셔서 다시 만나려면 한참을 더 기다려야 하겠지만, 지금도 김북경 목사님의 후배들은 쉐퍼 박사와 김북경 목사님의 정신을 이어받은 국제장로회 재영한인 노회를 통하여 그 삶을 이어가고 있다. 목사님은 나의 가이드였고, 나의 친구였고, 나의 어른이었다. 그분의 뜻을 이어받아 영국 땅 방방곡곡에 복음과 그리스도의 사랑이 전파되기를 간절히 기도한다.

목사와 장로

김북경 목사

장로의 역할이 중요하다. 그러기에 그 역할에 따르는 책임과 권위도 막중하다. 장로는 회중 가운데서 뽑혔고 그래서 회중과 가까우며 회중을 대표한다고도 한다. 또한 장로는 목사와 같이 노회에서 안수를 받고 노회에 소속된다. 장로와 목사의 차이점은 장로는 대개 자기 교회에서 자라나지만, 목사는 자기가 개척하지 않은 이상 노회로부터 파송 받은 외부인으로 생각되기 쉽다. 이런 상황에서는 목사(외부인)와 장로(주인)와의 사이에 긴장과 갈등, 심지어 대립이 발생하기 마련이다. 상황이 이러다 보니 목사는 시집살이하며 항상 보따리를 싸놓고 떠날 준비를 해야 한다.

목사와 장로의 관계

교회의 안정과 부흥은 목사와 장로들 간의 좋은 관계에 달려있다. 당회에서 목사와 장로들 간에 화목한 양상을 보이면 성도들은 행복하다. 마치 잉꼬부부의 자녀들이 행복한 것처럼 말이다.

목사와 장로와의 관계는 세 가지의 가능성이 있다. 카리스마가 있는 목사가 당회원(장로)들을 완전히 장악하거나, 장로들이 목사를 지배하는 상황이거나, 혹은 성경에서 말하는 성경적인 장로제도를 따르는 교회가 있을 수 있다.

첫째로 카리스마적인 목사의 일인 독재 체제가 유지되려면, 다음과 같은 조건이 충족되어야 할 것이다. 즉 자기가 개척해서 성도를 훈련시키고 장로를 세웠을 때, 해외에서 공부한 목사(대개는 박사학위 소지자)일 때, 설교와 기도로 영력을 보였을 때, 인격이 원만할 때, 나이가 장로들보다 좀 더 많은 편일 때 등이다. 이런 조건을 갖춘 목사는 당회를 일사불란하게 이끌어 교회를 성장시킬 수 있을 것이다. 한국에서는 이렇게 성장한 교회가 좋은 모델로 제시되고 있다.

그런데 이런 교회가 과연 성경적이며 이상적인가? 이런 상황에서는 목사가 의도하지 않은 독재 정치를 하기 쉽다. 목사가 칼자루를 쥐고 있는 상황에서 장로들은 무조건 목사의 말을 들어야 하기 때문이다. 간단히 말해서 "싫으면 나가라"다. 그래서 대형 교회가 대기업의 운영 형태로 되기 쉬운 것이다. 이런 교회 정치는 군사적이고 유교적이며 비성경적이다.

장로교의 제도는 장로들이 복수 체제로 목회하는 제도이다. 이런 점에서 장로교는 민주정치 체제라고도 할 수 있다. 17세기 영국에서 웨스트민스터 신앙고백서를 완성한 후 엘리자베스 1세 여왕에게 바쳤다. 여왕은 이 고백서가 너무 민주적이어서 국교의 신조로 채택하지 않고 성공회를 택했다는 역사적 일화가 있다.

또 다른 함정은 성도들이 이렇게 훌륭한 목사를 우상시할 수 있다는 것이다. 그 결과 자기들의 목사가 어떤 죄를 범했더라도 그 죄가 좀처럼 발견되지 않거나, 증거가 나타난다 해도 목사를 감싸고 도는 현상이 나타나 진실을 규명하기 힘들게 된다. 이런 현상은 이단이나 사이비 종교에서 흔히 볼 수 있다. 목사를 우상시함으로써 목사를 인간으로 보지 않게 된다. 반면에 전권을 잡아 쥔 목사는 여러 가지 인간적 유혹에 빠지기 쉽다.

권세, 돈, 섹스 그리고 이 땅에 자기 이름을 영원히 남기려는 욕심, 즉 세습까지도 자행하게 된다.

둘째로 장로가 목사를 휘어잡는 상황이다. 목사의 목회에 사사건건 딴지를 건다. 목사가 젊거나-요새는 교회가 젊은 목사를 선호하는 경향이 있다-말씀의 실력이 없고 사람의 됨됨이가 좋지 않으면, 장로들의 존경을 받지 못하게 된다. 이런 목회자는 까다로운 당회를 거치기보다 자기를 지지해줄 수 있는 성도들을 규합한다. 그래야 장로와 맞설 수 있다. 파워 게임이 안 되면, 성도들을 데리고 집을 나가는 수가 있다. 이런 교회는 참 불행하다. 교회 안에 목사와 장로가 불화함으로써 성도들을 그리고 성령을 슬프게 하는 사례가 종종 있다.

그러면 어떻게 양극단을 피하고 성경적인 장로(교) 제도를 만들 것인가? 첫째 장로의 보편성(목사도 장로다), 둘째 복수 목회(Team ministry), 셋째 당회 구성에 대해 생각해 보고자 한다.

목사와 장로의 평준화

목사와 장로 차별은 한국 교회에 지대한 부작용을 가져왔다. 목사는 성직자로서 교회를 대표하고, 담임 목사직을 누리며, 당회장을 포함한 모든 부서장의 역할을 하고 있다. 반면 당회원(장로)들은 일인 정치체제의 들러리를 서는 격으로 전락하고 말았다. 그러나 한국 장로교 헌법에도 명시되어 있듯이 목사도 장로 가운데 한 사람이다. 단지 가르치는 장로와 치리 장로가 있는데, 전자를 목사라 부르고 후자를 장로라고 부르고 있을 뿐이다. 예로서 필자가 속해 있는 영국의 국제장로회에서는 담임 목사를 장로라고 부른다.

하여간 가르치는 장로와 치리 장로와의 차이점을 말씀 가르치는 은사를 가진 사람이 전문적인 신학교육을 받았는지에 따른다고 하더라도, 가르치는 장로도 치리 장로와 함께 치리할 수 있어야 하며, 동시에 치리 장로도 말씀을 가르칠 수 있어야 한다.

치리 장로가 비록 설교의 은사는 없다고 하더라도 자기가 믿는 진리를 수호하고 가르칠 수 있어야 한다. 말씀을 알지 못하고 어떻게 치리할 수 있을 것인가. 그러므로 가르치는 장로와 치리 장로를 확연히 구분할 필요는 없을 것이다. 그러려면 먼저 한국 교회의 치리 장로를 말씀으로 잘 훈련시켜 질적 향상을 선행하여야 할 것이다. 그렇게 될 때 비로소 가르치는 장로와 치리 장로가 다른 은사와 교육을 받은 장로이지만 같은 위격의 장로가 된다. 그럼에도 실제로 교회에서 목사와 장로에 대한 개념을 다르게 여기는 경우가 많다. 이것은 장로교의 정치체제에서 나온 것으로 보인다. 장로교 정치는 독립(회중)정치와 감독(교황)정치 사이에 위치해 있다. 즉 교회들의 연합을 무시하고 개교회의 독자적인 치리를 절대시하는 독립교회와 개교회의 독자적 치리를 무시하고 교회 위에 있는 더 높은 권세에 의해 치리되는 감독(교황)체제를 주장하는 로마교회나 감리교회 사이에 있는 것이 장로교 정치를 하는 장로교회다.

개혁교회와 장로교회는 독자적인 독립교회도 반대하고 교회 위의 감독 정치도 반대하기 때문에, 노회나 대회, 총회를 신앙의 일치 안에서 보편적 교회의 연합을 이루는 모임으로 본다. 그러나 장로교회는 목사를 노회의 회원으로 보고 장로와 집사는 개 교회의 회원으로 보기 때문에 직분간의 계급이 있는 것처럼 여겨지기 쉽다. 이것을 반영하는 형태가 곧 목사의 직분에서 위임목사, 임시목사, 부목사 등으로 구별한 것에서 발견된다. 나아가 집사직에서 안수집사와 서리집사를 구별한 것과 준직원으로서 강도사, 전도사를 첨가한 것에서도 나타난다.

반면에 개혁교회는 모든 직분이 개교회에 소속되어 있으며, 직분상의 어떠한 계급의식이 없다. 목사와 장로는 같은 노회원이자 지교회 회원으로서 지교회의 당회를 형성하여 하나님 나라를 확장하는 공동 목표를 가지고 일하게 된다. 더이상 목사회와 장로회가 구분되어 존재하지 않으며, 목사도 장로로서 치리 장로와 평등한 지위를 누리게 된다. 당회 의장은 회의를 잘 운영하는 사람이지 회의를 지배하고 자기 의사를 관철시키는 사람이 아니다. 박윤선 목사도 당회장이라는 명칭보다는 당회 의장이라는 명칭이 옳다고 주장했다.

목사와 장로의 평준화는 한국 교회 행정의 민주화와 투명성을 촉진시키는 역할을 할 것이다. 더 나아가서 두 종류 장로의 평준화는 성도들에게 영적, 정서적인 안정과 평안을 가져다줄 것이다. 장로를 포함한 목회자들이 서로 화목하게 지낼 때, 성도들도 서로 화목하게 되고 성도가 마땅히 해야 할 일을 할 수 있게 된다. 한국 교회 내의 분쟁 대부분이 목사와 장로 간의 알력 다툼에서 기인한다고 볼 때, 장로의 평준화와 질적 향상은 한국 교회 발전에 지대한 영향을 주게 될 것이다.

목사와 장로의 평준화가 기능상의 통일을 뜻하는 것은 아니다. 각자 받은 은사대로 일하되 서로의 은사를 인정하고 귀하게 여기는 마음이 있어야 한다는 뜻이다. 우리의 고질병은 제일주의에 있다. 한국 교회에서는 아직도 목사가 제일 가는 사람으로 본다. 중세의 신부는 모든 학문의 여왕이라고 불리던 신학을 공부한 성직자였다. 그래서 신부의 직책은 성스러운 영역에 속한 반면에, 성도들은 속세의 진흙탕에서 뒹구는 사람들로 여겨졌다.

성직자 우월주의는 중세 유물

그러나 이렇게 하늘과 땅, 영적인 것과 물질적인 것, 내세와 속세를 구분하는 이원론은 16세기 종교개혁에 의해서 이미 폐기되었다. 그런데 개혁주의 신앙을 가졌다는 우리가 왜 아직도 중세의 이분법적인 생각을 하는가? 그 이유를 세 가지로 생각할 수 있겠다.

첫째로 구약의 "한나 신드롬"을 들 수 있다. 즉 하나님이 주신 귀한 선물을 하나님께 바치겠다는 한나의 서약으로 인해서 사무엘은 하나님의 종이 된다. 이같이 목사들 중에도 어머니의 기도로 하나님의 종이 된 경우가 적지 않을 것이다.

둘째로 목사가 되는 것이 최고의 소명이라고 생각하는 또 하나의 이유는 유교의 "사농공상"이라는 계급의식이 우리 마음속 깊이 뿌리박혀 있기 때문이다. 이 공식에 따르면 신부와 목사는 선비 계열에 속하게 되고 직업의 특성상 목사는 사회에서 존경의 대상이 된다는 생각이다.

셋째 이유는 독일에서 유래한 경건주의 때문일 것이다. 경건주의는 성과 속을 구분하는 경향이 있는데, 한국의 복음주의는 다분히 경건주의에 속한다고 볼 수 있다. 이러한 사상과 분위기 속에서 신학 교육을 받은 목사가 교회에 담임목사로 부임하면 소위 "성공한 사람"으로 간주된다. 그러나 고난은 이제부터 시작이다. 교회의 장로들이 기다리고 있기 때문이다. 담임목사가 기득권이 있는 장로들과 협동 목회를 하려면 광대의 줄타기를 해야 한다.

지도자는 먼저 순종할 줄 알아야

그러나 목사는 겁낼 필요가 없다. 거기에는 단 한 가지 조건이 있다. 목사가 죽으면 된다. 구체적으로 말하자면 담임목사가 되면 꼭 이루어보겠다는 목회의 꿈을 하루아침에 이루려고 서두르지 말아야 한다. 목사와 장로간의 주도권 쟁탈전은 목사가 자신의 목회 철학을 성급하게 관철하려는 데서 시작되기 때문이다. 목사(가르치는 장로)가 할 일은 말씀으로 가르치는 일에 전념하는 것이다. 목회는 말씀을 충실히 가르칠 때 말씀의 저자이신 성령께서 성도들을 감화시키시고 인도하실 것이기 때문이다. 목사가 죽어야 한다는 것은 또한 낮은 데로 임해야 한다는 것이다. 치리 장로들을 같은 진정한 동역자인 노회회원으로 인정해야 한다. 목사가 아직도 모든 면에서 장로들보다 더 낫고 목사 스스로가 전문가라고 주장하면서 "나를 따르라"고만 한다면 당회의 화평을 유지하기 힘들 것이다. 비록 장로들의 결정이 비성경적이고 비상식적이라고 하더라도 목사는 장로들이 깨달을 때까지 기다려야 한다. 이것이 민주정치와 독재정치의 차이점이다. 이제는 치리 장로를 목사의 목회 철학을 펼치기 위해 돈이나 대는 자본가로 취급하지 말아야 한다. 오히려 치리 장로를 말씀으로 잘 훈련시켜서 목사와 동등한 위치에서 동역할 수 있게 해야 한다.

목사는 많이 알수록 겸손해져야 하고, 기도를 많이 할수록 목소리가 작아져야 하며, 성령이 충만할수록 온유해져야 한다. 국제장로회 헌법에는 목사/장로 장립식 서약에 다음과 같은 질문이 있다. "당신은 목사(혹은 장로)로서 하나님 말씀 안에서 이 회중에게 순종할 것을 약속합니까?"

이렇게 목사는 회중과 치리 장로들의 도움(말씀 안에서의 조언, 책망, 견제, 격려와 징계)을 받아야 한다. 동시에 노회의 도움도 받아야 한다. 평상시에 노회의 형제 장로들(이웃교회의 장로들)과 긴밀한 관계를 맺음으로써 더 넓은 의미의 동역 목회를 하는 것이 유익하다. 이렇게 함으로써 목사가 실수할 수 있는 기회를 미리 예방할 수 있기 때문이다.

한 팀 사역자라는 의식 함께 가져야

어떤 공동체라도 성공하려면 팀 사역이 잘되어야 한다. "워털루 전쟁은 이미 이튼 고등학교 운동장에서 승패가 결정됐다"라는 영국 격언이 있다. 이튼 칼리지라는 명문학교에서는 학생들의 협동 정신을 운동을 통해 함양시키는 오래된 전통이 있다. 워털루 전쟁을 승리로 이끈 영국의 웰링턴(Wellington) 장군이 바로 이튼 칼리지 출신이었다.

축구 경기도 또 하나의 좋은 예다. 최근에 박지성 선수가 알맞게 패스한 공을 다른 선수가 멋있게 받아 골인시킨 적이 있었다. 남에게 성공할 기회의 문을 열어주는 것은 공동 목표를 달성하는 데 필수적이다. 목사와 장로들도 이런 협동 정신으로 목회해야 교회가 살 수 있다. 교회는 목사가 낮아지고 장로의 질이 향상될 때, 목사와 장로가 한 팀 사역을 잘 할 수 있다. 목사를 포함한 모든 장로는 같은 목회자로서 아름답게 동역을 하고 성도들 앞에서 장로들이 서로 화목한 모습을 보여줄 때, 하나님이 화평과 성장의 복을 주실 것이다.

상호 협력 이뤄야

그럴 뿐만 아니라 당회는 향후 훌륭한 교회 지도자들을 양성하는 일에 힘을 쏟아야 한다. 그 예로 앞으로 목회자가 될 강도사, 전도사(신학생)를 아끼고 격려하는 일이다. 그리고 당회는 그들에게 좋은 모범을 보여야 한다. 그들이 필요로 하는 재정을 공급할 뿐 아니라, 그들을 당회와 교역자 회에 참석시켜서 보고 배우게 하는 일도 필요할 것이다.

강도사 등 목회자 후보생들은 장차 목회 전선에서 일하게 되기 때문에, 그들의 의견과 제안을 충분히 참작하는 것도 필요하다. 나아가 신학생들의 시간과 정력을 아껴서 공부에 정신을 집중할 수 있도록 배려해 줘야 한다. 학생의 주업은 공부이기 때문이다. 목회 실습은 졸업 후에도 할 수 있다.

참된 목자로의 부르심

국제장로회 한국노회를 열다

목사님의 이메일

황병훈 목사(한성교회, 한국성서유니온선교회)

황병훈 강도사님,

지난 노회 때 멀리서만 뵈었는데, 나중에 제가 멘토로 선출되었습니다. 앞으로 제가 한국에 있는 동안 잘해보겠습니다. 다음 화요일 오후(4시 이후)에 차를 같이 하고 저녁도 하고 가시면 좋겠습니다.

우선 IPC의 공식 서류를 보내드립니다. 그리고 제가 할 수 있는 말은 전부 쉐퍼 목사님의 정신이니, 그분의 저서를 읽으시면 좋겠습니다(쉐퍼 전집 5권). 그리고 영국 라브리 웹에 들어가면 강의를 무료로 들을 수 있습니다.

하나님의 은총이 함께하시기를 빕니다.

김북경 장로 드림

김북경 목사님께 받은 첫 이메일입니다. 그 후 7년간 700통이 넘는 이메일을 목사님께 받았습니다. 제 목사 안수 과정의 멘토로서 개인적으로 주신 이메일과 서울교회에서 함께 사역하는 동안 동역자로서 그리고 공동체의 일원으로서 받은 이메일들입니다. 모두 김북경 목사님의 인격과 생각, 심지어 모습까지 떠올리게 합니다. 김북경 목사님을 추억하는 데 이보다 좋은 것이 없을 것 같아 공개를 결심했습니다.

저와 개인적으로 주고받은 이메일에는 제 이메일에 답장하신 것도 있고, 한 주제를 몇 번에 걸쳐 논의한 것들도 있습니다. 제가 쓴 것까지 공개해야 맥락을 이해하기 쉽습니다. 그러나 목사님의 흔적만 공개하는 편이 더 나을 것 같아 오로지 김북경 목사님의 이메일만 모았습니다. 그중에서 저에게 격려자, 교사, 목사, 환대자, 친구가 되어주셨던 목사님을 잘 보여주는 이메일들을 추려봤습니다. 목사님과 이메일을 주고받으며 제가 느꼈던 단어와 문장 안에 배어 있는 목사님의 모습과 향기를 느낄 수 있으면 좋겠습니다.

격려의 사람

김북경 목사님은 멘토로서 저를 언제나 격려하셨습니다. 식사 초대로 격려하셨고, 따뜻한 말과 피드백으로 격려하셨고, 때로는 선물로 격려하셨습니다. 갑작스러운 비자 문제로 학업을 다 마치지 못하고 귀국한 터라 상심이 컸고, 새롭게 시작한 성서유니온 사역에 허덕이던 제게 목사님의 격려는 큰 힘이 되었습니다.

황 강도사님,
감사합니다. 주말을 서울에서 지내실 계획이 있으시면 미리 말씀해주시면 주일 설교에 초청하겠습니다. 최소한 일 주전에 알려주시면 감사하겠습니다.

화요일 저녁에 정기적으로 만나는 것으로 하고 화요일에 쌍방이 무슨 일이 있으면 목요일로 하기로 하지요. 다음 주 화요일부터 시작하지요. 쉐퍼 전집 읽으신 것 가지고 토론을 하겠습니다.

저희 집으로 오셔서 식사하십시오. 주소는 종로구 부암동 울트라타임 730 오피스텔 303호입니다. 경복궁역 3번 출구에서 나오셔서 버스 7018, 7022, 1020, 1711를 타시고, 하림각 정거장에서 내리시면, 현대자동차 전시장 건물입니다. 직장이 송파동에 있으니까 그쪽에 집을 얻으시겠지요?

하나님의 은총이 함께하시기를 빕니다

김북경 장로 드림

황병훈 강도사님,

먼저 감사와 감탄입니다. 글에 대해서 말입니다. 사실은 제가 다 읽지 못하는 책들을 읽으신 것들로 제가 배우려는 욕심도 있습니다. 그것이 박사과정 감독이 하는 일 아닌가요?

『이성에서의 도피』는 동서양을 막론하고 편재하는 문제인 것 같습니다. 그래서 라브리에서도 Christian Mind에 대해서 강조하고 강의한 것도 있습니다. englishlabri.org로 들어가셔서 Resources에 보면 지난 강의를 무료로 들을 수 있습니다.

문제는 첫째로 인간론입니다. 사람을 어떻게 보느냐에 따라서 하나님의 계시를 어떻게 이해하고 사느냐가 달라집니다. 쉐퍼의 주장은 하나님은 사람을 하나님의 형상을 따라 지으셨기에 인간과 교통할 때에 형상 중의 하나인 인간 언어로 하신다는 겁니다. 물론 인간 언어는 한계가 있기 때문에 하나님의 진리를 다 말해준다고 하더라도 이해할 수 없지만 인간이 구원받고 어떻게 살아야 하는지에 한해서는 충분하게 정보를 주셨다는 겁니다. 언어는 이성으로 이해해야 한다는 건데 번거로우니 사람들이 체험(감정)으로 하나님과 직통하려는 노력을 하는 것이지요. 요한계시록이 좋은 예지요. 하늘을 보고 언어로 표현한 말씀이 우리에겐 어려운 거지요. 하늘에서는 언어로 표현한 것 이상으로 엄청난 현상을 볼 수 있겠지요. 하지만 지금은 가지고 있는 것으로 만족해야겠지요.

이렇게 하나님이 주신 현실(Reality)을 잘 설명해 주는 책이 *What is real?*(Ranald Macaulay)이 있고, 『인간의 형상』(IVP; R. Macaulay)입니다. 둘째 책에서 워치만 니의 인간론을 비판하고 있습니다. 물론 이성으로 이해한 정보만 가지고는 인간이 중생할 수 없다는 것은 다 아는 사실이지만 첫 단추를 잘 끼고 시작해야 한다는 것이 중요한 포인트 같습니다. 특히 포스트모더니즘 이후의 문화 속에서는 역행하는 이론 같지만 그래서 기독교가 아니겠습니까?

이렇게 마음 문을 열고 대화할 수 있는 친구가 생겨서 행복합니다.

하나님의 은총이 함께하시기를 빕니다.

김북경 장로 드림

황 강도사님

다 좋습니다. 저도 책 리뷰한 것을 읽고 배우겠습니다. 저는 요새 존 맥

아더, R.C 스프롤, 그리고 존 파이퍼의 설교를 들으면서 은혜받고 있습니다. 보내주신 책 잘 읽고 있습니다. 감사합니다. 교회 개척은 하시는 것이 좋습니다. 사실 강도사님을 서울교회 후계자로 생각하고 있는데, 하나님의 인도하심을 저희 둘 다 같이 받아야겠지요.

내일은 춥다고 합니다. 몸 조심하시구요.

하나님의 은총이 함께하시기를 빕니다.

김북경 장로 드림

황 강도사님

교회 개척에 대해서 제 생각을 말씀드리겠습니다. 교회와 저희들도 기도해 봐야겠지요. 제 생각은 이렇습니다.

1. 제가 떠날 때까지(내년 6월 예정) 서울교회에 매주 출석하셔서 사역(한 달에 한 번 설교, 오후 성경공부 인도)합니다.
2. 그동안 주중에는 성서유니온에서 일합니다.
3. 제가 떠나기 2-3개월 전에 황 강도사님 청빙을 결정할 공동의회를 엽니다.
4. 안수는 내년 봄에 받는 것으로 목표합니다.
5. 인턴 기간 동안 교회에서 재정지원을 할 수 있을지 논의하겠습니다.

기도해 봅시다.

하나님의 은총이 함께하시기를 빕니다.

김북경 장로 드림

황 강도사님

이번 주일 가족이 다 오시죠? 예배 후 점심 그리고 가정세미나(3회)를 김온양 목사가 진행합니다. 만약 참석할 수 있다면, 후에 저희 집에서 저녁 함께할 수 있습니까? 만약에 집 정리할 것이 있어서 빨리 가셔야 한다면 다음 기회로 미룰 수 있습니다. 문제는 아이들이 하루 종일 교회에 있으면 피곤할까 봐 걱정이 되네요.
하나님의 은총이 함께하시기를 빕니다.

김북경 장로 드림

교사

김북경 목사님은 좋은 선생님이셨습니다. 스스로도 독서와 공부를 멈추지 않으셨고, 저도 계속 공부할 수 있도록 자극하셨습니다. 때로는 숙제가 너무 많아서 버거울 정도였습니다. 그러나 목사님이 내주신 숙제를 하고, 함께 토론하면서 깨달은 것들은 제게 큰 영적 자산이 되었습니다.

황 강도사님

존 파이퍼와 윈터 교수님의 글을 보냅니다.

Dear All,

I thought you might be interested to see John Piper's thoughts on an organization I'm involved with: the Roberta Winter Institute, founded by Ralph Winter, who also founder the US

Center for World Mission. Dr Piper's thoughts here are from his book Don't Waste Your Life, and you'll see that the RWI is focused on disease eradication and God's will thereof:

http://www.robertawinterinstitute.org/blog/2011/3/11/john-pipers-thoughts-related-to-the-purposes-of-the-rwi.html

Dr Winter and Dr Piper were good friends and Dr Piper spoke warmly at his funeral in 2009. But they didn't agree on everything. Indeed, whilst they agreed that Christians should be doing more to eradicate disease, they disagreed on the origins of disease. I've attached a PDF of a quick introduction to Dr Winter's thinking; see especially point 6. (Sorry for the messy formatting; our website is being redesigned at the moment and the Dr Winter section isn't working yet; should be ready in a couple of weeks).

Just wanted to share. I realize I don't know most of you, and am sorry if this wasn't of interest. Would be delighted to talk more. God Bless,

Daniel

황 강도사님,

감사합니다. 그런데 감사 주일에 걸맞는 설교를 해 주셨으면 합니다. 19절을 가지고 문맥에 연결하는 것이 힘들 것 같은데요. 시편 4편도 그렇고요.

감사가 우리 신앙에 차지하는 중요성을 강조하는 것이 좋겠습니다.

하나님의 은총이 함께하시기를 빕니다.

김북경 장로 드림

황병훈 강도사님,

당분간 화요일 모임은 안 갖기로 하고 온라인으로 교통 하십시다. 일주일에 한 번씩(화요일?) 이메일로 읽으신 내용에 대해서 독후감/피드백/코멘트를 해주시면 좋겠습니다.

오늘을 즐기세요.

하나님의 은총이 함께하시기를 빕니다.

김북경 장로 드림

황 강도사님,

염려해 주셔서 감사합니다. 아직은 괜찮은데 이번 겨울을 잘 나게 기도해 주세요. 성탄절이 가까워지니 교회 행사 준비로 좀 바빠지네요.

그럼 지난 일주일 독서/생각하신 것들이 있으시면 오늘 말씀해 주시지요. 노회에 멘토링 결과를 보고하기 위해서 저장한다는 것을 미리 말씀드립니다.

하나님의 은총이 함께하시기를 빕니다.

김북경 장로 드림

황 강도사님,

흥미진진한 일을 하시네요. 이왕이면 성서신학을 하셔도 되겠습니다. 지금 하시는 일을 사용해서 논문을 써도 되지 않겠습니까? 그리고 최근에 나온 *NET Bible*은 어떻게 생각하세요? Bible.org을 보면 정보가 나와 있습니다.

하나님의 은총이 함께하시기를 빕니다.

김북경 장로 드림

참 목사

김북경 목사님은 사랑으로 교회를 돌보셨고, 연로하심에도 성도 한 사람, 한 사람에게 관심을 가지고 상담해 주시고 권면해 주셨습니다. 저 또한 목사님의 돌보심 속에서 목회자의 마음을 배울 수 있었습니다. 특별히 목사님은 전 교단에서 받은 상처로 목회직에 회의감을 갖고 있던 제게 참 목사가 있음을 보여주셨고, 닮고 싶은 마음을 주셨습니다.

사랑하는 형제자매들께,

주일 수고 많이 하셨습니다. 공동체에서 의견을 나누는 연습을 잘하셨습니다. 마음 문을 열고 솔직하게 대화하는 훈련을 잘해야 교회 뿐 아니라 사회도 발전할 수 있습니다. 이것을 후스파 정신이라는 히브리 단어로 표현할 수 있는데, 이것은 위계질서를 너머서 솔직하게, 그러나 무례하지 않게 의사를 표현하는 습관입니다. 한국이 더 발전하려면 이후스파 정신을 길러야 하는데, 이 정신은 냉정하게 생각하고 공과 사를 구별하는 것, 그리고 상대방을 배려하는 예의도 지키는 것입니다. 그리고 서로 의견이 다를 수 있다는 것을 인정하면 인간관계를 깨지 않고 일을 할 수 있습니다. 특히 교회에서는 더욱 그래야 합니다.

하여간 저와 신씨아를 사랑해주시니 감사하고, 또 저희가 여러분에게 도움이 된다고 생각해 주시니 감사할 뿐입니다. 물론 하나님 믿는 저희들은 모든 것을 믿음으로 하지만 동시에 전장에 나가는 사람이 전략을 짜야 하는 것처럼, 저희들도 성도들이 머리를 맞대고 의논해서 일해야겠습니다.

사랑합니다. (미소)

하나님의 은총이 함께하시기를 빕니다.

김북경 장로 드림

황 강도사님,

둘째 이름이 가은(이른 비? 늦은 비?)이라고 했나요? 이스라엘에서는 은혜의 단비라고 하지요. 오늘은 특히 은혜의 비로 보이네요. 생일 선물 보냅니다.

그리고 최근에 출판된 책 두 권 『갈라디아서』와 『이사야』를 주일에 부탁합니다. 값을 가르쳐 주시면 SU 계좌로 입금하겠습니다.

이번 주에는 예배 인도를 해주세요. 늙은이들이 인도해서 성도들이 힘이 빠지는 것 같습니다.

오후에는 『매일성경』 하는 방법을 가르쳐 주세요. 저는 점심시간에 세명과 세례 공부를 합니다.

하나님의 은총이 함께하시기를 빕니다.

김북경 장로 드림

황병훈 강도사님,

이번 주일에 공동회의를 갖습니다. 의제는 교회 문을 닫는 것입니다. 어제 당회를 했는데 재정이 7월이면 동나고 최 장로님 가족은 독일로 간답니다. 그래서 저희들은 사임하지만 만약에 황 강도사님이 주일 목회만 하실 수 있다면 교회를 계속하는 것이 좋겠다고 봅니다.

금요일 임시 노회를 저희 교회에서 12시에 가질 것인데, 오시지 않아도 되지만 황 강도사님의 의사를 알면 노회에 제가 보고를 하겠습니다. 성도들이 불쌍하네요. 하기는 교회가 많아서 걱정은 안 하지만요. 문을 닫으면 황 강도사님은 박득훈 목사님 교회나 방인성 목사님 교회로 나가시면 되겠지요. 강도사님의 안수에는 영향이 없을 것으로 봅니다.

하나님의 은총이 함께하시기를 빕니다.

김북경 장로 드림

당회 형제들께,

새벽 5시 15분 전입니다. 깨어서 기도하게 되었습니다. 다음과 같은 생각이 떠올랐습니다.

제가 라브리에서 일하면서 서울교회의 장로로 시무하면 어떨까 합니다. 그러면 서울교회의 당회가 계속 이루어져 성도들에게도 격려가 되겠습니다.

1. 이것은 성도들이 저를 장로로 받아들인다는 조건과(물론 사례비 없이 하는 조건으로)
2. 당회원으로 교회를 운영하는 데 참여한다는 것
3. 그리고 제가 한 달에 한 번 서울교회에서 설교한다는 것과
4. 그러면 노회의 회원으로 남아 있으면서 일할 수 있다는 것
5. 황병훈 강도사의 멘토로 계속 도움을 줄 수 있다는 것
6. 전임 사역이 아니기 때문에 목사라고 불리지 않고 장로로 시무한다는 IPC 노회 규정에도 부합이 된다는 점
7. 그리고 채 장로님이 사임한다는 것을 감안한 제안입니다.

어떻게 생각하시는지요? 모든 것이 급작스레 이루어져서 죄송합니다. 하나님의 은총이 함께하시기를 빕니다.

김북경 장로 드림

황 강도사님,

기꺼이 동의해 주시니 감사합니다. 제주도에서 맘껏 놀다 오세요. Enjoy!

하나님의 은총이 함께하시기를 빕니다.

김북경 장로 드림

황 강도사님

안수식 때 자녀들에게 선물하려고 하는데 어떤 것이 좋을까요?

어려운 부탁 하나 해도 될까요? 자녀 중에 안수식 때 아빠가 목사가 된다는 데 대한 감상문을 발표할 수 있겠습니까?

하나님의 은총이 함께하시기를 빕니다.

김북경 장로 드림

환대의 사람

김북경 목사님과 신씨아 사모님의 댁은 언제 사람들로 북적였습니다. 서울의 좁은 오피스텔도 그랬고, 영국댁도 그랬습니다. 서울교회 지체 한 분은 정신질환으로 고통받다가 무작정 영국의 목사님 댁을 찾아갔는데, 목사님과 사모님이 환대해 주시고 한 달 이상 지극 정성으로 돌봐주신 적도 있습니다. 그래서 서울교회 사역을 마치시고 영국으로 돌아가셨던 목사님 부부가 라브리 사역으로 다시 한국에 오신다고 했을 때 참 어울린다고 생각했습니다.

사랑하는 형제자매들께,

꼭 3개월 만에 한국에 다시 입국하였습니다. 영국에 두고 온 자녀들과 친구들은 당분간 잊고 앞으로 만나야 할 사람들, 그리고 지난 일 년 동안 사귀었던 형제, 자매들을 다시 만나 교제하는 기쁜 시간이 기대됩니다. 오랜 시간의 여독은 공항에 마중 나온 서울교회 세 천사가 다 풀어

줬습니다.

신씨아는 떠나오는 몇 시간 전까지 짐 싸느라 고생한 얘기, 두고 온 집의 세를 주기 위해서 집 정리하느라 정신없었던 이야기를 했지요. 참, 저희집에 들어와 1년 동안 살기로 한 루마니아 목사 다니엘 가족을 소개해야겠네요. 우리 삶에 중요한 가정이거든요. 다니엘 목사는 (IPC에서 목사안수를 받았음) 가족(아내 멜라니아, 딸들-아만다(13세), 아니타(10세))를 데리고 영국에서 일 년 안식년을 갖기 위해서 왔는데, 마침 저희가 귀국하는 바람에 시의적절하게 우리 집에 들어와 살게 된 거지요. 저집을 세줄 사람을 위해서 기도 부탁한 것 기억하시지요? 하나님께서 여러분들의 기도에 응답해 주셨지요. 그런데 여러분들이 그 가족을 위해서 계속 기도해 주셔야겠습니다. 그의 부인 멜라니아가 갑상선 암에 걸려서 치료 중에 있거든요.

다시 저희들의 얘기로 돌아와서, 이 나이에 한국에 또 나가서 무엇을 하겠다고(저는 75세, 신씨아는 나보다 8년 위) 하면서 위로 겸 걱정하는 말을 들으면서도, 저는 한국에서 죽으면 한국 라브리 뒷동산에 묻힐 거예요, 하면서 흘려버렸습니다. 뉴스에 심심찮게 유명세 있는 사람들이 팍팍 쓰러지는데, 그들의 나이를 보면 저보다 어린 사람들이 있더라고요. 나는 왜 안 죽고 더 살아야 하는 거지? 아니, 하나님이 무슨 생각이 있으셔서 나를 더 살게 하시는가? 이런 질문을 하다 보니까 죽음에 대해서 진지한 생각이 들더군요. 그래서 지난 주일 서울교회에서 설교하면서 내일 죽는다면 여러분은 오늘 무엇을 하며 살겠습니까? 라고 질문을 던졌지요. 우리가 매일 이런 실존적인 질문을 하며 살면 우리 생활이 어떻게 변할까요? 죽음은 삶의 중요한 일부라는 것을 깨닫게 해 주소서 기도하며 시편 73편에 나오는 사람같이 살지 않도록 나 자신을 경계합니다.

오늘 성인경 목사님 부부와 양양에 가서 입국 수속을 마치고 주민등록증을 발급해서 왔는데, 마치 미국에서 그린카드를 받은 기분이 들었습니다. 입국하자마자 양양 라브리 집으로 들어왔습니다. 백암당이라는 거창한 이름이 있는 집인데 라브리 본 건물을 카페로 지었을 때 카페 화장실로 지었던 건물이랍니다. 지금은 살림집으로 완전히 리모델링 해서 20평쯤 되는 훌륭한 집으로 만들어 놨습니다. 성 목사님이 손수 하셨다네요. 그리고 차를 기증한 분이 있고 서울교회 성도가 방문해서 설거지 잘하는 제가 좀 심심하게 됐습니다. 하나님이 완전하게 준비하셨습니다. 그것뿐입니까? 방에서 내다보면 사방에 산과 강이 보이는 별장 같은 환경입니다. 사진을 보시면 감이 좀 가실 겁니다. 시간 있으면 놀러 오세요.

놀러 오라는 말은 와서 쉬고 가라는 초청입니다. 라브리는 불어로 피난처라는 뜻입니다. 1955년에 쉐퍼 목사님 부부가 스위스에서 공동체를 시작한 곳이 프랑스 지역이기 때문에 불어 이름을 붙였고, 세상에서 지친 사람들이 잠시 들려서 말씀 묵상하며 자연과 어울려서 심신의 피곤을 풀고 가는 곳, 즉 광야의 오아시스 같은 곳입니다. (시 91편: 라브리에 대해서 더 자세한 것을 아시고 싶으시면 "라브리"를 검색해 보세요.)

그러면 우리는 어떻게 해서 43년 후에 라브리로 귀환했을까?

저희들은 기억나시겠지만 금년 6월에 서울교회를 사임하고 영국 가기 전에 라브리에 잠깐 와서 쉬었습니다. 그때 성 목사님 가족과 식사 대화 중에 농담 반 진담 반으로 했던 말이 현실화 되었습니다. 그 말은 "한국 라브리에서 일을 도울 수 있겠나?"였습니다. 사람들이 중요한 결정을 할 때 '하나님의 뜻을 어떻게 헤아리나?'라는 질문을 많이 하고 거기에 대한 대답을 수없이 성경적으로 설명을 했지만, 이번 결정은 그 렇게 성경적으로 따지거나 40일 금식 기도를 한 것도 아니라는 것을 말씀 드립니다. 그저 그렇게 하는 것이(라브리에 와서 한 일 년 있는 것이) 좋겠다는 직감이 있었던 거지요. 직감은 여자의 전용물인 줄 알았는데, 저도 이번 일로 경험했습니다. 행여 잘못된 결정이라 할지라도 로마서 8장 28절에 기대어 보면서…

사실 평상시에 성인경 목사님 부부에게 죄송한 감이 많이 있었습니다. 이 부부는 1980년대에 총신대의 홍치모 교수님의 초청으로 총신대 채 플 시간에 저희가 라브리를 소개한 것을 듣고는 영국 라브리에서 3년 을 공부했습니다. 그 후 한국에서 라브리 공동체를 시작하였는데, 저희 가 별로 도움을 주지 못한 것이 항상 마음에 걸렸습니다. 이 부부의 믿 음(피와 땀을 흘린)으로 20세기의 신학자요, 복음주의자요, 전도자였던 쉐퍼 부부의 사상이 한국에 도입되었다는 것을 기억하면, 그래서 한국 교회와 신학교와 선교단체에 큰 영향을 미쳤다는 사실을 기억하면, 그 들의 믿음이 헛되지 않았다는 것을 장담할 수 있습니다.

왜냐하면 라브리는 정말 믿음으로 사는 곳이기 때문입니다. 예수님도 마지막 때에 믿음 있는 자를 보겠느냐고 하셨듯이, 믿음으로 기도만 해 서 먹고사는 것이 얼마나 힘든지… 이런 생활을 믿음의 삶 혹은 믿음의 선교(Faith Mission)라고 하는데, 옛날부터 믿음의 선배들이 그런 삶을 살았던 적이 있습니다. 인도로 간 영국 선교사 에미 카마이클이 그랬고, OMF의 허드슨 테일러가 그랬습니다. 저희 시대 영국에서 무일푼으로 홍콩에 선교하러 간 재키 풀린저가 좋은 예입니다.

그렇다고 모든 사람이 일은 전혀 안 하고 남의 돈으로 먹고 살아야 한다는 말은 아닙니다. 쉐퍼 목사님 부부가 라브리 공동체를 시작한 이유 중에 하나가 우리의 기도를 들어주시는 하나님이 계시다는 것을 세상에 보여주기 위함이었거든요. 그렇다고 라브리가 먹을 것이 없어서 문을 닫는다고 하나님이 안 계시다는 말은 아니고요. 단지 하나님이 라브리가 이 시대에 더 할 일이 없다고 판단하시면 라브리 문을 닫게 하실 수도 있다는 겁니다. 라브리는 수도원 같은 역할을 합니다. 중세기에 부패한 교회를 떠나 신부들이 사막에 수도원을 짓고 공동체를 이루어 믿음을 순수하게 지키려는 노력을 해 왔던 것 같이, 라브리도 세상을 바라보며 시대와 문화를 연구하고 교회가 그 세대에 어떻게 살아야 할 것인가를 제시해 주는 예언자적 역할을 합니다.

라브리는 졸업해서 좋은 장래가 기다리는 곳도 아니고, 정말 빛없이 살아가야 하는 선교 단체거든요. 그래서 주위에서, 특히 부모님들이 걱정을 많이 했지요. 도대체 라브리에서 고생해서 무엇이 생기느냐? 돈 많이 들여서 외국에 갔다 오더니 이게 무슨 꼴이냐? 교회라도 하면 생활은 보장되지 않느냐? 사실 그래서 지금도 라브리에 와서 오래 봉사할 사람을 구하기 힘든 거죠.

저희들도 1970년에 신혼생활 첫 일 년을 영국 라브리에서 사역했지만,

결국 신학을 공부한 후에는 목회를 25년간 했거든요. 라브리에서 배운 "믿음" 목회를 해보려고 노력해 봤지요. 여하튼 43년 만에 라브리로 돌아왔습니다. 어색한 감정 대신에 친정집으로 돌아온 기분입니다. 저희들을 환영해 주신 라브리 식구들에게 감사할 뿐입니다.

라브리에서 일 년 동안 무엇을 하십니까?

학생이나 주말 손님이 오면, 환영하고 음식과 쉼터를 마련하고 광야의 여로를 풀게 도와주고, 눈물을 받아주고, 주님 안에서 희망을 넣어주는 일을 합니다. 이런 일이 쉽지만은 않습니다. 예수님의 옷깃을 만진 여인은 치유 받았지만, 예수님의 힘은 빠져나간 것처럼, 라브리 사역자들도 주님의 힘없이는 지탱하지 못합니다.

주님의 힘이 공급되도록 기도해 주세요.

그리고 추석 잘 지내세요. 대가족이 모이는 것은 기쁜 잔치가 될 수 있지만 힘든 일이 될 수도 있습니다. 저희가 여러분의 사정을 아는 한도 내에서 기도하겠습니다. 여러분의 기도 제목을 보내주세요.

그리고 아직 만나 보지는 못했지만, 앞으로 하나님이 라브리로 보내주실 많은 사람들을 상상해 보면서 마음이 부풀어 오릅니다.

처음 편지라서 좀 길어졌지만, 앞으로는 한 장으로 줄이겠습니다.

양양 라브리 백암당에서 김북경, 씬시아 드림

친구

목사님은 권위주의를 파괴하시고, 모두의 친구가 되어주심으로 참된 권위를 누리셨고, 많은 사람의 존경을 받으셨습니다. 목사님은 아들뻘인 제게도 사소한 일상을 공유해 주시는 등 친구처럼 대하셨습니다. 가끔 와인을 마시며 목사님과 교제하던 시간이 이제는 꿈만 같지만, 새 하늘과 새 땅이 임하면 목사님과 다시 함께 새 포도주를 마시며 교제하게 되겠지요.

황 강도사님

지금 막 뒷동산에서 두릅을 따 가지고 들어왔습니다.

하나님의 은총이 함께하시기를 빕니다.

김북경 장로 드림

황 강도사님,

잘 알겠습니다. 그런데 김밥은 각자가 사 먹도록 하지요. 자선을 위한 거니까요. 성도들에게 자선할 기회를 뺏으면 안 되지요.

가은이가 솔선수범을 보일 줄 알았습니다. 대통령감입니다. 자녀들의 축사라고 순서에 넣어주세요. 순서를 서기가 만든답니다. 박 목사님이 그날 오실 수 있나요?

어떤 책을 살지 모르니 금일봉을 선사하겠습니다.

하나님의 은총이 함께하시기를 빕니다.

김북경 장로 드림

황 목사님,

아름다운 가을이 왔네요. 단풍 구경하러 소풍가는 계절이네요.

시온, 가은, 유노와 사모님에게 사랑 보냅니다. 아이들에게 가을 소풍 비용으로 만원씩 주세요.

송금해 드릴께요.

킹스턴교회의 유 목사가 한국에서 안식년으로 가있고 곧 레딩한인교회의 윤 목사도 한국에 2주 일정으로 갑니다.

하나님의 은총이 함께하시기를 빕니다.

김북경 장로 드림

황 목사님

저는 침을 맞고 나아져서 정상적인 활동을 하고 있습니다. 단 TIA-약간의 뇌졸증으로 쓰러졌을 때 운전면허증을 반납했는데, 이제 회복이 되어서 운전면허증을 다시 신청합니다. 기도해 주세요. 덕분에 다른 사람의 차를 많이 타고 다니는데, 그 덕분에 일 년에 차비용 1만 파운드가 저축되고 있습니다. 1만 파운드를 저축한 흔적은 없지만, 그 돈으로 여기 저기 헌금을 하려고요.

아이들이 커가는 것을 보고 어려움과 동시에 기쁨도 크지요? 하나님도 우리가 영적으로 자라는 것을 보시고 기뻐하시겠지요.

이번 주일 17일은 런던한인교회 창립 39주년 축하 예배를 드립니다. 축하 메시지를 교회에 하나 보내주시면 감사하겠습니다. 주일 예배 때 스크린에 띄워서 보겠습니다.

하나님의 은총이 함께하시기를 빕니다.

김북경 장로 드림

목사님, 사모님과 잘 계시죠?

목사님이 주님 품에 안기시기 전 해에 바울이 디모데에게 보낸 편지를 읽다가 "겨울이 되기 전에 내게 오라"는 말씀이 마음에 오랫동안 머물렀습니다. 직관적이고 신비적인 말씀 적용을 좋아하지 않음에도 꼭 목사님을 뵈러 가야 할 것 같았습니다. 1주일 휴가를 내고, 가장 친한 친구와 함께 영국에 계시던 목사님을 찾아뵈었습니다. 목사님과 우리는 라브리, 제인 오스틴의 생가, 주변 공원 등을 돌아다니며 꿈같은 교제의 시간을 가졌습니다. 목사님은 이미 많이 약해져서 자주 넘어지신다며, 헬멧을 쓰시고, 지팡이를 짚으시면서도 젊은 목사들과 놀아주셨습니다. 그리고 그해 겨울이 지나고 봄이 올때쯤, 주님 품에 안기셨습니다. 4년이 지났지만 여전히 목사님 그립습니다. 저뿐만 아니라 목사님을 아는 모든 분들이 그럴 거로 생각합니다.

"목사님, 사모님과 잘 계시죠? 목사님이 사셨던 삶을 흉내 내보려 하는데, 쉽지 않습니다. 그래도 포기하지 않고 열심히 살아보겠습니다. 언제가 될지는 모르지만, 주님 앞에서 뵙겠습니다."

그리운 마음을 담아

이상범 목사(한국성서유니온선교회)

온기

2013년 겨울, 김북경 목사님과 신씨아 사모님이 은향교회를 방문하셨다. 교회의 국제장로회 가입과 장로 안수를 의논하려고 옮긴 발걸음이었다. 중요한 결정을 위한 방문이었기에 다소 건조한 분위기를 예상했지만, 만남은 냉철하면서도 따뜻했다. 그래서인지 당시를 떠올릴 때면 그날의 온기가 되살아나고는 한다.

신씨아 사모님은 교회에 유일한 아이 한 명을 위해 어린이 설교를 준비해오셨다. 아이 한 명을 앞에 두고 꺼내든 책은 존 스토트(John Stott)의 『새, 우리들의 선생님』이었다. 신씨아 사모님은 새 이야기를 인용하며 어린아이의 눈높이에서 창조 세계의 아름다움과 신비로움에 관해 들려주셨다. 백발의 영국 할머니가 자상한 목소리로 전하는 하나님 나라 이야기에 아이는 귀를 쫑긋 세웠다. 신씨아 사모님이 영어로 말씀하시면 신기한 눈으로 멀뚱멀뚱 바라보다가, 통역을 통해 알아듣게 되면 즐겁게 웃었다. 그러다가 다시 사뭇 진지하게 들었다. 자상한 눈빛과 온화한 미소로 하나님 나라 이야기를 들려주시던 모습이 지금도 아른거린다.

어린이 설교 이후, 김북경 장로님은 어른 회중에게 설교하셨다. "성경이 말하는 교회"를 주제로 한 설교였는데, 백발의 지혜가 가득한 메시지였다. 그간 살아오신 삶과 목회의 내력을 느낄 수 있었다. 젊은 성도들로 구성된 작은 무리의 회중을 향해 장로님은 교회의 영광을 논하셨다. 우리는 규모로 볼 때 작은 공동체였지만, 목사님은 교회의 영광스러움은 규모가 아니라 말씀을 향한 충실함에 달려있음을 일깨우셨다. 울림이 있던 메시지에 더해 김북경 목사님의 자세가 참 인상적이었다. 목사님의 화법은 처음 만나는 사람은 당황스러울 만큼 직설적인 면이 있었지만, 정중하고 따뜻하게 다가왔다. 목사님의 마음에 회중을 향한 존중과 애정이 가득했기 때문일 것이다.

예배 후에는 함께 애찬을 나눴다. 신씨아 사모님은 단출하게 차린 식탁 앞에 앉아 "lovely"를 연발하시며 환대하는 손길을 축복하셨다. 국제장로회의 정신과 사명에 관해 듣고 진지한 질의응답 시간을 가진 후에 우리는 헤어졌다. 그날 저녁, 집으로 돌아와서 목사님의 문자를 받았다. "젊은이들을 보니 국제장로회의 미래를 보는 것 같아 좋습니다." 여러모로 부족하고 미숙한 젊은 회중을 보면서 염려의 마음부터 표현할 법도 한데, 목사님은 축복의 마음을 전하셨다. 목사님의 문자를 보면서 예수님의 말씀이 떠올랐다. "적은 무리여 무서워 말라 너희 아버지께서 그 나라를 너희에게 주기기를 기뻐하시느니라"(눅 12:32). 적은 무리를 격려하고 축복하시는 목사님의 마음에서 예수님의 마음이 느껴졌다. 이후 은향교회는 김북경 목사님의 보고를 바탕으로 노회의 심사를 거쳐 국제장로회에 가입하게 되었고, 안수식도 이루어졌다. 그로부터 약 1년 후, 은향교회는 서울교회와 연합해 한성교회로 거듭났다. 서울교회는 김북경 목사님이 시무하셨고, 뒤이어 황병훈 목사님이 후임 목회자로 섬기고 있었다. 서울교회 지체들은 김북경 목사님, 신씨아 사모님 부부와 몇 년에 걸쳐 크고 작은 추억이 쌓였다. 서울교회만큼은 아닐지라도 은향교회 또한 김북경 목사님 부부와의 좋은 기억을 간직했다. 그렇다 보니 하나의 교회를 이루는 과정에 김북경 목사님의 흔적이 공동의 기억으로 작용했다고 여겨진다. 김북경 목사님은 새로운 교회의 출발을 축복하셨다. 교회 이름 공모에 '한성교회'를 추천하며 참여하기도 하셨다. 몇 가지 후보를 두고 교인 투표를 했고, 한성교회로 의견을 모으게 되었다. 어느 날 목사님은 한성교회를 직접 방문하셨다. 어른, 아이 할 것 없이 모두 반갑게 재회했다. 목사님은 강단에 올라 회중을 향해 온화한 미소를 지으셨다. 그날의 방문이 교회로서는 마지막 만남이었다. 한성교회라는 이름, 그날의 따뜻한 만남이 한성교회의 마지막 기억으로 남아있다.

목자견(犬)

2014년 3월 22일, 노회 가입 및 안수식이 있었다. 김북경 목사님이 설교를 전하셨는데, 사도행전 20장에서 바울이 에베소 장로들에게 전한 고별 설교를 본문으로 삼아 말씀을 전하셨다. 바울의 에베소 사역에 비추어 '목사(장로)직이 무엇인가'에 관해 논하시던 중 안수 후보자들에게 물으셨다. "오늘 안수받는 분들은 제 질문에 답해 보시지요. 목사는 목자입니까, 아닙니까?" 잠시 숨을 고르신 후 말씀하셨다. "잘 들으십시오. 목사는 진정한 의미에서 목자가 아닙니다. 그러면 무엇일까요? 개로 생각하면 좋습니다." 예상치 못한 말씀에 회중은 크게 웃었다. "목자의 곁에서 충성하며 양을 지키는 개 말입니다. 진정한 목자는 오직 예수님 한 분뿐입니다. 목사가 교회에서 목자의 역할을 한다는 핑계로 예수님의 목자직까지 넘보면 교회가 병듭니다. 목사는 양들이 목자를 잘 바라보고 따르도록 곁에서 뛰고 짖어야 합니다. 맹수가 나타나 양들을 공격하면 피 흘려 양을 지키는 충성스러운 목자견이 되겠다는 다짐을 해야 합니다." 김북경 목사님을 통해 들은 목자견(牧者犬)으로의 부르심은 목사로 살아감의 의미를 새롭게 되새기게 했다. 안수식 후에 국제장로회의 전통(?)을 따라 안수 대상자였던 최진승 목사님과 나는 앞치마를, 아내들은 머플러를 선물로 받았다. 목자견으로의 초대에 이어 교회 머슴으로의 부르심으로 여기며 잠시 생각에 잠겨 있는데, 신씨아 사모님이 나와서 두 가정 가운데 섰다. 그리고 두 안수 대상자의 손을 잡고 번갈아 보며 무척이나 기쁜 얼굴로 축복하셨다. 따뜻한 격려와 축복을 들으며, 그곳에 있던 모든 사람도 미소를 지었다. 평생에 잊지 못할 안수식이었다.

그날 이후 미디어나 실물로 양 떼를 목격할 때면 곁을 지키는 개가 있는지 살피는 습관이 생겼다. 그럴 때면 김북경 목사님도 함께 떠오른다. 최근에도 김북경 목사님을 회상하는 글을 쓰다가 인터넷에서 목자견 영상을 검색해 시청했다. 양 무리 곁에 머물며 충성스럽게, 그리고 지혜롭게 양을 돌보고 이끄는 모습을 보면서 스스로 묻게 되었다. "나는 목자의 충성스러운 개로 살고 있나?" 비록 지금은 목회 현장이 아닌 성서유니온에 소속되어 말씀 사역을 감당하고 있지만, 목자견은 여전히 중요한 정체성으로 다가온다. 작은 목자로 표현하든지, 목자견으로 표현하든지, 결국 중요한 것은 마음가짐이 아닐까 싶다. 참된 목자이신 예수님 곁에서, 예수님의 소중한 양떼 가운데서, 충성된 종으로 살아가려는 중심을 잃지 않았으면 한다. 김북경 목사님이 당부하신 목자견의 사명을 다시 한번 가슴에 새겨본다.

약함

2018년 10월, 김북경 목사님과 신씨아 사모님의 건강이 좋지 않다는 소식을 듣고 황병훈 목사와 함께 영국으로 건너갔다. 당시 몸의 상태와 사역 일정을 고려할 때 영국을 다녀올 형편이 아니었지만, 어쩌면 살아생전에 직접 뵐 마지막 기회일지도 모른다는 생각에 무작정 비행기에 몸을 실었다. 몸에 여독이 차오르는 듯했지만, 목사님과 사모님의 얼굴을 마주하는 순간 모든 고단함이 눈 녹듯 사라졌다.

목사님은 많이 쇠약해진 상태였다. 거동이 편치 않으셨기에 집에 머물며 교제하려 했으나, 장로님은 기어이 우리를 이끌고 집 밖으로 나가셨다. 멀리서 찾아온 후배를 챙겨주고 싶은 마음을 알기에 뒤따라 나섰다. 목사님은 외출하면서 자전거 헬멧을 착용하셨다. 걸음이 불안정했기에 혹여라도 넘어지면 머리를 다칠 위험이 있어 안전 장비로 헬멧을 사용하신 것이다. 헬멧과 지팡이를 도움 삼아 천천히 걸음을 옮기는 뒷모습을 보는데, 나도 모르게 눈물이 고였다. 영국 라브리, 유서 깊은 지역 교회당, 제인 오스틴 생가 등 몇 곳을 다니는 동안에도 목사님은 수시로 쉬셨다. 우리가 함께 걸음을 멈추면 목사님은 어서 다녀오라고 웃으며 손짓하시고는 했다.

  목사님이 몸의 약함을 안고 계셨다면, 신씨아 사모님은 정신의 약함을 겪고 계셨다. 사모님은 뇌 건강이 약화 되어 망각 증상을 자주 보이셨다. 목사님은 그런 사모님에게 수시로 무언가를 부탁했다. 기억이 희미해진 아내를 자극해 총기를 일깨우기 위해서였다. 그러면 사모님은 남편의 부탁을 받고 이것저것 챙기셨다. 몸이 쇠약해진 목사님은 사모님의 약한 정신을 붙들어 주셨고, 정신이 약해진 사모님은 목사님의 아픈 몸을 지탱해 주셨다. 두 분이 노년에 얻은 몸과 정신의 약함은 아픔이고 슬픔이었지만, 약함을 통해 두 분은 서로 더 깊이 포개어졌다. 누군가 인간의 가장 성숙한 단계는 자존이 아닌 그것을 넘어선 상호의존이라 말했던가. 두 분은 가장 약해졌을 때 어느 때보다 아름다운 연합을 이루셨다. 두 분은 떠나셨고, 지금은 우리 곁에 없다. 다루기 어려운 약함 속에서도 유난히 아름다우셨던 두 분이 오늘따라 무척이나 그립다. 그날 그곳에서 해처럼 밝은 얼굴로 다시 뵐 날을 고대한다. 그리움이 더할수록 남기신 온기를, 부탁한 사명을, 보여주신 약함의 신비를 소중히 간직하며 오늘 이곳을 살아가고 싶다.

기억하고 따르겠습니다

국제장로회 한국노회 후배들의 고백

20년쯤 전으로 기억한다. 김북경 장로님은 당시 내가 사역하던 성경적토지정의를위한모임(현 희년함께)의 고문이자 에스라성경대학원대학교의 총장으로 계셨다. 어느 날 김장로님의 초대를 받고 나는 에스라성경대학원대학교에 가서 학생들에게 희년 강의를 했다. 그 강의를 들으시고 김장로님이 내게 "인물이네!"라고 하신 말씀이 기억난다.

그로부터 몇 해 후인 2006년 10월 20일 저녁에, 나는 김북경 장로님과 함께 방글라데시 출신의 무하마드 유누스(Muhammad Yunus)를 만났다. 무하마드 유누스가 그라민 은행의 '소액 대출'(마이크로 크레딧)로 노벨평화상을 받고 또 서울평화상 수상자로 선정되어 내한하자, 높은뜻숭의교회가 주도하여 설립한 열매나눔재단이 마련한 그와의 간담회 자리에 초청을 받았다. 아마 내가 오랫동안 높은뜻숭의교회 홈페이지 게시판을 통해 지속적으로 희년 대부법의 적용 대안으로 빈민 소액 대부를 제안해왔기 때문일 것이다. 감사하게도 열매나눔재단은 다른 한 사람을 초청할 수 있게 해주어서 김북경 장로님에게 전화하여 함께 참석했다.

유누스가 앉은 테이블에 나를 포함하여 모두 열 명 정도가 앉아 대화하면서, 나는 유누스에게 빈곤 문제를 해결하려면 토지 개혁과 소액 대부가 함께 가야 한다고 역설했다. 그러나 유누스는 토지 개혁을 거부했다. 그는 내게 토지 개혁은 정부가 할 일이고, 자기는 소액 대부만 하겠다고 말했다. 무척 실망스러웠다. 빈민들이 겪고 있는 빈곤의 고통을 해결하는 것을 최우선 순위에 둔 사람이 아니라는 생각이 들었기 때문이다. 그가 최우선 순위에 둔 것은 빈곤 해결이 아니라, 자기가 만든 그라민 은행이 아닌지 의심스러웠다. 빈곤 문제를 해결하기 위해서는 토지 개혁만으로는 충분하지 않고 다른 대안들이 함께 실행되어야 한다. 그것을 구약 희년 관련법의 총체적 대안들이 잘 나타내고 있다. 또한 그것은 대천덕 신부님의 일관된 가르침이기도 했다.

나는 무하마드 유누스와 함께했던 간담회를 마치고 김북경 장로님과 더불어 지하철을 탔다. 당시 김장로님의 거처가 내가 사는 고양시에 있었기 때문이다. 그렇게 열차를 타고 돌아오면서 오늘의 만남과 나의 견해 등 여러 이야기를 김 장로님과 나누었던 추억이 오늘까지 기억난다.

— 박창수 목사(희년사회 목회신학 위원)

김북경 목사님을 알게 된 계기는 한국 국제장로회 준노회에서였다. 웨스트민스터신학대학원에서 방인성, 박득훈 두 분을 알게 되었고, 두 분이 소개한 국제장로회는 내게 안수를 어디서 받아야 할지 고민을 단번에 해결해 주었다. "여기다!" 이곳이라면 교회와 사회의 역할을 균형있게 선배 목사님으로부터 가르침을 받을 수 있겠구나 싶어서 결심할 수 있었다. 이후 노회가 열릴 때마다 청원자의 자격으로 참석하면서 독특하면서도 자유분방한 김북경 목사님을 보면서 솔직담백한 분이라는 인상을 받았다.

김북경 목사님으로부터 영향을 받은 후배 목사님들을 통해서도 그분의 면모를 맛볼 수 있었다. 김북경 목사님은 작아 보였지만 늘 큰 여유를 갖고 인생을 사시는 것 같았다. 그분이 삶과 인격으로 보여주신 IPC의 정신을 따라 우리 IPC 한국노회도 규모는 작지만 유연하게 복음을 누리며 살았으면 좋겠다는 생각을 가져본다. 생전에 김북경 목사님과 좀더 깊은 교제를 자주 나누지 못한 것이 아쉬웠다. 살아 계실 적에 몇 번의 만남으로 스치듯 인사하고 헤어졌다. 하지만 런던에서 열린 목사님의 장례식에는 직접 참여하고는 더욱 그분의 진가를 알게 되었고, 아니러니하게도 돌아가신 후에 그분을 더 알고 더 만나는 혜택과 특혜를 누리게 되었다. 지금도 김북경 목사님은 나와 우리 IPC 후배들에게 적잖은 가르침을 가르치고 계신다.

-하상호 목사(함께가는교회)

2013년쯤이었을 겁니다. 김북경 장로님이 한국에 계실 때였는데, 제가 장로 안수를 받기 위해 절차를 밟던 중이었고, 너무 솔직한 질문으로 인터뷰를 해주셔서 당황했던 기억이 납니다. 그 시기에 저는 대학생 사역을 하고 있었는데, 김북경 장로님은 제가 안수를 받기 용이하기 때문에 IPC에서 안수받으려는 것은 아닌지 확인하는 질문을 하셨습니다. 그렇게 의심하시는 듯했습니다. 그 때문이었는지 같은 테이블에서 식사하면서도 제게 말을 걸지 않으셨습니다. 당시에는 환영받지 못하는 것 같아서 언짢았던 것이 사실입니다. 그런데 세월이 흘러 2024년 1월, 새로운 교회를 개척하였고 2024년 가을 노회 때 교회가 IPC에 가입하였습니다. 아마 살아 계셨더라면 김북경 장로님이 크게 기뻐하셨을 것 같습니다. 이제는 안수받을 때 좀 섭섭했다면서 웃으며 얘기를 나눌 수 있을 것 같은데, 안 계셔서 그리할 수 없어 안타까울 뿐입니다. 교회를 세우는 일에 진심이셨기에 장로님은 더욱 저의 개척을 기뻐하셨을 것 같습니다. 장로님께는 저의 목사 안수식에서 "목사는 양치는 목자가 부리는 개와 같다"라고 말씀하신 것을 떠올리면서, 목자이신 주님이 부리시는 개처럼 맡은 교회를 충성스럽게 섬겨가리라고 다짐해 봅니다.

-최진승 목사(서울이음교회)

김북경 목사가 말하는 IPC 한국준노회의 역할과 한계

어제 모임에서 느낀 바와 말 다 못한 점이 생각나서 몇 자 씁니다.

먼저 주님을 사랑하는 형제들이 모여 진지하게 머리를 맞대고 토론하는 모양이 아름다웠습니다. 앞으로 이머징하는 젊은 목사들이 잘해보겠다는 의지를 갖는 것은 한국 교회의 큰 희망입니다.

제가 두 가지를 사과합니다. 하나는 제가 토론을 독식한 것 같습니다. 저를 아는 형제들은 이해했겠지만 젊은 형제들은 다른 인상을 받았을지 모릅니다. 그리고 쌍소리를 해서 형제들을 놀라게 한 것을 사과합니다.

1. 유기적 노회

방인성 목사님이 기조연설을 했듯이, 우리 노회는 제도에만 집착하지 말고 형제들끼리 유기적인 관계를 맺어서 노회에 신물이 난 사람들이 오고 싶어 하는 모임이 되었으면 합니다. 구체적으로는 책 『깊이 있는 교회』에서 말했듯이 먼저 다가가서 말을 걸고 친해지려고 하는 태도를 보이는 것입니다. 서로 멘토가 되어 주는 공동체입니다. 구태여 성경적 언어를 쓴다면 성령의 교통(제)의 실천입니다. 한국인의 심성으로 표현한다면 '정(情)'이 있는 모임이지요.

이런 한국인의 아름다운 정서를 성령의 교제(Fellowship)로 승화시키면 어떨까요? 예수의 정이 있는 모임은 예수님을 기리는 예배도 같이 드리고 성만찬을 통해서 은혜를 받고 영적인 결속을 다짐하는 시간입니다.

2. 서로 기도하는 공동체

유기적인 모임은 교회나 단체를 대표하는 형제들이 자기들이 하는 일들을 발표하고 기도 제목을 내놓고 서로 기도해 주는 공동체입니다. 서로의 기도가 없으면 살지 못하는 저희가 아닙니까? 물론 기도 제목의 대부분은 내놓기 부끄러운 것들이 있겠지요. 그렇다고 무화과 잎으로 가린다고 해결이 될 문제가 아니지요.

3. 생각하는 노회

또 한편으로 우리가 해야 할 일은 방 목사께서 말씀한 것 같이 모여서 행정처리만 하지 말고 말씀도 듣고, 당면한 문제를 가지고 누가 미리 준비해서 강의하고 토론하는 겁니다. 한국 교회를 개혁하자고 모인 저희니까 개혁자들처럼 커팅 엣지(Cutting Edge)적인 문제들을 다루었으면 합니다. 교회개혁실천연대나 라브리에서 고민하는 문제들 말입니다. 사실 교회에서 이런 이슈들을 다루지 못하기 때문에 비교회단체들(파라처치)이 일어난 것 아닙니까? 그렇다면 당면한 핫이슈를 교회 지도자들이 고민하고 하나님의 지혜를 구하는 것이 마땅하겠지요. 문제는 교회입니다. 교회 문제는 교회가 해결해야 한다고 믿습니다. 교회 안에서는 도저히 개혁할 수 없으니까 교회 밖에서 해보자고 하는 것인데, 이제는 개혁하려는 교회가 모였으니 개혁 의지가 있는 비교회단체와 협력해서 개혁의 길을 모색해나가야 하지 않을까요? 그래서 생각하는 노회가 되었으면 합니다.

4. 목사안수와 편입 그리고 노회의 발전

노회의 신입 목회자와 교회를 생각해 봤습니다. 지금 상태를 보면 예상했던 대로 관심이 있는 사람들이 많이 몰려오고 있습니다. 이것은 한국 교회의 상태를 반영한 것이라고 보면 슬프기도 하고, 그래서 한국에 IPC가 있는 것이 하나님의 뜻이 아닌가도 생각해 봅니다. (꼭 그렇지는 않겠지만요.) 그러나 저에게 노파심(문자 그대로도 말입니다.)이 있습니다.

어느 철학자가 부활한 몸에 대해서 말 한 예를 들겠습니다. 전구(동그란 옛날식 전구)에 구멍 난 양말을 씌워서 꿰매던 어머니를 보셨을 겁니다. 그런데 다른 곳에 또 구멍이 나면 다른 실로 구멍을 꿰매고 하다 보면 결국 그 양말은 온통 새로운 실로 재생될 터인데, 그러면 이 양말은 옛날 양말과 어떤 차이가 있을까요? 같다고 할 수 있을까요? 윤곽(제도)은 같을 텐데 내용(양말의 질)은 다르겠지요? 바울이 말한 부활한 몸을 이렇게 설명할 수도 있겠지요?

이 예화를 노회에 적용해 봤습니다. 새로운 교회와 목회자(새로운 실)가 단시간에 많이 들어오면 IPC 형체(전구 모양)는 유지될지 모르지만, 내용(원래 IPC의 전통과 정신)을 희석시킬 수도 있다는 것입니다. 특히 현 노회가 준 노회인데, 그 안에 모와 도가 섞여 있는 상태에서 신입생들이 많이 들어오면 그들이 또 줄 서기를 할 테고, 그러면 파가 생길 위험이 있습니다. 이것이 저의 공연한 기우라고 생각하시면 용서하십시오. 그러나 모와 도가 공존하는 현실이라고 가정한다면, 우리가 솔직한 대화를 해봐야 할 문제가 아닌가 생각합니다.

5. IPC의 성경적 다양성 안에서의 연합

쉐퍼 목사의 성경 안에서 다양성과 연합성을 인정하는 것이 IPC의 전통이고, 신입생들이 IPC를 좋아하는 점 중의 하나라고 봅니다. 까놓고 말하자면, 노회에 모와 도가 공존하고 있다는 것입니다. 성인경 목사님이 노회에서 말했듯이, 무엇이든지 한국화되면 독해진다고 했는데, 그것을 저는 흑백으로 가르는 성질로 표현하고 싶습니다. 저는 IPC의 장점이 모도 있고 도도 있을 수 있다는 것입니다. 그것이 이단이 아닌 이상 말입니다. 이런 문제로 노회 결성이 늦어지고 있지 않나 짐작해 봅니다. 제 짐작이 틀렸다면 그렇다고 말씀해 주면 좋겠습니다. 그리고 외부에서도 이 문제로 주춤하고 있는 형제들도 있다고 들었습니다. 이 문제는 정식 노회로 가기 전에 해결할 과제입니다. 해결이 안 된 채로 정식 노회가 되면 그때는 더 큰 문제로 번질 수가 있습니다.

부탁은 이메일로 지상 토론을 하면 좋겠습니다. '열'보다는 '빛'을 내도록 토론하면 좋겠습니다. 빛을 내려면 마음의 창이 투명해야 합니다. 한국 교회의 단점이 마음 문이 닫혀 있다는 데 있지 않습니까? 깊이 있는 공동체의 특징이 서로 마음 문을 여는 것입니다. 유교적인 문화는 얼굴을 맞대고 진실을 말하기 힘들지요. 우리는 반문화적인(세속의 문화) 기독인으로서 예수님이 하신 말씀, 예는 예라고 하고 아니면 아니라고 할 수 있는 성령의 역사를 따르면 좋겠습니다.

6. 노회 전권 이양을 받기로 한 결정에 대하여

어려운 결정을 해 주셔서 감사합니다. 그런데 노회의 권한을 이양받고 노회로서 행사하는 데는 책임도 따른다는 것을 말씀드립니다.

1) 노회가 할 일은 다음과 같습니다.

가. 정기적으로 모여서 예배드린다.

나. 목사/장로 안수 청원자를 심사하여 받고 1년간 교육시킨다.

다. 교육은 노회가 추천하는 교육기관에서 훈련을 받는다.

예) 기독연구원느헤미야, 라브리, 에스라성경대학원대학교, 웹.

라. 노회원의 지도를 1대1로 받는다.

마. 최종 심사를 영국한인노회의 허락을 받아 목사/장로 안수를 한다.

(정식 노회가 될 때까지는 영국한인노회의 이름으로 안수를 준다. 따라서 목사/장로 안수 증명서는 영국에서 발행한다.)

바. 타 교단에서 안수받은 목사/장로가 편입할 때는 IPC가 인정하는 교단일 경우에 논술과제를 면제하되, 기타 서류(추천서, 청원서, 22가지 문제 등)로 면접한 후 준노회원으로 편입시키고, 1년 후에 하자가 없으면 정식 노회원으로 영입한다.

사. 타 교단 목사/장로가 편입을 청원할 때, 소속 교회도 IPC에 가입할 것을 전제로 한다. 소속 교회가 없는 목사/장로는 노회 편입 자격에서 제외된다.

2) 준노회가 할 수 없는 일들은 다음과 같습니다.

가. 헌법이나 노회 규정을 수정할 수 없다. 사정에 따라 노회 규정을 수정 보완할 필요가 있을 때는 영국한인노회와 상의한다.

나. 준노회가 자체적으로 정식노회를 결성할 수 없다. 정식노회가 되려면 영국한인노회의 허락과 지도가 있어야 한다.

7. 정식노회결성의 조건(제안)

영국 노회는 유럽 노회를 결성하는 기준을 다음과 같이 정했습니다.

가. 세 조직교회가 있어야 한다.

나. 조직교회란 목사를 포함한 장로 2인이 있는 교회를 말한다.

다. 20인의 성인 세례교인이 있어야 한다.

한국장로교 헌법에도 장로 2인이 있으면 조직교회가 될 수 있다고 하였고, 영국한인노회규정에도 규정에 없는 경우에는 한국 장로교 헌법에 따른다고 하였습니다. 이런 점을 감안하여 위의 조건으로 한국에 정식노회를 결성할 것을 제안합니다. 우선 이메일로 토의하고 금년 9월에 있을 정기노회에서 결정하도록 제의합니다.

8. 정노회원 자격과 준노회원 자격

가. 김온양 목사가 의문을 제기한 대로 3-4 교회가 IPC에 가입하여 정식 노회가 결성되면, 3-4인 정식 노회원 이외의 회원은 준노회원이 되느냐 하는 것입니다. 이것에 대한 제 생각은 이렇습니다. 소속 교회가 없는 목사는 당연히 준노회원이 됩니다. 목회를 안 하거나 타교단에서 목회를 하는 경우, 혹은 IPC노회 회원이 아닌 교회의 목회자는 노회소속 타 교회에 관한 사항에 대해서 결정할 권한이 있을 수 없다는 것이지요. 여기에 해당하는 목사와 장로는 발언권은 있어도 투표권이 없는 준노회원으로

남아 있게 됩니다.

단 창립회원은(현재 준회원) 예외로 합니다. 왜냐하면 IPC 창립회원은 오랫동안 IPC를 사랑해 왔고 그 정신을 이어받았기 때문에, 장차 편입할 외부 쓰나미 세력에 방파제로 서 주셔야 할 것 같습니다.

나. 해외선교사, 비교회 선교단체 사역자, 교사, 교수는 '준노회원'으로 해야 합니다. 그 이유는 이분들은 노회가 안수 주어서 선교사로 파송한 경우가 되기 때문입니다. 그러므로 이분들은 노회가 지도 내지는 격려해야 할 책무가 있습니다.

하나님의 마음에 합한

겸손한 목자

에스라가 그리워하다

하나님 마음에 합한 목자

민경동(전 에스라성경대학원대학교 총장)

저는 하나님을 전혀 모르는 가정에서 태어나 자랐습니다. 서른 살이 넘은 나이에 예수님을 믿는 아내를 맞아 결혼하게 되었고, 이를 계기로 하나님을 알게 된 행운아입니다. 저는 1979년 결혼식을 마치고, 두 주일이 지난 후에 직장 일로 런던에 파견되어 8개월 동안 아내와 함께 생활하게 되었습니다. 그곳에 도착한 후 얼마 지나지 않아 아내를 따라 교회에 나가게 되었는데, 그곳이 바로 당시 런던에 있는 유일한 한인교회인 '윔블던한인교회'(이하'교회': 현재의 '킹스톤한인교회')입니다. 난생처음으로 교회에 나가 거기서 목사님을 만나게 되었습니다. 그 후로 저는 두 차례 영국에서 2-3년 정도씩 체류하면서 목사님과 교제하는 시간을 가졌습니다. 그리고 또 한 번은 목사님이 '에스라성경대학원대학교'의 총장으로 오셨을 때 가끔 뵐 기회가 있었습니다. 그런 시간을 통하여 알게 된 그 분의 참 모습을 몇 가지만 나누고자 합니다.

한 영혼을 귀하게 여기는 분입니다

제가 1979년 런던에 체류할 당시, 런던 주재원으로 근무하던 저의 직장 선배되는 분이 교회에 다니고 있었습니다. 목사님은 그분 가정에서 저희 부부와 함께 특별 과외로 성경을 가르쳐 주었습니다. 그 시간에 성경에 문맹자인 저는 하나님을 전혀 모르는 사람들이 던지는 유형의 질문들을 마구 쏟아내어 목사님을 괴롭혔던(?) 기억이 지금도 생생합니다. 목사님은 제가 묻는 여러 질문에 대하여 자상하게 그리고 알아듣기 쉽게 설명해 주었습니다. 마치 너그러운 형님 같은 분으로 느껴졌습니다. 훗날에 이처럼 한 영혼을 소중히 여기시는 그분의 모습이 제가 신앙을 갖는 데 큰 영향을 주었다는 사실을 깨달았습니다. 이를 계기로 성경을 열심히 읽기 시작했고, 이것이 하나님을 알아가는 시발점이 되었습니다. 저의 인생의 행로를 뒤바꿔 놓는 전환점이 된 것이지요. 한참 세월이 지난 후에 이러한 목사님의 모습이 그분이 몸담았던 라브리 선교단체의 정신에서 비롯된 것이라는 사실을 알게 되었습니다. "정직한 질문에 대하여 정직한 대답을"이 그 단체의 모토입니다.

맞춤형 훈련으로 제자를 양육하는 분입니다

저는 영국에서 돌아온 후 3년 뒤에 다시 런던에 파견되어 일하게 되었습니다. 자연스럽게 다시 '교회'에 출석하게 되었습니다. 그때부터 목사님은 아직 걸음마 수준에 머물던 저의 믿음은 아랑곳하지 않고 저에게 강도 높은 신앙훈련을 시켰습니다. 공식적인 교회 훈련프로그램으로 진행된 것이 아니라서 그것이 제자훈련임을 알아차리지 못했습니다. 당시 주중에 목사님과 한 분의 전도사님이 맡아서 진행하던 지역 성경 공부 모임이 있었습니다. 그런데 어느 날 느닷없이 저보고 한 지역 성경 공부 모임을 맡으라고 했습니다. 제 상식으로는 도저히 이해가 안 되는 일이었습니다. 하지만 목사님의 권위에 압도되어 한동안 지역 성경 공부를 인도했습니다. 돌아보면 제게는 도리어 더 깊이 배우는 큰 유익이 있었지만, 공부 모임에 참여한 성도들에게는 손실을 끼치는 일이었지요. 목사님은 이렇게 저로 인하여 교회에 미치는 위험부담을 감수하면서까지 제자훈련을 시키는 독특한(?) 분이었습니다.

한 가지 예를 더 들자면, 당시 런던 시내에 있는 '래드 클리프 칼리지'라는 선교사훈련학교가 있었습니다. 그 학교 프로그램 중 저녁 시간에 일반인에게 공개하는 오픈 강좌가 있었는데, 목사님의 강권으로 그곳에서 한동안 성경 강좌(이사야서 등)를 수강했습니다. 그러면서 성경을 많이 배우기도 했지만, 거기서 여러 성도들을 만났던 것이 제게는 더 큰 유익이었습니다. 그들은 참으로 성숙한 신앙인들이었습니다. 게다가 성경에 대한 이해가 상당히 높은 수준인 것을 알고 깜짝 놀랐습니다. 그때 배운 성경 내용은 거의 기억에 남아 있지 않지만, 그들을 보고 놀랐던 사실은 내내 저의 신앙생활에 도전이 되었습니다. 이렇게 목사님은 이렇게 획일화된 어떤 프로그램을 가지고 여러 사람을 모아 집단적으로 제자훈련을 하지 않고 성도 개개인의 특성에 따라 맞춤형 훈련을 통하여 제자를 양육하였습니다.

한 가지 더 말씀드리자면, 1980년대 당시 한동안 한국 목회자(선교사 포함)들이 목회나 공부를 위하여 미국으로 들어가는 길이 막힌 적이 있었습니다. 그때 많은 분들이 대안으로 영국으로 대거 밀려들어 왔습니다. 그들 중에는 미국으로 가기 위한 우회길로 오신 분들도 있었습니다. 그리고 선교사(또는 후보생)들은 WEC 이나 OM 등으로 훈련을 받으러 왔습니다. 이렇게 영국으로 들어오는 대부분의 목회자(선교사)들은 적절한 도움과 조언을 받고자 목사님을 찾았습니다. 그래서 목사님은 이들을 공항에서 픽업하기 위하여 공항을 무시로 다녔습니다. 당시 런던 거주 한인 중에서 공항을 제일 많이 다니는 분으로 이름이 났었습니다. 어떤 분은 "공항택시기사"라는 별명까지 붙여주었습니다. 이런 상황 가운데 목사님 댁에는 한동안 머물러 숙식을 같이하는 분들도 많았습니다. 한국문화에 익숙하지 않은 신씨아 사모님이 이 손님들을 돌보느라 얼마나 힘들었을까 쉽게 짐작할 수 있습니다. 인간적인 관계로만 본다면 그렇게 친숙한 사람들이 아닌데도 이분들을 사랑으로 묵묵히 섬겼습니다.

　이렇게 목사님을 찾아온 분들에게 도움을 주거나 조언을 할 때도 맞춤형으로 하였습니다. 그냥 그들이 요구하는 대로 들어주지 않았습니다. 그들의 사정을 자세하게 듣고 나서 개별적으로 그들에게 맞는 조언을 해주고, 훈련기관 등을 직접 알선해 주셨습니다. 그리고 언어가 준비되지 않은 채 무작정 건너온 분들에게는 많은 비용을 들여가며 현지에서 언어훈련을 받을 생각을 하지 말고, 어느 정도는 한국에서 준비가 된 후에 다시 들어오라고 따끔하게 조언해 주었습니다. 마음이 참 따뜻한 분인데, 실제 조언을 할 때는 이처럼 에둘러 말하지 않고 직언(直言)으로 분명하게 말씀하였습니다. 진정 그렇게 하는 것이 사랑이지요.

　이 말씀을 드리다 보니 교회에서 있었던 에피소드 하나가 생각나네요. 어느 해 연초에 서리집사 임직식이 있었습니다. 임직을 받는 분들이 회중

앞에서 찬양을 하고자 찬송가 하나를 선곡을 했는데, "부름 받아 나선 이 몸, 어디든지 가오리다"로 시작하는 찬송가 323장이었습니다. 그런데 목사님이 그 찬송을 하지 말라고 하였습니다. 이유인즉, 실제로 그렇게 하지도 못할 것이면서 입술로만 찬양하지 말라는 것이었지요. 그래서 멀쭉해진 집사님들이 다른 찬송가로 찬양을 한 적이 있습니다.

권위 의식이 없는 겸손한 지도자입니다

목사님이 어떤 분인지 한 마디로 소개하기에 적절한 낱말이 '겸손'입니다. 아시는 대로 겸손은 단순히 도덕적인 미덕(겸양)이 아니라 전인격적인 '자기 부인'입니다. 자기를 비우고 하나님으로 채워진 성품으로 예수님을 닮은 모습입니다. 제가 본 목사님은 처음 뵈었을 때부터 소천하실 때까지 한결같이 겸손한 분이었습니다. 오랫동안 목회를 해온 사람으로서 여러 여건상 권위 의식을 갖도록 부추기는 유혹이 있었을 법도 한데 끝까지 변질되지 않은 목회자이셨습니다. 후덕한 동네 아저씨 같아서(권위 의식이 없다는 점에서) 쉽게 친숙해질 수 있는 분이셨습니다. 저뿐만 아니라 한때 같은 교회에 몸담았던 많은 성도들이 빼놓지 않고 하는 말이 있습니다. "권위 의식이 전혀 없고, 겸손한 목사님에게서 목회자의 귀감(龜鑑)을 보면서 그분을 신뢰하고 존경했다." 저는 목사님에게서 많은 것을 배웠지만, 특별히 이런 모습이 저의 사표(師表)로서 신앙생활에 큰 영향을 주었습니다.

긍휼(矜恤)이 많은 분입니다

지금부터 약 15년 전에 있었던 일화(逸話) 하나가 생각납니다. 목사님이 에스라성경대학원대학교 총장직에서 퇴임하는 날, 퇴임 예배를 마치고 따로 목사님과 사모님을 환송하는 자리를 가졌습니다. 그 자리에는 학교 교직원들과 외부에서 온 손님들이 함께 모였습니다. 그동안 목사님 내외분과 함께 하면서 기억에 남는 일이나 소회(所懷)를 나누는 시간이었습니다. 그때 직원 중 한 분이 오랫동안 숨겨진 비밀(?)(직원들은 알고 있었던)을 폭로하는 일이 있었습니다. 학교가 있는 고양동 시내에 군고구마 장수가 있었습니다. 어느 해 겨울 목사님이 직원들에게 간식거리로 군고구마를 사다 주곤 하였답니다. 그런데 매번 사온 고구마가 한쪽 부분이 상한 것이었답니다. 그래서 "총장님, 이 고구마는 썩었잖아요"라고 말하면, "성한 곳도 있으니 맛있게 먹어요"라고 말했답니다. 그러던 중 어느 날 직원 한 분이 군고구마를 사러 갔는데, 고구마 장수 왈(曰), "학교에서 오신 분이라면서 어떤 아저씨 한 분이 저한테 오면 꼭 상한 고구마만을 골라 사가는데, 왜 상한 고구마를 찾느냐"고 물었답니다. 그 아저씨(목사님) 왈(曰), "상한 것은 안 팔릴 것 아닙니까? 그래서 내가 사가려 한다"고 대답하더랍니다. 그 사실의 주인공이 누구인 줄 알고는 직원들이 부끄러움을 느끼며 크게 감동한 스토리를 나눴습니다. 참석한 모든 이들에게 울림이 있는 메시지였습니다.

하나님의 소명(召命)에 충실한 분입니다

요즈음은 사정이 많이 달라졌습니다만, 제가 런던에 체류할 당시에는 런던에 상주(常住)하는 한국 사람(교민) 가정은 손가락으로 꼽을 정도로 극히 소수였습니다. 대부분 대사관과 기업체에 파견되어 근무하는 주재원들이었습니다. 그래서 교회 안에도 교민 가정은 거의 찾아볼 수 없고, 대부분 3~4년 정도 체류하다가 귀국하는 과객(過客)들이었습니다. 목회자의 입장에서 보면, 교회가 안정적으로 세워지는 데 큰 어려움을 겪을 수밖에 없는 상황이었습니다.

그런 가운데 목사님이 가끔 한국에 오면 교회에 몸담았던 성도들이 재회 모임을 갖곤 했습니다. 해를 거듭할수록 재회 모임에 참여하는 성도들은 늘어가고, 런던에 있는 교회는 성도들 수가 잠시 늘었다가 다시 줄었다를 반복하게 됩니다. 한 번은 이런 현상에 대하여 목사님의 소회를 들은 적이 있습니다. 그중에 지금도 기억에 남는 말은 이 교회는 한국 교회 성도들의 제자훈련기관으로서의 미션을 감당하는 교회로 자리매김해야 한다는 것이었습니다.

본(本)이 되는 목회자의 모습을 보고 배우며, 복음에 충실한 바른 가르침과 그 말씀대로 살아냄을 독려하는 목회를 통해서 실제로 당시 런던한인교회는 그 역할을 감당하고 있었습니다. 그 '교회'가 한국 교회에 미친 영향은 가시적으로 보이지는 않지만, 그 '교회'에서 돌아온 많은 성도들이 여러 교회에 흩어져서 신앙생활을 해온 것을 생각하면, 결코 작다고 말할 수 없습니다.

오늘도 저는 목사님이 생전에 보여준 신앙과 목회의 모범을 되새겨보면서 미약하지만 그 본(本)을 따라 저의 남은 믿음의 여정을 계속하기로 다짐해봅니다.

"목사님! 목사님은 저에게 생명의 길을 가르쳐준 은인이며, 믿음의 본을 보여준 선생님이셨습니다. 목사님, 감사합니다."

온유하고 진솔한 사랑의 리더십

이진섭(에스라성경대학원대학교 교수)

김북경 목사님과의 만남

목사님을 언제 처음 만나 뵈었을까 생각하니, 너무 오래전 일이라 정확한 때는 잘 기억나지 않는다. 아마도 내가 처음 영국으로 유학 갔던 1992년 하반기 어느 날이었을지 모른다. 목사님이 사역하시던 런던한인교회는 영국의 첫 번째 한인교회였기에, 런던에서 성경과 신학을 공부하던 유학생에게는 잘 알려져 있었다. 나는 당시 영국교회를 경험하려고 런던의 올소울스교회와 (내가 공부하던 성경 학교 근처에 있는) 이란교회에 주로 출석하고 있었지만, 학교에 같이 공부하던 한국인 전도사 친구가 사역하던 런던한인교회에도 출석했던 기억이 있다. 그때 김북경 목사님은 당시 유학생에게 늘 그러셨듯이 내게도 자상하고 편안하게 대해주셨다. 이후 1996년 런던 바이블 칼리지에서 공부하면서 사역 훈련 과정으로 런던한인교회의 전도사로 사역하게 되었을 때도 목사님은 늘 편안하고 다정하게 대해주셨다. 목사 안수 받는 길을 적극적으로 추천해주셨다. 보통 한국 교회의 담임목사 앞에서 전도사가 받는 압박감이나 스트레스 같은 건 찾기 힘들었다. 즐겁고 기쁜 마음으로 맡은 부서 사역을 할 수 있었다.

다시 목사님과 함께 하게 된 자리는 에스라성경대학원대학교였다.

1993년 여름, 1년간의 영국 유학 생활을 멈추고 윤종하 장로님과 백정란 이사장님과 함께 한국에 성경학교를 세우는 일에 함께했다. 나는 영국 성경학교의 경험과 직장의 기획자 경험을 기반으로 하여 한국에 '에스라성경연구원'을 기획하는 역할을 맡게 되었다. 1997년 시작된 에스라성경연구원이 2003년 에스라성경대학원대학교로 발돋움할 때, 나는 이미 이 학교의 교수로 참여하고 있었고, 김북경 목사님은 초대 총장으로 부임하시게 되었다. 한국 땅에서 새롭게 만나는 자리였다. 여전히 평안하고 즐거운 만남이었다. 나는 목사님께 국제장로회 교회가 한국에 들어올 필요를 말씀드리며 그 길을 제안했다. 목사님은 이미 장로교가 있는 지역(한국)에는 국제장로회가 들어올 수 없다고 하셨지만, 나는 한국에 진정한 의미의 장로교, 즉 복수 리더십이 온전히 발휘되는 교단이 필요하다는 점을 목사님께 계속 말씀드렸다. 결국, 2006년 10월 30일 에스라성경대학원대학교 총장공관에서 국제장로회 한국준노회가 결성되는 1차 회의가 열렸다. 그 이후 결국 2016년 4월 17일 한국노회가 생겼고, 지금의 자리까지 오게 되었다. 김북경 목사님과의 만남은 영국 유학 중 한인교회, 에스라성경대학원대학교, 국제장로회 한국노회로 까지 자연스럽게 이어졌다.

온유하고 진솔한 사랑의 리더십

목사님을 생각할 때 가장 먼저 떠오르는 건 그분이 지니신 온유하고 겸손한 리더십이다. 나는 그분을 한때는 교회의 담임목사님으로, 또 한때는 성경학교의 총장님으로 함께했는데, 언제 어느 자리에서든 그분에게서 불필요한 권위 의식을 느끼지 못했다. 어깨에 힘이 들어가 있지 않으셨고, 말에 모난 권위가 배어 있지 않으셨다. 유학 시절 처음 만나 뵈었을 때부터 언제나 다정하고 온유한 모습이셨다. 그래서 함께 일하는 사람들이 언제나 억압되지 않고 자유로운 마음으로 행동할 수 있게 해 주셨다. 에스라성경대학원대학교의 총장직을 퇴임하실 때에 많은 교직원들이 고마움과 함께 아쉬움을 표현했다. 그분은 늘 온유하고 겸손하게 자신이 맡은 직분을 감당하셨다.

김북경 목사님은 또한 소탈하고 호탕하신 분이셨다. 때로는 이웃집 아저씨같이 편안하게 만날 수 있는 분이셨고, 때로는 어려운 문제를 시원하게 처리하는 행동가이셨다. 마음이 꼬여 이리저리 남을 불편하게 하는 막힌 사람이 아니셨다. 목사님의 그런 소탈한 모습 때문에 학교의 교직원들은 총장님이신 목사님을 많이 좋아했다. 또한 목사님의 그런 호탕한 모습 때문에 국제장로회가 한국에 들어올 수 있었고, 결국 국제장로회 한국노회가 출범할 수 있었다. 학교에서 여러 어려운 논의가 각종 회의 때 종종 펼쳐졌지만, 그 어려운 자리를 싫은 내색 없이 부드럽게 잘 이끌어 가셨다. 인내가 많으셨고, 포용력이 크셨다. 때론 "허허"하는 웃음 한 마디로 어려운 문제를 마무리하셨다. 체구가 작으셨지만, 그분이 품으신 포용력의 체구는 엄청난 크기였다.

하지만 무엇보다도 목사님을 추억할 때 가장 인상 깊게 기억되는 건, 그분께서 하나님을 향하여 가지신 사랑과 진실함이라고 말하고 싶다. 옆에서 같이 생활하고 일하면서, "아! 이분은 진짜 하나님을 사랑하고 계시는구나"라는 점을 종종 느낄 수 있었다. 목사님의 설교는 화려하고 지식이 번뜩이는 모양은 아니었지만, 하나님을 깊이 사랑하신다는 점을 느끼게 하는 힘을 가지고 있었다. 미사여구보다 진솔함이 드러나는 설교였고, 그 진솔함이 메시지의 힘으로 다가오는 설교였다. 때로 목사님은 설교와 기도 중에 울기도 하셨다. 하나님의 마음에 다가간 그 깨달음 때문에, 하나님을 사랑하는 그 마음 때문에, 울음으로 고백하셨던 것이다. 가끔은 설교 중에 자신의 약함과 약점을 그대로 고백하기도 하셨고, 청중은 그분의 그런 고백과 진실함에 더욱 하나님께 나아가는 경험을 했다. 약함이 강함으로 나타난다는 말씀을 현실로 경험할 수 있게 하시는 분이었다.

이런 그분과 인생의 한때를 함께할 수 있었다는 게 감사하다. 어려운 유학 생활에 힘이 되어 주셨고 분주하고 복잡한 신학교 사역에 든든한 기둥이 되어 주셨으며, 국제장로회 한국노회가 세워지는 데 기초가 되어 주셨다. 소탈하고 따스한 그분의 음성을 지금은 들을 수 없지만, 그분이 보이신 온유한 사랑의 리더십은 쉬이 잊히지 않는다.

나의 노년의 모델

김순홍 목사 (에스라성경대학원대학교 졸업생, 전 에스라교회 담임)

나의 인생과 신앙에 있어 에스라성경대학원대학교는 중요한 분기점이며 전환점이었다. 그곳에서 보낸 시절은 생각만 해도 기분이 좋아지고 도전이 되며 정신 차리게 하는 분들과의 추억이 있기 때문이다. 그 중 한 분이 김북경 총장님이시다. 2003년 에스라성경대학원대학교의 학생과 총장으로의 만남을 시작으로 그분과 교제하고 삶을 지켜보는 혜택을 누렸다. 졸업 후에는 학교 안에 있었던 에스라교회를 담임으로 섬기면서 더 풍성하게 두분을 경험할 수 있었다.

김북경 총장님께 받은 나의 첫인상은 온유함과 편안함 그리고 인자한 아버지의 모습이었다. 낮은 목소리와 미소를 띤 얼굴, 상대를 배려하는 일상의 모습은 30대 중후반의 나에게는 3,40년 후 나의 모습을 내다보게 하였다. 특별히 신씨아 사모님을 향한 다정하면서도 배려하며 섬기는 모습은 깊은 인상으로 남아 있다. 몇몇 학생들을 사택으로 초청하여 교제해 주시고 또 영어도 가르쳐 주기도 하셨는데, 총장님은 그때 직접 요리를 하여 우리를 먹여 주셨다. 이런 섬김의 모습은, 그것도 70세가 다 된 어른 남자가 그렇게 하는 것은 당시 나에게는 매우 낯설었는데, 그분에게는 너무도 당연하고 자연스러운 일상이라고 하셔서 더욱 놀랐다.

당시 내가 살았던 학교 앞 빌라 2층에서 아내와 함께 참 근사하고 아름다운 광경을 종종 목격할 수 있었다. 총장님과 사모님이 대중교통을 이용하여 고양시장 버스정류장에서 하차하여 사택에까지 걸어 올라오셨는데, 그 15-20분 거리를 두 분이 손잡을 꼭 잡고 천천히 걸어오셨다. 이 모습이 그렇게도 멋지고 아름다웠고, 나도 모르게 절로 잔잔한 미소를 짓게 하는 풍경이었다. 지금은 이렇게 다정한 노년의 부부들을 종종 목격하곤 하지만, 20여 년 전만 해도 매우 드문 풍경이었다. 그런데 평생 그렇게 살아오셨으니 두 분은 무척 자연스러웠고, 그래서 한 폭의 그림을 보는 듯했다. 우리 부부도 나이 들어가면서 꼭 따라 하고 싶은 모습 중 하나로 남아 있다. 두 분 중 한 분이 외출하셨다가 돌아올 시간이 되면, 다른 한 분이 으레 정류장까지 마중을 나가 함께 손잡고 걸어오시는 것을 보면서 나는 에녹이 하나님과 동행한 모습을 떠올리곤 했다. 총장님과 사모님이 잠시 헤어질 상황이 생기면 입맞춤하며 인사하셨는데, 젊은이들에게서는 느끼지 못하는 사랑과 우정, 인생의 동반자를 대하는 예의 같은 것을 볼 수 있었다.

우리 가족은 학교 안에 있는 교회를 섬긴다는 이유로 총장님 부부로부터 더 오래 더 많은 사랑을 받았다. 6살 첫째 딸 은성이는 학교와 총장님 사택이 정원이었고 놀이터였다. 신씨아 사모님은 할머니로서 은성이를 무척이나 사랑해 주셨고, 말이 안 통하는데도 아내와 마음이 통하는 교제를 나누어주셨다. 2005년에는 둘째 딸이 7년 만에 태어났는데, 총장님은 축하한다면서 한국은행에서 발행한 동전(일 원, 오 원, 십 원, 오십 원, 백 원, 오백 원)을 한세트 선물해 주셨는데, 그 뜻깊은 선물을 우리는 지금도 간직하고 있다.

　김북경 총장님께서는 주일에는 주로 외부에 나가서 설교하시거나 사모님을 배려하여 덕수궁에 있는 성공회 주교좌교회나 외국인들 예배에 가셨는데, 가끔은 에스라교회에 주일예배나 수요 성경 공부에 참석하셨다. 그때 예배자로서 젊은 제자의 설교에 귀 기울여주시던 총장님을 뵈면서 나를 돌아보게 되었고, 나도 언제까지 저 모습으로 예배하며 살고 싶다는 기도 제목이 생겼다. 설교 준비가 버겁게 느껴질 때면 목회를 은퇴하신 총장님께 묻기도 하고 푸념도 털어놓기도 했다. "총장님, 저는 설교를 준비하는 것도 설교를 하는 것도 힘들어요. 총장님은 40여 년이나 목회하면서 설교해오셨으니 설교가 쉬우시죠?" 그러자 총장님께서는 이번 주에 자기도 외부에서 설교해야 하는데, 여전히 설교 준비가 힘들고 부담스럽다고 대답하셨다. 금번 토요일까지 설교 준비로 잠자리가 결코 편하지 않을 것 같다고 말씀해주셔서 오히려 위로를 받았다. 총장님의 고백을 통해 나는 설교자의 위치와 말씀에 대한 자세와 태도를 배울 수 있었다. 은퇴하신 목사님이 지금도 설교가 부담스럽다면, 부족하고 미성숙한 30대 목회자인 나에게 설교가 부담스러운 것은 너무도 당연한 것임을 깨달았기 때문이다. 그때로부터 20여 년이 지난 지금도 나는 말씀을 연구하고 실천하고 가르치고 전하는 일이 어렵다. 항상 한계를 느낀다. 하지만 총장님 말씀처럼 그건 절대로 적응이 안 되는 일이고, 힘들게 나온 설교라야 청중들에게도 가닿을 거라는 믿음으로 이 자리를 고수하고 있다.

　그렇게 김북경 목사님은 나에게 총장님으로서, 한 아내의 남편으로서, 선배 목회자와 설교자로서 참 좋은 모델을 보여주고 가셨다. 나의 60, 70

대의 모습을 그려볼 수 있게 하셨다. 사람을 대하는 태도, 자연을 대하는 태도, 말씀을 대하는 태도를 보여주셨다. 살고 존재하는 것 자체가 메시지가 될 수 있다는 것이 신기하다. 그렇게 온몸에 천국의 품위와 풍미가 새겨진 한 멋진 영국 신사, 하나님 나라 신사를 아주 가까이서 뵐 수 있었던 것이 얼마나 큰 축복이었는지 시간이 더 흐를수록 또렷하게 고백된다. 총장님 내외를 선물처럼 곁에 보내주신 하나님께 감사드린다.

옆집 할아버지

윤덕희(전 에스라성경대학원대학교 사무국장)

총장님은 내가 에스라 9기 학생일 때와 그 이듬해 에스라 사무국장으로 일할 때 1년 정도 함께 했다. 총장님은 그 이듬해 퇴임하신 것으로 기억된다. 대학원대학교가 되기 이전 에스라성경연구원 초대 간사였다는 특권(?)으로 총장님 사택 바로 옆 관사에서 딸과 함께 기숙사 생활을 했다. 소탈하신 총장님은 어린 딸에게 그냥 옆집 할아버지셨다.

총장님과 신씨아 사모님은 가끔 학생들을 사택에 초대하셔서 따뜻한 차와 간식을 대접하며 담소를 나누셨다. 특별히 선교사님들과 주말에 오갈 데 없는 학생들에게 마음을 많이 써주셨다. 총장님 댁은 추억이 깃든 크고 작은 사진액자들을 여기저기 놓아두어 외국 어느 집에 온 따스함을 느낄 수 있었다.

총장님은 낡은 모자 하나 눌러쓰고 가끔 동네 마트에 들러서 장을 보시곤 하셨다. 특별히 신씨아 사모님이 한국 생활이 익숙하지 않으셔서 총장님이 이모저모 많이 돌보셨다. 총장님은 '무시루떡'을 참 좋아하셨다. 덕분에 가을이 되면 에스라 학생 모두가 별미를 맛보곤 했다. 가끔 동생이신 김온양 목사님 내외가 오셔서 함께했던 기억이 난다. 모두가 비슷한 기억이겠지만 내 기억 속의 총장님 역시 매우 소탈하고 온유하고 겸손한 분이셨다. 조용하지만 뭔가 모를 힘이 느껴지는 그런 분이셨다.

총장 관사를 지을 때 신씨아 사모님의 유일한 요구사항은 영국인답게 햇볕이 잘 드는 곳이 되게 해달라는 것이었다고 한다. 총장님 관사에는 늘 방문객들이 많았다. 영국에서도 총장님 댁은 많은 분들이 다녀갔다고 하는데, 에스라에서도 마찬가지였다. 심지어 주변을 배회하는 길고양이들도 목사님 부부의 지극한 보살핌 덕분인지 자주 친구들과 방문했다. 모든 것이 에스라의 자연과 잘 어울리는 평화롭기 그지없어 보이는 부부였다.

어느 조직이든 문제가 없을 리 없고, 총장의 자리에서 이런 문제를 조율하거나 해결하는 일은 쉽지 않으셨을 것이다. 아무리 연륜이 있었어도 목회 현장과 학교경영은 많이 달랐을 것이다. 학교 안에 여러 가지 문제를 보시고서도 잠자코 계시는 것을 곁에서 보면서 답답하게 느껴질 때도 있었다. 그런데 시간이 지나 그 이유를 알고 얼마나 그런 마음을 품은 것이 부끄러웠는지 모른다. 오해받을 수 있는 상황에서도 소리 내지 않으시고 묵묵히 하나님의 개입을 기다리시는 당신만의 해법이 있었는데 말이다. 그래서 지금도 김북경 목사님을 떠올리면, 예수님께서 팔복에서 말씀하신 '온유한 자'가 떠오른다. 앞으로도 온유한 자를 묵상할 때마다 김북경 총장님, 아니 김북경 목사님을 떠올릴 것 같다. 그런 품이 넓은 어른이 참 그리운 시절이다.

온몸으로 신앙을 실천하신 총장님

박상규(전 에스라성경대학원대학교 총무처장)

에스라의 사무국장이 되다

저는 시골에서 나고 자라면서 교회 문턱에는 한 번도 가보지 못했다가, 결혼 후 아내를 따라 처음 교회에 나가서 하나님을 알게 되었습니다. 군 생활과 사회생활을 하면서 고난의 시간이 찾아왔지만, 어떻게 기도하고 신앙생활을 해야 하는지를 알지 못한 채 그저 성품으로 모든 것을 해결하려 했습니다.

그러다가 저에게 한 번의 전환점이 찾아왔습니다. 벌써 20년이 훌쩍 지나버린 지난 일입니다. 직업 군인으로 있다가 제대한 후 사업을 했는데 큰 어려움을 겪게 되었습니다. 그때가 2000년도입니다. 그해 여름 에스라성경대학원대학교의 백정란 이사장님을 만났습니다. 이사장님은 저희 가족과 함께 에스라성경연구원 출신의 목사님이 군목으로 근무하던 백령도로 여행을 다녀왔습니다. 여행 중에 이사장님은 에스라성경연구원이 새로운 단계로 나아갈 시점이라고 말씀해주셨습니다. 연구원으로는 더이상 운영하기가 어려워서 정식 학위를 주는 인가 신학교로 전환해야 할 필요성에 대해서 말씀하셨습니다. 그리고 저에게 대학원대학교의 인가를 받는 업무를 맡아 달라고 제안하셨습니다. 저는 적시에 하나님이 제게 주신 일이라 생각하고는 망설임 없이 그 일을 감당하기로 수락하였습니다.

총장 김북경 목사님을 만나다

사무국장이란 중책을 맡아 2000년 10월부터 약 1년여에 걸쳐 학교법인을 설립하고 교육부의 인가를 받는 작업을 진행하여 드디어 에스라성경대학원대학교가 정식으로 인가를 받았습니다. 그리고 초대 총장으로 런던한인교회에서 사역하시다가 은퇴하시고, 다시 레딩한인교회를 담당하고 계시던 김북경 목사님을 모시기로 결정하였습니다. 한 번도 들어보지 못한 분이라 어떤 분이 과연 총장으로 오시는 것인지 몹시 궁금했습니다. 당연히 총장으로 오시는 분에 대해서 기존에 내가 갖고 있던 이미지가 있었습니다. 그래도 목회를 오래 하셨기 때문에 학자의 이미지만은 아닐 것이라고 여겼지만, 그래도 총장님은 총장님이실 것이라고 생각했습니다.

드디어 2003년 2월 처음으로 학교를 찾으신 김북경 목사님을 뵈었습니다. 얼마나 놀랐는지 모릅니다. 제가 기대한 것과는 달리 신씨아 사모님과 함께 오신 총장님은 그냥 시골 할아버지 같은 친근한 모습이었기 때문입니다. 그렇게 시작된 총장님과의 관계는 총장님과 총무처장의 사이가 아니라, 그냥 인생의 신앙 멘토 같은 분으로서 저에게 다가오셨습니다.

소탈하신 총장님은 늘 자상하게 직원들을 대해 주셨고, 대외적인 업무를 위해 선교단체를 방문한다든지 다른 신학교를 방문할 때는 제가 늘 모셨는데, 그 당시 내가 타는 개인차가 있었음에도 학교에 공용차로 사용하던 마티즈를 타겠다고 고집하셨습니다. 저는 불편하실까 봐 제 차로 모시겠다고 했지만, 학교 일이니 학교 차를 사용하셔야 한다고 고집하셨습니다. 일상에서는 매우 유연하신 분인데, 나름의 원칙에는 충실하고 엄격하셨습니다.

삶으로 보여주신 실천적인 신앙

총장님은 누구나 인정하듯 겸손하고 소박한 생활을 온몸으로 실천하시는 분이셨습니다. 그래서 저를 포함하여 우리 직원들은 총장님을 통하여 진정한 그리스도인의 삶이 어떤 것인지 배우게 되었습니다. 총장이라고 하여 권위적인 태도로 우리를 대하신 적이 없었고, 항상 목사님의 인격 그대로 친절하게 대해 주셨습니다. 아무도 차별하지 않고 누구에게든 똑같이 잘 대해 주셨습니다.

사람은 태어나서 많은 사람과의 만남과 헤어짐을 반복하는데, 돌아보니 제 인생에 있어서 총장님과의 만남은 저를 신앙적으로 좀더 성숙하게 만들어 준 계기가 되었습니다. 아침마다 총장님을 모시고 직원들과 함께 했던 묵상 나눔, 권사님의 정성이 듬뿍 담긴 점심 식사, 매주 수요일 전 교직원들과 함께하는 묵상 및 교제의 시간, 가끔 밤에 서오릉에서 우동을 함께 먹으며 교제하던 시간이 머리를 스쳐 지나갑니다.

신씨아 사모님을 모시고 서울 시내를 가는데, 지하철 안에서 사모님은 자꾸만 저에게 뭔가 궁금하신 것을 말씀하시는데, 저는 영어를 잘하지 못해서 안절부절 못하며 몸짓으로 소통하던 시간들도 이제는 소중한 추억으로 간직하고 싶습니다. 어느 것 하나 소중하지 않은 것이 없습니다. 총장님께 참 많은 사랑을 받은 것 같습니다. 총장님을 닮고 싶었고, 총장님과 같은 그리스도인이 되고 싶었습니다. 총장님은 정말 몸소 그리스도의 삶을 실천하는 분이셨습니다.

저도 인생의 후반전을 보내고 있습니다. 총장님을 생각할 때마다 저에게도 총장님의 모습이 나타나길 소망해봅니다. 총장님을 추억하자니 더욱 그리워집니다. 지금은 천국에서 평안한 안식을 누리고 계실 김북경 총장님, 신씨아 사모님, 정말 사랑합니다. 진심으로 존경합니다.

따뜻하고 친절한 인격자

최순이(전 에스라성경대학원대학교 직원)

인격적인 총장님

샬롬! 하나님 감사드립니다. 저는 하나님의 부르심에 응답하여 에스라성경연구원의 첫 시작부터 대학원대학교가 된 후로도 약 20년 세월 동안 주방에서 봉사한 최순이 권사입니다. 에스라 2기로 졸업하신 박대영 목사님께서 김북경 목사님과 신씨아 사모님을 추억하는 회고집에 두 분을 추억하는 글을 써달라고 부탁하셔서 조금이나마 저의 이야기가 도움이 되기를 바라면서 글을 적어보려고 합니다.

김북경 총장님이 부임하신 2003년만 하더라도 학교는 재정적으로 어려웠습니다. 그런 때에 영국에서 한인 목회를 잘 마무리하신 분이 총장으로 오셨습니다. 사모님이 영국 분이라서 우리는 얼마나 신기했는지 모릅니다. 저의 기억에 총장님께서는 영국인 사모님이 한국 생활에 잘 적응하도록 항상 옆에서 잘 보살펴 주시는 세심한 사랑꾼이셨습니다.

하지만 사모님은 당연히 한국의 문화나 식사나 언어에서 어려움을 겪으셨습니다. 언어가 통하지 않아 힘들어 하시는 것을 보면서도 영어를 할 줄 모르는 저는 아무 도움을 드리지 못해서 창피하기도 했고 부끄럽기도 했습니다. 때론 신씨아 사모님과 말로는 소통이 안 되더라도 무슨 대화를 하고 싶어서 말 대신에 손발로, 몸짓을 다 동원해서 제 뜻을 표현하려고 했습니다. 그러면서 조금씩 사모님의 마음을 이해하고자 노력했던 일이 떠오릅니다. 한 번은 사모님께서는 과일 음료수를 드시고 싶다고 하셨는데, 제가 그것을 알아듣지 못해서 우유, 감자, 바나나, 보리빵을 드린 적도 있었습니다. 총장님과 사모님은 영국에서 오래 살아오신 분들답게 파스타를 참 좋아하셨습니다. 또 홍차를 즐겨 드시던 것도 생각이 납니다.

이웃 사랑

총장님은 하루하루의 삶이 말씀과 사랑의 삶이었습니다. 하루는 더운 여름날 참외를 사오셨는데 참외를 보니 많이 상해 있었습니다. 그래서 제가 몽땅 버린 적도 있었습니다. 매번 상한 참외를 사오시니 하루는 제가 용기를 내어서 총장님께 말씀드렸습니다.

"총장님께 상한 참외는 사오지 마세요."

그런데 총장님께서는 이렇게 말씀하셨습니다.

"내가 사와야지 이런 참외를 누가 사가겠어요."

총장님은 상한지 모르고 사오신 것이 아니라, 아무도 안 사갈 것이 뻔하니 참외 장수를 생각해서 상한 참외만 골라서 사오신 것이었습니다. 믿음이 없는 상인에게까지 온정을 쏟으시는 총장님의 사랑의 마음을 알고는 뭉클했던 그 날의 기억이 아직도 또렷합니다.

총장님께서는 무엇보다도 우리 직원들을 인격적으로 대해 주셨습니다. 모든 직원들에게 따뜻하고 친절하게 다가와 주셨습니다. 아마 다른 사람들이 보았다면, 그분이 총장이라고 생각하지 않았을 것입니다. 학생들도 직원들이 총장님에게 사랑을 받는 것을 보면서 참 부러워했고 흐뭇하게 생각했습니다.

또 총장님 내외는 참 검소하셨습니다. 필요한 옷은 동대문의 벼룩시장에서 구입하시고, 아직도 쓸만한 물건이라면서 좋아하셨습니다. 그렇게 생활비를 절약하여 생활하셔서는 학교가 많이 어려운 가운데 있는 것을 아시고, 전 직원의 식비(짜장면, 갈비 등)까지 본인의 사례비로 감당하시며 직원들을 많이도 생각하시고 챙겨주셨습니다. 총장님이 아니라 참 고마운 이웃의 아저씨 같은 분이셨습니다. 신씨아 사모님 또한 금요일 날 사정상 집에 못 가고 기숙사에 남아 있는 학생들을 사택으로 불러서 파스타를 대접해 주시곤 하셨습니다. 부부가 모두 마음이 따뜻한 분들이셨습니다.

나의 상담 선생님

제가 자녀를 양육하면서 고민이 있을 때, 총장님께 고민을 털어놓은 적이 있었습니다. 그때 총장님께서는 부모는 최선을 다해 자녀를 성경 안에서 양육해야 한다고 조언해 주셨습니다. 그러면 언젠가는 자녀들이 부모의 마음을 이해할 거라고 위로를 해주셨습니다. 저는 지금도 총장님께서 말씀해주신 지혜를 기억하면서 삶에서 그 조언을 실천하고자 노력하고 있습니다.

사랑과 정이 많으셨던 총장님과 사모님! 지금은 천국에서 행복하시길

기도드립니다.

   총장님! 정말 그립고 그립습니다. 많이 보고 싶습니다. 그리고 사랑하고 존경합니다.

진짜 어른, 진짜 목사님

이재원(전 에스라성경대학원대학교 간사)

총장님 아니고 목사님

내가 김북경 목사님을 처음 뵌 것은 에스라성경연구원에서 행정 간사로 일하던 때였다. 에스라성경연구원이 대학원대학교 인가를 받으며 초대 총장으로 목사님을 모시게 되면서 공적인 관계로 만남이 시작되었다. 학교에서는 공식적으로는 "총장님"이라고 호칭해야 했다. 하지만 나도 모르게 "목사님"이라는 호칭이 불쑥불쑥 튀어나왔다. 당연히 박상규 사무국장님께 공적인 업무에서는 호칭이 분명해야 한다는 조언을 들었다. 그런데 조언하시던 국장님은 본인도 총장님이 아니라 목사님이라는 호칭이 먼저 나와 난감하다고 하셨다. 한번은 목사님께 "총장님"이라고 해야 하는데 저도 모르게 "목사님"이라고 해서 죄송하다고 말씀드렸다.

"저도 누가 '총장님'이라고 부르면 당연히 제가 아니라고 생각해서 바로 대답하지 못해요. 그런데 '목사님'을 부르면 제가 아닌데도 고개를 돌려요. 하하하"

김북경 목사님께서 이렇게 말씀하신 데는 다른 이유가 있었다. 목사님은 에스라성경대학원대학교에 '총장'으로 오신 것이 아니었기 때문이다. 몇 번의 고사 끝에 한국행을 결정하신 이유는 '부르심'에 대한 '헌신' 때문이셨다. 영국에서 평생 목회하시고 은퇴하신 이후 쉼을 가지시던 목사님은 한국에서의 간곡한 요청에 많이 고민하셨고, 기도하시면서 '선교사'로서 헌신하신 것이다. 한국어를 전혀 하실 수 없는 연로하신 (목사님보다 훨씬 연상인!!) 영국인 사모님과 함께 20년 전 경기도 고양시의 외진 마을에 있던 학교 기숙사에서의 삶은 쉽지 않은 일이었다. 심지어 급여도 당시 중소기업 초임 연봉보다 낮은 금액이었다. 영국 한인교회의 상징과도 같은 런던한인교회에서 평생 목회하시고 은퇴하신 후, 한국의 학생들이 머무는 기숙사에서 함께 지내시면서 사생활까지 모두 학생들과 나누며, 박봉의 급여 또한 아랑곳하지 않으신 것은 선교사 마인드가 없었으면 불가능한 일이었다.

나눔과 비움의 삶

첫 급여가 지급된 바로 다음 날, 목사님은 내게 무언가 도와 달라고 하셨다. 다섯 곳의 기독교 단체에 급여의 50%를 보내시는 일이었다. 그중 한 곳이 에스라성경대학원대학교였다. 그리고 며칠이 지나지 않아 신씨아 사모님은 사무실로 오셔서 나에게 무언가 도와 달라고 하셨다. 사모님을 따라 학교로 올라오는 골목을 내려갔다. 길가에 버려진 책꽂이가 있었다. 그걸 기숙사로 옮겨 달라고 하셨다. 관리를 책임지시던 이병용 간사님과 책꽂이를 가져 와 수리를 좀 하고 깨끗이 닦아서 3층 기숙사의 목사님 숙소로 들고 갔다. 책꽂이를 들고 가서 보니 가구 대부분을 버려진 것을 가져다 쓰고 계셨다. 그리고 며칠 후 사모님은 사무실 식구들을 방으로 초대해 집들이를 하셨다. 기숙사 방에는 2인용 소파가 새로 들어와 있었다. 목사님은 사모님과 결혼해 처음으로 산 새 소파라고 하셨다. 사모님은 앉아 보라고 하시며, 소파에 앉아 어린아이처럼 기뻐하셨다. 방 하나, 거실 하나, 작은 주방이 전부인 좁디좁은 기숙사에 2인용 소파를 놓고 기뻐하시는 모습도 신기했지만, 이 연세에 결혼하신 이후 처음 산 소파라고 말씀하시며 아이처럼 좋아하시는 모습은 참으로 낯선 광경이었다. 도대체 이분들은 어떤 삶을 살아오신 것일까?

선교사의 정체성

한번은 목사님께서 아침 회의를 마치고 천안에 있는 백석대학교 가는 길을 좀 알아봐 달라고 하셨다. 채플 설교를 하러 가신다고 하셨다. 강남고속버스터미널에서 버스를 타고 천안터미널에 내리면 백석대학교에서 마중을 나온다고 하셨다. 그래서 고속버스터미널까지 모셔다드리겠다고 했는데도, 한사코 거절하시면서 버스와 지하철 노선을 받아 적으시고는 검정 배낭을 둘러메고 나가셨다. 그리고 퇴근 시간이 거의 다 되어 돌아오신 후 나에게 봉투를 주셨다. 업무 시간에 다녀온 것인데, 사례비를 주어서 받아 왔으니 학교 기부금으로 입금하라고 하셨다. 사무국장님과 나는 그런 목사님을 말렸지만 하는 수 없었다. 그래서 교통비라도 청구하시라고 말씀드리자, 웃으시면서 그 교통비는 직원들 간식 사서 먹으라고 하셨다. 그래서 철없던 우리는 "총장님 땡큐"를(이럴 때는 총장님) 외치며 에스라 앞에 있던 코사마트에서 간식을 사다 먹었다. 목사님은 고양동의 작은 성경학교에서 이렇게 선교사의 삶을 살아가셨던 것이다.

낮은자를 높이시는 겸손

　무더위가 가시지 않는 8월 말이었다. 사모님께서 영어 예배가 가능한 곳에서 예배를 드리고 싶다고 하셨다. 그래서 목사님과 몇 곳을 알아보다 대한성공회 서울주교좌성당의 영어 예배를 참석하기로 했다. 아내와 나도 첫 예배는 동행하기로 했다. 광화문역 출구 앞에서 기다리고 있었다. 멀리서 목사님과 검정 우산을 쓰고 오시는 사모님이 보였다. 태양이 뜨거운 늦여름이었는데, 백인 할머니가 양산도 아니고 검정 우산을 들고 광화문 사거리를 걸어오는 모습이 참 낯설었다. 목사님은 우산도 되고 양산도 되니 일석이조라고 무덤덤하게 말씀하셨다. 두 어르신 덕분에 성공회 교회 예배에 참여할 수 있었다(사모님만 영어 예배에 참석하시고 우리는 정규 예배를 드렸다). 인상 깊은 예배를 마치고 점심을 먹으러 갔다. 우동을 좋아하신다는 사모님의 말씀을 듣고 광화문 돌담길 옆의 오래된 국수집으로 안내했다. 냄비 우동과 비빔국수 그리고 메밀국수가 전부인 집이었는데, 목사님과 사모님은 한국에서 먹은 최고의 맛집이라며 행복해하셨다. 그날은 목사님 모르게 우리 부부가 먼저 계산했는데, 목사님은 만나는 사람마다 광화문의 국수집 이야기와 우리 부부가 먼저 계산해 얻어먹었다고 말씀하셨다. 만나는 사람마다 말씀하셔서 에스라의 주방 담당이시던 이순자 권사님과 최순이 권사님은 나에게 이 간사가 총장님께 밥을 100번은 산 것 같다며 농담을 하기도 하셨다.

생명과 생태의 영성

20년 전 에스라성경대학원대학교는 시골 마을의 산꼭대기에 있어서 길고양이들의 놀이터나 다름없었다. 그때는 음식물 쓰레기 처리가 지금과 같지 않아서 학생들이 먹고 남은 음식을 땅을 파고 묻었다. 그러니 길고양이들에게는 천국이나 다름없었다. 문제는 학교의 어른 중 한 분이 고양이를 요물이라 여겨 고양이 퇴치 명령이 떨어진 것이다. 학교의 관리책임자 이병용 간사님께 쥐약을 음식물 쓰레기에 섞어서 고양이들을 퇴치하라고 했다. 하지만 동물을 사랑하고 생명에 대한 마음이 남달랐던 간사님은 막대기를 들고 고양이들을 쫓아내는 일만 하셨다. 그러다 정말 크게 한 소리를 들은 이후 직원들 묵상 나눔 시간에 이에 대한 어려움을 토로하셨다. 그날 오후 목사님은 장화를 신고 음식물을 파묻던 곳으로 가서 음식물을 모두 꺼내서 늘어놓기 시작했다. 이렇게 묻으면 환경이 오염되는데, 이런 일은 그리스도인이 해야 할 일이 아니라는 것이었다. 그러면서 음식물을 잘 말려 퇴비로 쓰자고 하셨다. 이 일로 사무실은 발칵 뒤집혔다. 하지만 언제나 온유한 모습으로 상대방의 의견을 존중하시던 목사님은 이 일에 대해서는 뜻을 굽히지 않으셨다. 이런 뒤숭숭한 와중에 기숙사에서 고양이 소리가 들리기 시작했다. 사모님께서 새끼 길고양이 한 마리를 입양하신 것이다. 이 일로 적어도 고양이 퇴치 운동은 에스라에서 찾아볼 수 없는 일이 되었다.

여호와는 나의 목자시니

    총장보다 목사로 불리는 것을 행복해하셨던 분, 평생 이민교회 목회자로 살아오신 후 은퇴하셔서 선교사의 삶에 최선을 다하셨던 분, 생명과 생태가 곧 신앙이라 여기시고 낮은 자를 높이셨던 겸손한 어른. 그래서 김북경 목사님은 나에게 늘 총장님이 아닌 목사님이셨다. 이는 목사님뿐만이 아니었다. 내가 에스라를 그만두던 날 사무실로 찾아온 신씨아 사모님은 내 손을 잡고 뒷산 언덕으로 데리고 가셨다. 매일 산책하시고 기도하시는 곳이라고 하셨다. 그곳에서 나를 꼭 안아 주시고는 기도해 주셨다. 기도를 마치시며 시편 23편을 암송해 주셨다. 나도 울었고 사모님도 우셨다. 눈물을 흘리시던 사모님은 시편 23편을 끝까지 다 암송하지 못하셨다. 하지만 그때 그 기도와 시편 23편은 내 마음에 언제나 남아 있다. 그 기도 때문에 지금 내가 여기서 그나마 사람 구실 조금은 하고 있다는 걸 잘 알고 있다.

    20대 말단직원의 말 한마디 한마디를 경청해 주셨던 목사님과 사모님. 가르치거나 훈수 두려고 하지 않으시고 내가 가는 길이 어디든 하나님과 동행하는 삶을 살기를 간절히 기도해 주셨던 진짜 어른, 진짜 목사님. 길가의 들꽃 한 송이, 버림받은 어린 길고양이도 외면하지 않으셨던 분들. 언제나 삶으로 말씀하시고 교훈을 주셨던 분들과 내 혼란스러웠던 이십 대의 마지막과 삼십 대의 시작을 함께 할 수 있었다는 것은 하나님의 큰 은혜가 아닐 수 없다. 시간이 지나 출판업을 하며 교회를 향한 원망과 불평의 긴 터널을 지나 하나님께서 세우시고자 한 교회를 위한 책을 출간하기로 마음먹게 된 이유를 돌이켜 보면, 김북경 목사님과 신씨아 사모님께서 보여주신 믿음의 본과 겸손한 사랑 때문이었다는 고백이 절로 나온다. 목사님과 사모님의 간절한 기도 때문이었다. 그분들이 매 순간 성령의 도우심을 따라 살아가신 그 걸음 때문이었다. 이 글을 쓰며 20년 전 에스라 뒷동산에서 두 눈을 감고 암송해 주시던 시편 23편을 조용히 암송해 본다.

"여호와는 나의 목자시니 내게 부족함이 없으리로다 그가 나를 푸른 풀밭에 누이시며 쉴 만한 물가로 인도하시는도다
내 영혼을 소생시키시고 자기 이름을 위하여 의의 길로 인도하시는도다 내가 사망의 음침한 골짜기로 다닐지라도 해를 두려워하지 않을 것은 주께서 나와 함께 하심이라
주의 지팡이와 막대기가 나를 안위하시나이다 주께서 내 원수의 목전에서 내게 상을 차려 주시고 기름을 내 머리에 부으셨으니 내 잔이 넘치나이다 내 평생에 선하심과 인자하심이 반드시 나를 따르리니 내가 여호와의 집에 영원히 살리로다"

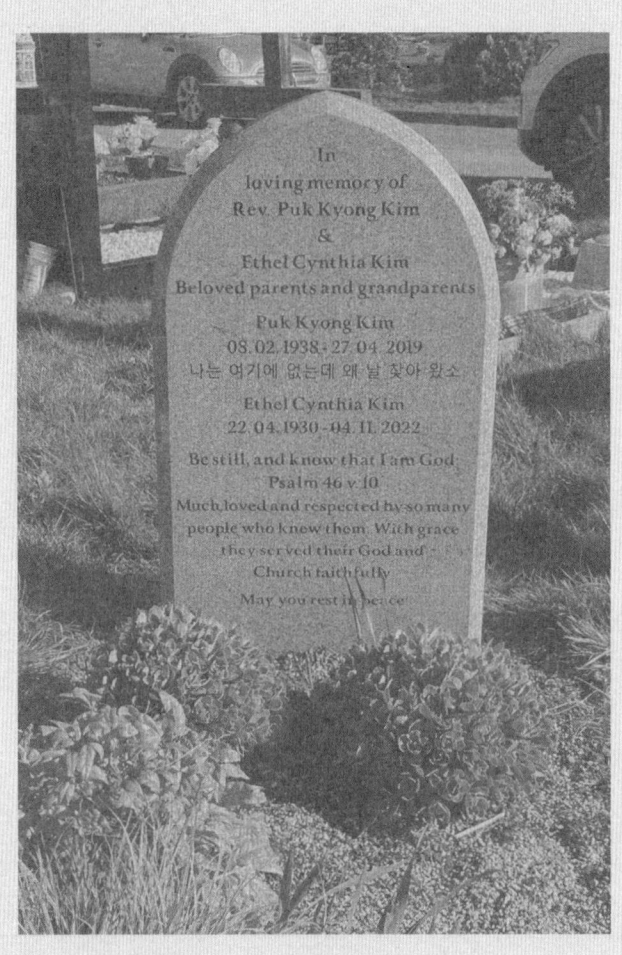

나의 친구

나의 사랑

나의 영광

김북경 목사님을 추모하며

영국 최초의 한인 목회자 김북경 목사를 보내며

채우병(민주평통자문위원)

"무면허 운전하다 경찰에 적발된 어느 한국인이 다급한 나머지 'look at me'하며 '날 좀 봐주라'는 뜻으로 애원했답니다. 한인 여러분! 여기서 한국분이 엉터리 영어를 했다고 웃는 것이 중요한 것이 아닙니다. 로마에 가면 로마의 법을 지키라는 서양의 격언이 있습니다. 우리는 남의 나라에서 국위 선양을 해야 할 책임이 있습니다. 우리 한 사람 한 사람이 모두 외교관이기 때문입니다. 그런데 외교관이 이래서야 되겠습니까? 우리는 반드시 운전면허를 얻고서 운전해야 합니다."

지금으로부터 27-8년 전쯤 젊은 신학도 한 분이 한인사회의 모임에 나가 이같이 당시 무면허 운전을 경계하라는 계몽을 했다. 바로 그가 오늘의 한인사회 최초의 목회자 김북경 목사이며, 이것이 필자가 처음 본 그의 모습이다.

오늘 어느 주간지의 광고에서 김북경 목사의 고별예배 소식을 보고 그가 목회하는 교회에 나가보지도 않은 필자가 그날만은 반드시 참석하겠다고 마음먹었다. 그리고 그가 떠난 뒤 그의 지난날을 더듬어 보며 이 글을 쓴다. 혹 그에게 한 점 누가 되지 않을까 염려가 되지만, 그래도 그가 한인사회에 남긴 혁혁한 공과 발자취가 있으므로, 아쉬움 많은 지금의 목회자들에게도 귀감이 되었으면 하는 마음에 글을 잇는다.

김북경 목사, 그의 선친이 독립운동하던 중 그를 중국 북경에서 낳았다고 그의 이름을 김북경이라 지었고, 차남은 중국 장춘에서 낳아 김장춘, 다른 아들은 온양에서 낳아서 김온양으로 작명하였다고 한다. 조카 중에도 김런던이 있을 정도이니 작명도 유쾌한 집안 풍습으로 보인다. 그는 일찍이 고교 시절부터 영어 과외로 아르바이트를 할 정도로 영어 실력이 뛰어났다. 그로부터 영어교습을 받았다는 이곳 교민 원로 한 분의 증언을 통해 그의 영어 실력을 가히 짐작할 수 있다. 그리고 공군 통역장교로 군 복무를 마치고 이곳으로 유학을 왔다. 적어도 내가 아는 한 런던의 한국인 1세 중에서는 가장 고급스런 영어를 유창하게 구사하는 분이다. 목사가 되기 위하여 다른 많은 학문을 마다하고 신학을 택한 것은 아마도 신앙심이 깊었던 그의 모친으로부터 받은 영향 때문이 아닌가 짐작된다. 당시 김북경 목사의 대학 졸업식에 직접 참여한 그의 모친이 한인회지에 투고한 "아들의 졸업식에 참여하고서"라는 제목의 글에서, "하나님! 제 자식을 목회자의 길로 인도하여 주심을 감사드립니다"라는 구절을 내가 직접 보았기 때문이다. 그의 목회는 그의 어머니의 기도 응답으로 보인다.

학업을 마치기 전부터 목사가 된 이후에도 한인사회에 대한 그의 봉사의 삶은 한결같았다. 그는 이민 정착에 어려움을 겪는 집을 일일이 돌아다니며 언어 소통의 애로를 해결하는 한편, 자녀들의 교육과정 및 생활의 토대를 마련해주는 일을 챙겨주며 용기를 갖도록 격려를 아끼지 않았다. 또한 공석 중인 한인학교 교장직도 참 오랫동안 맡아 손수 차를 몰며

학생들의 통학을 돕고 수업을 진행하기도 하였다.

그런가 하면 전도를 위해서 많은 한인 모임에도 참석하는 등 늘 동분서주했다. 한번은 전도를 위해 한인회의 소풍에 참석했는데, 어느 기관장이 "목사가 이런 곳에 왜 왔어?"라고 농담을 청하니 "기도하러 왔네. 목사가 기도밖에 할 것이 무엇 있겠나!"라고 유쾌하게 응수한 일도 기억이 난다. 이처럼 그는 항상 흐트러짐 없이 목사라는 직업의식을 간직하고 있으면서도 유머를 간직하고 있는 멋진 사람이었다.

그 후에 필자가 직접 목격하지는 못했으나, 수십 년간 그가 한인사회에 끼친 혁혁한 기여와 목회자로서 모범이 되는 절제된 삶에 대해서는 넉넉히 짐작해 볼 수가 있다. 그는 사제를 털어 킹스톤한인교회를 마련하고, 목회하는 동안 예배뿐만 아니라 한인사회 소규모 행사를 늘 그곳에서 치를 수 있도록 아량을 베풀어 주었고, 결혼식의 주례나 장례식의 집례도 서슴지 않았으며, 늘 당당하면서도 겸손한 태도를 보였다.

목회하는 동안 두 남매를 한국에서 입양하여 훌륭하게 키운 사실은 한인사회에서 익히 다 아는 사실이다. 그리고 그가 목회자로서 흐트러짐 없이 생활하는 데는 유학 시절에 교제하여 결혼한 그의 부인 신씨아의 내조의 힘도 크지 않았을까 하는 생각도 해본다. 그녀 또한 한국어로 소통하는 일이 불편했을 텐데도 눈치로 알아채고 동분서주하며 한국인 목사의 사모 역할을 한인교회 안에서 충실히 해냈다. 장기간 김북경 목사의 모친이 중환자로 있을 때도 집에서 시어머니 시중을 홀로 도맡았다는 이야기도 들은 바 있다.

이제 많은 세월이 흘렀다. 필자는 그가 담당한 교회는 별로 나가보지 않았지만, 지난날의 발자취와 간접적으로 들리는 풍문을 통해 솔선수범하는 그의 행동이 살아있는 설교나 다름없었다고 생각했다. 어느 날 그가 극구 만류했음에도 불구하고 교회 신도들이 회갑 잔치를 마련해주었는데, 어느 집사의 초청으로 나도 그 자리한 함께한 적이 있었다. 부부가 한복을 차려입고 손님들을 반갑게 맞아주었지만, 어느새 그의 머리에도 흰머리가 앉아 있고 얼굴에는 반점이 생긴 것을 보고, 장기간 목회하면서 그가 얼마나 고단했을지를 짐작할 수 있었다. 그리고 모친의 별세 소식을 접하고 문상을 갔을 때, 그는 "어머님은 하나님 곁으로 가셨다"고 목회자답게 흐트러짐 없이 대하였으나, 눈시울이 때때로 붉어지는 모습을 보이며, 모친의 사별에 슬픔을 참는 기색이 역력하였다.

그리고 그렇게도 아끼고 다듬어 사랑하던 킹스톤한인교회를 신도들에게 미련 없이 넘겨주고, 학생들의 권유로 먼 시골에 가서 말년에 또다시 레딩한인교회를 개척하여 목회한다는 소식을 들었다. 그런데 뉴몰든의 뒷골목에서 성경을 들고 가는 그의 수수한 뒷모습을 보고 주위 사람에게 물었더니 "성경 공부와 전도 차 이곳에 가끔 찾아온다"는 소식을 접했다. 하나님의 말씀을 전하는 데 정년이 따로 없다던 평소 그의 말대로 끝까지 소신을 다하고 있다는 느낌을 받았다.

이제 그는 이곳의 삶을 청산하고 총장이 되어 고국으로 금의환향했다. 영국 최초의 한인 목회자 김북경 목사가 그립다.

"영국 최초의 한인 목회자 김북경 목사를 보내며", 「코리안위클리」, 2003.02.06)

나의 친구, 나의 사랑, 나의 영광

딸 김은미

사랑하는 엄마 아빠

나의 최고의 친구가 되어 주셔서 고마워요. 강식이와 저는 두 분을 우리의 가장 사랑하는 부모로 둔 것은 정말 믿을 수 없을 만큼 행운이었고, 무척이나 감사하고 있답니다. 나의 삶 내내 중단 없이 부어주신 두 분의 흔들림 없는 격려와 사랑 가득한 돌봄 덕분에 저는 젊은 아가씨로, 한 남편의 아내로, 그리고 두 아이의 엄마로 성장할 수 있었어요. 두 분의 삶은 헌신, 특별히 라브리와 런던의 한인교회를 향한 당신들의 사랑으로 보여 주신 두 분의 헌신을 증거하고 있습니다.

저는 아빠가 설교하고 성도들을 만나고 국과 밥을 준비하여 성도들과 교제하기 위해 먼 거리를 매 주일 운전하여 오가시던 그 헌신을 기억합니다. 아빠가 설교하시는 동안 엄마는 늘 성경 이야기로 주일 학교 아이들을 사로잡고 계셨겠지요. 주님을 섬기는 데 열중하셨던 당신들의 헌신은 생애 마지막 순간까지 지속되었습니다. 우리 집은 예고 없이 찾아온 손님들로 북적였고, 그들과 열띤 토론을 벌였고, 엄마는 한 마디 불평도 없이 맛난 음식을 준비하면서 즐거워했던 기억들이 넘쳐나네요. 우리가 엄마에게 무례하게 하거나 엄마와 다툴 때마다 손님들이 우리를 야단쳤는데, 그때마다 엄마는 곧장 우리 편을 들어주셨던 것도 기억해요. 자녀들을 야단치는 것은 손님들이 할 일이 아니라고 주장하시면서 말이지요.

엄마와 아빠를 회상할 때마다 친절함과 온유함과 흔들림 없는 지지에 대한 기억들 뿐입니다. 한 번도 우리를 향하여 목소리를 높이지 않으셨고, 늘 우리가 최고라고 믿게 하셨고, 우리가 하나님을 잘 믿도록 격려하셨습니다. 이런 친절함은 저와 강식이를 넘어 당신이 자랑스러워하신 손주들인 상준, 소영과 사위 석찬, 그리고 며느리 영아에게도 이어졌고, 가족들을 위해서 쉼 없이 기도해 주셨습니다. 요즘 두 분이 계실 때가 그립고 우리 가족을 위해 줄곧 기도해 주신 것도 그립습니다.

엄마 아빠의 너그러움, 지혜 그리고 끝도 없는 사랑이 당신들을 위대한 부모가 되게 했어요. 그래서 우리는 김북경과 신씨아의 자녀인 것에 엄청나게 자부심이 있답니다. 우리가 완벽한 삶을 살 수 있도록 기회를 주셔서 고마워요. 우리는 당신의 사랑하는 아들과 딸로 당신의 가족으로 맞아 주셔서 감사해요. 아빠가 돌아가신 후 엄마와 함께 3년 동안 금쪽같은 시간을 보낼 수 있었어요. 엄마가 돌아가시기 몇 주 전, 엄마와의 저녁 묵상 시간은 천국에 계신 아빠에게 가시기 위한 참 평화로운 준비의 시간이었어요. 두 분이 만나서 엄마가 고통도 슬픔도 없는 곳에서 그림을 그리시고 아빠는 그런 엄마에게 성경을 읽어주시는 모습이 그려집니다.

다시 한번, 우리 삶에 두 번째 기회를 주시고 다함 없는 사랑을 베풀어 주신 것 감사드려요. 온 맘 다해 사랑해요, 그리고 말할 수 없이 그리워요. 정말 믿을 수 없을 정도로 최고의 부모님이셨고, 더이상 뭔가를 바랄 것이 없을 정도였어요. 엄마 아빠의 사랑과 기도는 두 분이 나의 최고의 친구가 되게 할 만큼 내내 축복이었어요. 무엇보다 두 분은 내 안에 예수 그리스도를 향한 흔들림 없는 믿음을 심어주셨어요. 바라고 기도하기는 우리 삶에서 두 분이 남긴 유산을 두고두고 존중하고 싶어요. 엄마 아빠는 영원히 우리 마음에 있을 거예요.

당신의 사랑하는 딸 은미가

Dear Mum and Dad,

Thank you for being my best friends.

We are incredibly fortunate to have you as our dearest parents, and we have much to be thankful for.

Your unwavering encouragement and loving care have been a constant throughout my life, helping me thrive and grow into a young lady, a wife, and a mother of two children.

Your lives stand as a testimony to your devotion, especially in your love for L'Abri fellowship and the Korean church in London.

I recall Dad's commitment to driving long distances every Sunday, eagerly anticipating preaching, meeting congregations, and sharing fellowship over a bowl of soup and rice.

Meanwhile, Mum would captivate Sunday school children with Bible stories during Dad's sermons.

Your dedication to serving the Lord persisted until your last moments.

Memories flood back of our home being a welcoming space for unannounced guests, fostering engaging discussions and enjoying Mum's deliciously prepared meals without complaint.

I also remember that whenever we misbehaved or argued with Mum, guests who scolded us were promptly defended by Mum, asserting that it was not their place to do so.

Recollections of Mum and Dad are filled with kindness, gentleness, and unwavering support.

You never raised your voices, always affirming that we were the best and encouraging us to believe in God.

This kindness extends beyond Kangshik and me, as you consistently prayed for Sangjoon, Soyoung, Sukchan, and Younga, taking pride in your grandchildren.

In these times, I deeply miss your presence and the ongoing prayers for our family.

Your generosity, wisdom, and boundless love made you remarkable parents.

We take immense pride in being the children of Bukkyoung and Cynthia.

Thank you for offering us a chance to live a nearly perfect life and welcoming us into your family as beloved daughter and son.

Inviting Mum to live with us after Dad's passing allowed us three precious years together.

In the weeks before Mum's departure, her nighttime reflections revealed a peaceful readiness to join Dad in heaven.

Now reunited, I can envision Dad reading to Mum while she paints, free from pain and sorrow.

Once again, thank you for the second chance in our lives and your enduring love.

I love you deeply and miss you incredibly.

You've been the most fabulous parents, and I couldn't have asked for better.

Your love and prayers have been a blessing, shaping you into my best friends.

Above all, you instilled in us an unwavering faith in Jesus Christ.

I hope and pray we honor your legacy in our lives. Thank you for everything.

You are forever in my heart.

Your Loving Daughter, Eunmee

A Window on the unseen spiritual reality (로마서 8:18-25)

Mark Harvey(번역: 박병배) | 장례 예배 설교(2019년 5월 10일)

로마서 8장 18절 말씀을 잠깐 묵상하시겠습니다. 김북경 목사님께서 돌아가시기 몇 주 전 자신의 장례 예배 때 이 본문으로 설교해 달라고 부탁하셨습니다. 목사님은 이 본문에서 큰 위로를 받으셨습니다. 여기 계신 분들에게도 같은 위로가 임하길 소망합니다.

사도 바울은 이곳에서 악의 문제와 고통의 문제에 관하여 매우 담대한 진술을 하고 있습니다. 언뜻 보기에, 믿기지 않지요? 지난 제1, 2차 세계 대전의 커다란 고통과 슬픔의 무게를 생각해 보십시오. 이런 고통에 비견할 만한 게 어디에 있단 말입니까? 그런 고통을 어떻게 극복할 수 있을까요? 왜 바울은 이 세상에서 유대인 대학살이나 대량 살상 등과 같은 것들을 미래의 영광과 비교할 때 별로 중요하지 않다고 말한 것일까요? 바울이 지금 제정신으로 하는 말일까요? 바울은 정말 시력이 좋지 않은 것 같습니다. 그는 왜 세상 돌아가는 것을 못 본다는 말입니까?

그런데 핵심은 바로 여기에 있습니다. 보통의 시각으로라면 우리의 합리적인 사고가 불가능하다는 것이지요. 예를 들면, 부활 신앙에 있어서 B. 파스칼의 질문을 생각해 보십시오.

"태어나는 것과 다시 사는 것 중 어느 것이 더 어려운가?"

태어나는 것이 부활하기보다 더 어렵습니까? 어느 쪽이 더 개연성이 큽니까? 아이가 태어날 때, 우리는 임신하는 순간을 보지 못하기 때문에 출생을 당연한 것으로 여기고 쉽게 믿습니다. 그러나 죽은 자의 부활은 우리 눈이 썩어가는 몸을 바라보기 때문에 더욱 믿기가 어렵습니다. 하지만 사실 그것을 거꾸로 생각해보면 어떨까요? '무에서 유', 곧 '없는 데서 있는 것'을 창조하는 것이 사실은 죽었다가 살아나는 부활보다 더 믿기지 않아야 맞는 얘기죠.

사도 바울은 여기에서 보이지 않는 실재의 베일을 들어 올려 보여주고 있습니다. 그러나 그것은 육안으로 되지 않아요. 영적인 실재를 보려면, 기독교 철학자, 달라스 윌라드(Dallas Willard)가 말한 "마음의 시각"이 필요합니다. 예수님도 "네 보물 있는 그 곳에는 네 마음도 있느니라(마 6:21)"고 말씀하셨죠. 바로 그 "마음으로 보는 눈"이 필요한 것이죠. '마음의 눈'은 보이는 세계와 보이지 않는 세계를 함께 묶어 내다봅니다.

이렇게 될 때라야 24절과 25절에 담긴 확실한 소망이 우리의 것이 됩니다. 바로 이 말씀대로 되는 것입니다.

"우리가 소망으로 구원을 얻었으매 보이는 소망이 소망이 아니니 보는 것을 누가 바라리요 만일 우리가 보지 못하는 것을 바라면 참음으로 기다릴지니라." (로마서 8:24-25)

우리의 육안으로는 하나님의 자녀로 입양되고 우리의 몸이 구속받는 사실을 알 수 없습니다. 또는 우리 각자가 다 하나님의 심판대 앞에서 저

울질해 보면 부족하다는 것도 육신의 눈으로는 알 재간이 없고요. 그렇습니다. 마음의 시각이 필요합니다. 그것을 보는 눈을 믿음이라 해도 좋습니다. 그러나 저는 오히려 달라스 윌라드의 "마음의 눈"이라는 개념을 더 좋아합니다.

히브리서에 보면, 천하 만물이 다 그리스도의 통제 아래 놓이는데, 지금은 우리가 그것을 보지 못하는 것으로 말씀을 합니다.

"만물을 그 발 아래 복종케 하셨느니라 하였으니 만물로 저에게 복종케 하셨은즉 복종치 않은 것이 하나도 없으나 지금 우리가 만물이 아직 저에게 복종한 것을 보지 못하고 오직 우리가 천사들보다 잠간 동안 못하게 하심을 입은 자 곧 죽음의 고난 받으심을 인하여 영광과 존귀로 관 쓰신 예수를 보니 이를 행하심은 하나님의 은혜로 말미암아 모든 사람을 위하여 죽음을 맛보려 하심이라." (히브리서 2:8-9)

본문 로마서 8장 18절, 특별히 처음 출간된 고대 그리스 성경(Koine Greek)을 통해서 이 구절을 더 자세히 들여다 보면, 합리적인 사고와 한 치도 어김이 없는 확실성이 여기에서 엿보입니다. 이를 통해서 우리는 마음의 위로를 받고, 동시에 좋은 '마음의 시각'을 갖게 됩니다. 영어 성경 본문에는 'for'라는 단어가 나옵니다. 일곱 절에서 무려 여섯 번이나 등장하는데요. 그리스어로는 'gar'라는 단어로 이는 곧 법적 판결을 내리면서 합리적으로 따진다는 뜻이 담겨 있습니다. 이 단어가 본문 앞부분인 로마서 8장 1-17절에서는 여덟 차례 쓰였습니다.

이렇게 보면 바울은 주관적으로 이야기하는 게 아님을 알게 됩니다. 추론을 통해서 증거를 제시하고 사실을 파악한 다음 법적 구속력이 있는 판단의 기초를 놓고 있습니다. 인간의 판단에 의해서가 아닌 우리에게 신뢰할 만한 명제적 진리를 주시는 성령 하나님의 판단에 의한 판단으로 말입니다.

같은 의미로는 '고려하다'라는 단어가 더 분명할 것 같고 보다 정확하게는 '계산하다'로 번역할 수 있습니다. 헬라어로는 'Logizomai'로 '헤아리고 있다'라는 뜻이며, 사실 그것은 '나는 계산하는 중이다'라는 회계 용어입니다. 한 마디로, 정확한 수학적 추리를 나타냅니다. 우리가 수학적 추론을 취하면 이 구절을 이렇게 말할 수 있습니다. 이 생애에서 우리는 고난을 겪습니다. 특히 그리스도인의 경우 때로는 매우 끔찍한 고통을 겪습니다. 그러나 그것은 단지 현재의 시간에만 국한되어 있습니다. 그리고 우리가 무한과 유한을 비교한다면, 그 결과는 수학적으로 유한히 사라진다는 것입니다. 무한대로 곱한 숫자는 0으로 줄어들 듯이 말입니다. 그것이 바로 바울이 말한, "육안으로는 통하지 않는다"는 추론의 결과입니다.

육안으로는 현재 고난의 부당성과 부조리만 들어옵니다. 즉 마음의 눈과 반대되는 개념인 우리의 육안이 우리의 믿음을 허용하지 않는다는 말을 하는 것입니다. 육안으로는 전체 과정을 볼 수 없습니다. 그러나 현재의 부당한 고통에 시달리다 보면, 마음의 눈으로 볼 수 있는 우리 세계 밖의 무엇인가를 갈망하게 되지 않습니까? 우리를 하나님과의 친밀한 관계로 인도하지 않습니까?

리베카 멕클로린(Rebecca Mclaughlin)은 『기독교에 대면하여』라는 책에서 이렇게 말합니다.

"그리스도인에게는, 단지 더 나은 최후를 위한 소망 뿐 아니라 여전히 십자가에 못박힌 흉터 자국을 가지신 부활하신 분과의 친교가 늘 있습니다. 고난은 그리스도인에게 황당한 게 아닙니다. 그것은 그리스도의 이름을 우리 삶에 꿰매는 데 쓰는 실입니다."

나는 이것이 김북경 목사님의 삶에서 실현되는 것을 느껴왔습니다. 한국인이 아닌 분들은 그분의 생전에 그것을 제대로 이해하지 못했을 것입니다. 첫째, 여러분은 그의 출생의 역사적 상황을 이해할 필요가 있습니다. 그는 호랑이해인 1938년에 북경에서 태어났으며, 그의 아버지는 그 도시의 이름대로 그의 이름을 지으셨습니다. 그의 부모 모두 독립운동가로서 일본군에게 고문을 당하셨습니다. 그들 역시 호랑이해에 태어나셨습니다. 가족 내에 호랑이가 셋인 셈입니다. 목사님께서 출생하시기 몇 달 전, 그리 멀지 않은 도시에서 치욕적인 "1937년 난징 강간 사건"이 발생했습니다. 그리고 대량학살이 6주 동안 진행된 다음에 목사님께서 태어나셨습니다. 그 잔학한 행위는 이루 헤아릴 수 없을 만큼 끔찍했습니다. 목사님은 당시 희생자는 아니었지만, 부모님을 여읜 많은 아이들과 함께 자랐을 것입니다. 출생 직후, 그는 북경을 떠난 그의 모친과 떨어지게 되었습니다. 그리고 그는 아버지의 정부(情婦)에 의해 자랐고, 그 정부는 그녀의 두 딸과 함께 어린 목사님을 교회에 데리고 다녔습니다. 목사님의 친모는 어린 시절부터 극심한 고생을 하셨는데, 목사님이 그것을 모를 리가 없습니다. 심지어 그녀가 태어나기 4년 전에 나라를 잃었습니다. 일본은 1910년에 공식적으로 한일합병을 했습니다. 기억할 수도 없는 나이에 목사님의 친모는 부모와 헤어졌습니다. 그러나 그 후 그녀는 크리스천이 되었습니다. 그리고 목사님도 더 비할 데 없는 사악한 시대에, 그의 양어머니와 이복누이들의 사랑뿐만 아니라, 작은 빛과 소금과도 같은 다른 기독교인들의 영향을 받았습니다. 그같은 혼란 속에서 목사님의 초기 생애에 성령님의 역사가 있었다고(또는 없었다고) 누가 말할 수 있겠습니까? 그러나 이후 목사님은 광기 어린 제2차 중일전쟁의 상황 속에서 삶의 의미를 찾아 탐구하기 시작했습니다. 그리고 그 탐구심에 불탄 젊은 청년은 캐나다를 넘어 유럽으로 건너갔고, 결국에는 1960년대 후반 스위스 라브리까지 이르러 신씨아를 만나게 됩니다.

김북경 목사님의 탐구는 육안이 아닌 마음의 시각으로 이루어졌습니다. 거기에 강한 능력의 하나님이 개인적으로 역사하셨을까요? 그렇다면 어떻게 그와 같은 고통과 부당함을 허용하실 수 있었을까요? 어쨌든 목사님은 자신이 본 것이 전부가 아니라는 사실을 알았습니다. C. S. 루이스도 말했듯이, 우리가 사는 세계는 훨씬 더 크고 더 나은 것의 '환한 그림자'라는 것을 그는 익혔던 것이지요. 곧 지금의 이 현재 세계는 저 영원한 세계의 초라한 그림자에 불과하다는 것을 말입니다.

루이스의 『나니아 연대기』의 등장인물인 디고리 교수가 '마지막 전투'에서 실토했듯이, 디고리 교수는 '꿈 같은 나니아'세계를 그려보려고 한 것입니다.

"내 얘기에는 역사적 시작과 끝이 있지만, 그것은 항상 여기에 있어

왔고, 또 항상 여기에 있을 진정한 나니아의 그림자나 복사본에 불과하다."

저는 1973년 김북경 목사님께서 일링의 클리블랜드 로드에서 설교하셨을 때, 바로 이런 식으로 울려 퍼졌던 것을 기억합니다. 저는 당시 1년 전에 신자가 된 초신자였는데, 이때 목사님의 설교가 저의 마음을 울렸습니다. 46년이 지난 지금도 내가 그것을 기억하고 있으니, 그때 얼마나 감동적이었는지 아시겠죠! 목사님은 설교 중 양초를 켜시고는 그것을 C. S. 루이스의 "밝은 그림자"의 예화로 사용하셨습니다.

그 촛불을 창문 가까이, 곧 밝은 아침의 햇살 가까이 가져가니 햇빛의 영광은 그 촛불과 비교할 수 없었습니다. 햇빛과 촛불은 비교가 안 되죠. 햇빛은 마치 누군가의 말처럼 한국인의 기질과도 같이 환하고, 뜨거우며, 무한합니다. 반면에 촛불은 깜박이는 노란 불꽃을 내다가 금방 꺼지고 맙니다. 촛불은 어두운 데는 비춰지만, 눈부신 태양 아래서는 맥을 못 추죠. 제 생각에는 그것이 바로 목사님 말씀의 핵심이었습니다. 확실한 소망을 그에게 안겨준 것은 그의 '육신의 안목'이 아니라 그의 '마음의 눈'이었습니다. 목사님의 마음의 눈은 단지 어설픈 사고와는 거리가 멉니다. 그것은 사도 바울이 여기에서 말하는 동일한 확실성에 기초를 둔, 곧 그의 영혼에 대한 군건한 닻이었습니다. 그는 성령의 처음 익은 열매를 맺고서 그의 몸의 구속을 기다리며 속으로 탄식한 것이었습니다(롬 8:23 참조).

조금 있다가 하관식이 있을 텐데, 우리의 육안으로는 무덤으로 내려가는 관 속의 목사님을 보게 될 것입니다. 그러나 우리의 마음의 눈은 그 이상을 넘어다봐야겠습니다. 저 무덤 너머를 내다보면서, 장래의 영광으로 현재의 고난이 희미하게 될 것이라는 사실을 확실히, 확실히 알아야겠습니다. 그렇다고 현재적 고통의 불행과 그것의 끔찍한 불의를 얕잡아보자는 것이 아닙니다.

제2차 중일전쟁에서 당한 횡포는 유럽인들의 나치 대학살에 필적할 만했습니다. 하나님께서는 다른 문제들도 마찬가지이겠지만, 그들을 심판하실 것입니다. 시편 저자가 "저가 공평으로 그 백성을 판단하시리로다"고 말한 것처럼(시 98:9), 쓰리고 아린 인생 역정, 그리고 신씨아 사모님과의 결혼생활을 통해 성령님께서는 두 가지 큰 덕목을 다듬어 주셨습니다. 앞뒤 가리지 않는 손님 접대와 겸허한 자세. 나는 목사님께서 인생 초기의 고난을 통해 그렇게 연마된 것으로 봅니다.

그는 죄에 한 번 붙잡히면 꼼짝달싹할 수 없다는 점을 이해하셨습니다. 불치의 죄성에 끌리면 그 죄의 옥죔에서 벗어날 재간이 없고, 그 죄의 폭압으로부터 스스로를 구원하려 하는 것이 얼마나 절망적인 것인가를 이해하셨습니다. 그래서 그는 유교에 반대하셨습니다. 본래 인간은 선하고 또 개선의 여지가 있다는 도덕주의 사상을 말입니다. 인간은 스스로 구제불능하며, 오로지 하나님의 자비와 은혜에 의존할 것뿐이라는 사실을 잘 알았습니다. 그러다 보니 누가 상을 주는 것도 아닌데 뭇 사람을 초대하여 도와주면서 인생길의 동료 여행자들에게 하나님의 은혜와 자비를 전달하려 애를 썼습니다. 유교가 엄청난 교회 성장으로 귀결되었을 수도 있지만, 목사님은 그 속을 꿰뚫어 보았습니다.

자, 그렇기 때문에 나는 이제 사랑하는 신씨아 사모님께 "오늘 낙담

하지 말라"고 말하고 싶습니다. 우리 모두와 함께 당신은 김북경 목사님을 다시 만날 것입니다. 당신은 '진정한 나니아'의 밝은 햇살 속에서 그와 함께 다시 웃으실 것입니다. 그러나 그때까지 나는 홉킨스(Gerard Manley Hopkins) 시인이 말한 것처럼, 계속 "자기 스스로를 발현하라"고 말하고 싶습니다.

"'내가 하는 것이 곧 나이며 그 때문에 내가 왔다'라고 부르짖으십시오. '하나님께서 보시는 대로 하나님 앞에서 행하시는 그분', 그리스도는 수만 곳을 다니시며 아름답게 노니시기 때문이다. 자기 눈이 아닌 사람들의 얼굴에 나타나는 아버지에게 아름답게" 〈홉킨스의 시 일부〉

무슨 뜻인가요? 지금까지 그랬듯이 손님 접대와 겸허한 자세, 상담과 격려로 일관된 삶을 계속 이어가시라는 것입니다. 당신의 미술 전시회 때 제가 데리고 갔던 나이 든 유대인을 기억하시죠? 그 친구가 그 때 당신의 행동에 감동되어 예수님에 대하여 물어오기 시작했답니다. 이것을 가리켜 당신의 타고난 은사라고 할까요? 당신의 예술 감각과 지인들과의 우정, 당신의 격려와 기도 생활을 지속적으로 유지시켜 나가십시오. 그리고 그것은 강식과 영아, 은미와 석찬, 상준과 소영에게도 동일하게 적용됩니다. 당신들도 홉킨스씨가 「물총새에 불이 붙듯」이라는 그의 시에서 언급한 것처럼, 당신의 자아를 발현하십시오. 그러나 이 시인은 여기에서 끝내지 않습니다. "올바른 사람은 늘 올바르게 행한다. 은혜롭게 살아간다. 오나가나 친절하고 우아하다."라고 말합니다. 마지막으로 우리 모두 신씨아와 남은 가족들을 위해 "아론의 축복"을 함께 빌어줍시다.

"여호와는 네게 복을 주시고 너를 지키시기를 원하며 여호와는 그 얼굴로 네게 비취사 은혜 베푸시기를 원하며 여호와는 그 얼굴을 네게로 향하여 드사 평강주시기를 원하노라." (민수기 6:24-26)

A Window on the unseen spiritual reality
Mark Harvey

Let us meditate for a while on verse 18 of this passage in Romans. In the last few weeks of his life, Kim asked me to preach on this text at his funeral. He drew great encouragement from it, as I hope you will too.
The apostle Paul here makes an extraordinarily bold statement about the problem of evil and suffering.
At first sight it defies belief.
Because of the terrible weight of suffering and sorrow that we and our ancestors have seen over the last century. How on earth can anything outweigh such suffering? Why on earth would Paul say that all this - the holocausts and the genocides and so on, all this pales into insignificance, when compared with the

future glory? Come on Paul I know you had bad eyesight, but why can't you see it?

But, that's just the point, if we rely our ordinary eyesight alone, it plays tricks with our reason.

Take for example Blaise Pascal's great question about belief in the resurrection.

Which is harder, Pascal asks, to be born or to rise again? Is it harder to come into existence or to come back from existence? Which should be more plausible?

We take birth for granted and it is easy to believe because we don't see the moment of conception, when a baby comes into existence.

But resurrection from death we find more difficult, because our eyes see the decaying body.

Yet should it not be the other way round? Coming into existence out of nothing should be harder and less plausible than coming back from existence.

The Apostle here is lifting the veil on the unseen reality.

But we cannot rely on eyesight.

To see the spiritual reality, we have to use what Dallas Willard, the great Christian philosopher, calls "heartsight."

Heartsight in the sense meant by Jesus when he says "where

your treasure is, there your heart will be also" (Matthew 6: 21).

Heartsight is viewing the seen and unseen together in perspective.

It is only then that we will behold the certainty of our hope in the sense meant by verses 24 and 25: "For in this hope we were saved. Now hope that is seen is not hope. For who hopes for what he sees? But if we hope for what we do not see, we wait for it with patience".

Our eyes can't see that we are adopted as children of God or that our bodies will be redeemed.

Or that each of us will be weighed in the divine judgment, and found wanting.

Heartsight is needed. You can call it faith, if you like, but I like Willard's concept of "heartsight".

In Hebrews, we are told about everything being put in the control of Christ yet we do not now see that.

The author says "Now in putting everything in subjection to him, he left nothing outside his control. At present, we do not yet see everything in subjection to him. But we see him who for a little while was made lower than the angels, namely Jesus, crowned with glory and honor because of the suffering of death, so that by the grace of God he might taste death for everyone." – Hebrews

If we look more closely at verse 18 of our Romans passage, and especially the Koine Greek in which it was first cast, we will notice Paul's tightly linked reasoning and mathematical certainty.

And this should greatly encourage us, and help us to have good heartsight.

Look at the word "for" in our passage.

It appears six times in seven verses.

In the Greek the word is "gar". This word has a strong sense of reasoning, as one might use in constructing a legal judgment.

It is used eight times in the previous text in verses 1 to 17.

So we begin to get the sense that this is not just Paul pondering in a stream of consciousness.

He is in fact working through reason and weighing evidence and finding facts in order to lay the foundations of a legally binding judgment.

A judgment not of any human judge, but of God the Holy Spirit giving us reliable propositional truth.

The same sense is evident with the word "consider". This is more accurately translated as "reckon".

The Greek is Logizomai which means "I am reckoning". It is an accountant's term meaning "I am calculating". It conveys precise mathematical reasoning.

If we take the mathematical reasoning further we could say this. In this life we have sufferings, sometimes terrible suffering especially if we are Christians, but it is only for the present time, which is finite.

And if we compare the infinite with the finite, the result, mathematically, is that the finite disappears.

For any number multiplied by infinity will reduce to zero. That then is the net effect of Paul's reasoning.

Now I say this defies belief with eyesight because with eyesight, as opposed to heartsight, we only see the terrible injustice of the present suffering.

We cannot see the whole story.

But should not the terrible injustice of the present suffering drive us to something else – something outside of ourselves? Something we cannot see except by heartsight?

Should it not drive us to an intimacy with God?

Rebecca Mclaughlin, in her marvellous book that's just come out, "Confronting Christianity" puts it this way:

"From a Christian perspective, there is not only hope for a better end; there is intimacy now with the One whose resurrected hands still bear the scars of the nails that pinned him to his cross. Suffering is not an embarrassment to the Christian. It is the thread with which Christ's name is stitched into our lives."

I sense this was true in Kim's life, which I don't think many of us non-Koreans really understood when he lived.

First, you need to understand the historical context of his birth.

He was born in 1938 – the year of the Tiger – in Beijing and his father named him after that city.

Both parents were freedom fighters and tortured by the Japanese.

They too were born in the year of the Tiger. Three tigers in the family!

Only months before his birth, in a city not so far away, the infamous Rape of Nanjing took place in 1937.

It was a genocide that lasted only six weeks, ending just before he was born.

Yet the atrocities were far reaching and indescribably horrific.

Kim was not a victim but he would have grown up with many children whose parents were victims.

Shortly after birth, he was abandoned by his mother who fled Beijing. He was brought up by his father's mistress who took him to church as a young child, along with her two daughters.

Kim's mother, Sun Un, had faced acute affliction from an early age and her son Kim was no stranger. Even before Sun Un was born, her country had been taken away from her – the Japanese formally annexed Korea in 1910, four years before her birth. Before she was old enough to remember, her mother and father had been taken away from her. Yet later in life she became a Christian.

In an age of unparalleled evil, he was drawn by the small salt and light effects of other Christians, not least of all the love of his foster mother and her two older daughters.

Who is to say how the Holy Spirit worked in Kim's early life, in the midst of such chaos?

But later, Kim was drawn into a quest to find meaning amongst the madness of the second Sino-Japanese War.

As a young man it drove him to Canada, then Europe and eventually to Swiss L'Abri where he met Cynthia in the late 1960s.

Kim's quest was driven by heartsight not eyesight.

Was there an all powerful personal God?

If so how could he allow such suffering and injustice?

Somehow Kim knew that what he saw was not the whole story.

He knew, with CS Lewis, that we live in a world that is "a bright shadow" of something greater and better.

In other words that this present world is but a poor shadow of the real world.

It was as Lewis's character, Professor Digory, said in "the Last Battle". Digory tried to explain about "the old Narnia".

This had a historical beginning and end, but it was he said, "really only a shadow or a copy of the real Narnia which has always been here and always will be here".

Now I remember something like this being echoed in 1973 when Kim preached a sermon at 52 Cleveland Road, Ealing.

I had become a Christian only the year before, and his sermon moved me.

It must have done because I still remember it 46 years later!

Kim lit a candle during the sermon and used it as an illustration of CS Lewis's "bright shadow" of this world.

But when the candle was brought near a window, into the bright morning sunlight, the glory of the sunlight was incomparable to that of the candlelight.

Sunlight and candlelight bear no comparison.

Sunlight is white hot (like the Korean temperament some might say!) and infinite.

Candlelight brings a flickering yellow flame and is finite.

Good in the darkness of this world, but useless in the bright silver sunlight.

That was, I believe, Kim's point.

And so it was that his heartsight gave him more certainty of hope than his eyesight.

Kim's heartsight was no wishful thinking.

It was a steadfast anchor to his soul, grounded in certainty, the same certainty with which the apostle Paul writes these verses.

He had the firstfruits of the spirit and groaned inwardly as he waited for the redemption of his body.

With our eyesight we shall shortly see Kim's body encased in its coffin lowered into the grave. But our heartsight should take us beyond this.

We must see beyond the grave and know for sure, for sure, that the glory yet to be revealed will make our present sufferings pale into insignificance.

Yet this is not to belittle the tragedy of the present suffering, and the terrible injustice of it.

The attrocities suffered in the second Sino-Japanese war were comparable to the European Nazi holocaust.

God will bring them into His judgment as he will with all other things.

"He will judge the people with equity" says the Psalmist.

Kim knew life's poignancy too well and in Kim and Cynthia's joint life together two great virtues were honed by the Holy Spirit against this background.

Hospitality and humility. I sense they were honed because of the early suffering he witnessed.

He understood sin and its tyranny.

He understood the incurable hamartia of sin, how hopeless we are to save ourselves from this tyranny.

That is why he was so opposed to Confucianism with its moralism and its assumption that man is essentially good and capable of improvement.

He knew that we cannot save ourselves but are wholly dependant upon God's mercy and grace.

And so by exercising quiet hospitality and humility he was able to convey a sense of God's mercy and grace to other fellow travellers to the grave.

Confucianism may have been conducive to extraordinary church growth, but Kim saw through it.

And so I would say to you, dear Cynthia, do not be discouraged today.

You will meet Kim again, as we all shall. You will laugh with him again in the bright sunshine of the real Narnia.

But until that time, I say go on "selving" as Hopkins would say.

Go on crying out "what I do is me, for that I came" – "acting in God's eye what in God's eye you are – for Christ plays in ten thousand places, lovely in limbs and lovely in eyes not his."

What do I mean? I mean you should continue exercising the gifts God has endowed upon you – your hospitality and humility and your encouragement – for you have deeply touched the lives of many.

Do remember for example, the elderly Jewish man I brought along to your art exhibition?

He was greatly moved by what he saw and it led to conversations about Christ.

This was just one example of the fruit of your gifts.

Keep on keeping on with your art, your friendships, your encouragement and your prayer life.

And the same applies to you, Kangshik & Young-A, Eunmee & Suk-Chan, and Sang-Choon and So-Young.

You too go on "selving" as Gerard Manley Hopkins says in his poem "As Kingfishers catch Fire".

But remember he says there is more: "the just man justices: Kéeps gráce: thát keeps all his goings graces".

And finally let us now all join together in saying the Aaronic blessing on Cynthia, the rest of the family:

"May Our Lord bless you and keep you, make his face to shine upon you and be gracious to you; may the LORD lift up his countenance upon you and give you peace." (Numbers 6:24-26)

김북경 목사님 하관 예배 기도문

박대영 목사

하나님 아버지

당신의 사랑하는 아들 김북경, 당신의 사랑하는 친구 김북경,

당신의 사랑하는 종 김북경 목사를 이 육신을 입고 이 땅에 보내셔서

그를 통해서 주의 선한 역사를 이루시고,

참 빛나고 눈부신 삶을 이어가게 하시니 감사합니다.

많은 사람들이 이 우람하지 않은 몸으로 행한

이 종의 친절과 섬김을 기억하면서 벌써부터

그의 온기를 그리워하고 있습니다.

그가 신씨아와 만들어 준 음식을 기억하고,

절망하고 낙망하였을 때 따스하게 그리고 꽉 잡아준 손을 기억합니다.

낯선 공항에서 자기 집으로 데려와 주고,

따스한 차를 대접해 주고, 잠자리를 마련해주고,

병원에 데려다주고, 관공서 일을 대신해 주고,

우리의 자녀들까지 챙겨주셨던 이 몸의 수고를 기억합니다.

썰렁한 농담을 잘하셨고, 웃을 때는 호탕하게 웃어주셨고,

근사한 목소리로 영어를 하시던 그 멋진 모습이 벌써 그립습니다.

주께서 흙으로 빚어 이 땅에 보내주신 이 몸으로
일상에서 천국으로 누리며 사는 것이 얼마나 중요한지를,
얼마나 복되고 즐거운 일인지를,
그것이 다름 아닌 여기서 하나님 나라를 살고, 복음을 사는 것임을
잘 보여주며 살도록 주님 목사님의 삶을 이끌어주셔서 감사합니다.

설교는 인상 깊다 싶을 만큼 퍽 잘하신 것 같지는 않지만,
성경 공부는 참 맛깔나게 인도하셨고,
일상적인 대화는 더 유쾌하고 유익하고 재미있었던 것도 기억합니다.
말보다 몸으로 하시는 것을 더 잘하셨던 것도 기억합니다.

주님, 이렇게 친구 같고, 형님 같고,
아버지 같고, 할아버지 같았던 수더분한 목사님,
목사 같지 않지만, 목사답게 살았던 목사로 만들어 주셔서
저희 모두에게 값진 선물로 보내주셔서 감사합니다.
인생의 어느 한 대목만을 같이 했어도,
어떤 이는 짧게, 어떤 이는 아주 길게 같이 했어도,
모든 이들이 저마다 김북경 목사님을 통해 하나님을 새롭게 알았고,
가정들이 온전해졌고, 인생에서 웃음과 여유를 배웠습니다.

김북경 목사님과 사모님을 통해서

우리는 하나님이 우리를 구원한 능력 있는 분인 줄도 알았지만,

얼마나 멋있고 흥이 있는 예술가이신 것도 알았습니다.

그렇게 김북경 목사님을 81년 동안

하나님의 사람으로 양육하여 주시고

이 영국과 한국 땅에서, 선교지에서

귀하고 아름답게 사용하여 주신 하나님께 감사드립니다.

이제 주께서 흙으로 빚으신 목사님을

주님이 만드신 질서를 따라 흙으로 돌려드립니다.

주님이 이 잠든 몸이 영광스러운 부활의 몸을 입을 것이라고 약속하셨으니

그 약속을 믿고 저희는 지금 먹먹하고 서운하지만,

마치 소망이 없는 사람처럼 낙망하거나 절망하지 않고

주님에게 이 육신을 보내드립니다.

목사님이 지금 잠시 소생하셔서 한마디 하시라고 하면

분명히 진지하고 엄숙하게 말씀하시기보다는

우스갯소리 한마디 하셨을 것 같습니다.

저한테는 "설교도 길더니 기도도 기네요" 하실 것 같습니다.

그러니 주님, 저희도 그렇게 주님이 우리를 부르실 때

흡족하게 여길 만한 사람으로,

그 소망이 있기에 이 세상을 이 세상과 다르게 살다가

가볍디가벼운 마음으로, 기쁘게 명랑하게

어린아이처럼 주님 품으로 달려가 안기는 인생 되게 하여 주옵소서.

절대 썩어져 버릴 이 육신을 위하여, 떠날 이 땅을 위하여 살지 않고

이 땅에서 부활을 살고, 이 땅에서 영원을 살고,

이 땅에서 하나님 나라의 생명을 누리고 나누고

전하는 삶을 살게 하여 주옵소서. 아멘.

내 비문에 남기고 싶은 말

김북경 목사

작년 2월 한국 생활을 청산하고 제2의 고향인 영국으로 돌아왔다. 조용한 영국 시골집에서 여생을 보내기로 작정했다. 그런데 조용하기는커녕 전국을 떠들썩하게 하는 사건이 연달아 일어났다. 런던 폭탄 사건, 주택담보대출 시장 악화, 유가 폭등에다 매주 칼부림으로 죽어가는 영국 청소년들 소식이 이어졌다. 심지어 알카에다의 위협에 대한 대책이라며 혐의자를 재판 없이 42일간 가둘 수 있는 권한을 경찰에 부여하는 법이 통과되었다. 영국은 공공장소에 감시 카메라가 세계에서 제일 많이 설치된 나라다. 불법 난민의 경제적 이민 문제로 사회가 시끄럽다. 그리고 칼부림 사건을 방지하기 위해서 공공장소나 길거리에서 칼을 소지하는 것을 금지했다. 최근에 어떤 목수가 일을 위해 40년 동안 가지고 다니던 칼을 경찰이 발견하여 칼 불법 소지 혐의로 목수를 체포했다는 어이없는 뉴스도 보았다. 조지 오웰(George Orwell)이 『1984년』에서 했던 예언이 영국에서 실현되고 있는 것만 같다.

잘 산다는 것

이렇게 조용하지 않은 조용한 나라에서 칠순 이후의 인생을 보낸다. 어떻게 하면 남은 삶을 잘 살 수 있을까? 나는 아내와 가끔 우리 동네 가까이에 있는 어머니 산소를 방문하고 죽음에 관해서 이야기를 나눈다. 그곳에는 유명한 영국 배우 알렉 기네스(Alec Guinness)도 묻혀 있다. 하지만 이곳에서는 유명한 배우나 무명한 우리 어머니나 한 줌의 흙으로 돌아간 다는 평범한 진리를 다시 새길 수 있다. 그런데 두 비석에는 다른 점이 있다. 우리 어머니의 비석에는 십자가가 있는 반면에 알렉 기네스의 비석에는 십자가가 없다.

나는 그곳에서 신씨아에게 부탁했다. 내가 죽으면 절대로 비싼 관을 쓰지 말고 제일 싼 관을 쓸 것. 내 장례예배에는 조객은 금지하고 하객만 초청할 것. 하객들은 흰색이나 밝은색의 옷을 입을 것. 내 무덤 앞에서는 아무도 눈물을 보이지 말고 즐겁게 축하해 줄 것.

이 땅에서 "잘 산다"라는 것은 하루 밥 세 끼 먹을 수 있고 밤에 잘 자리가 있고 죽을 때까지 건강하면 되는 것 아닌가. 그러나 만일 인생이 이생에서 저생으로 이어진다면-저생이 있을 가능성은 파스칼(Blaise Pascal)이 확률로 봐서 있을 수 있다고 한 것처럼-이생만 가지고 인생의 승부를 가릴 수는 없을 것이다. 그렇다면 우리 인생 여정 저생을 포함하는 것이 현명하지 않을까? 그러면 이생과 저생은 어떤 관계가 있을까? 우선 이생에서 저생으로 가는 관문은 두말할 것 없이 죽음일 것이다. 그런데 어떤 종교든지 이생에서 "잘 살아야" 저생에서도 "잘 살 수" 있다고 한다. 즉 인과응보(因果應報)라는 것이다. 여기에서 "잘 산다"는 말은 위에서 말한 대로 잘 먹고 건강하게 산다는 뜻이 아니라, 어떤 절대적 가치관에 따라서 살았는지를 말한다. 기독교에서는 절대적 가치관을 하나님의 아들 예수를 믿고 따르는 데 두고 있다.

죽음 준비

내가 워싱턴 여행 중에 낯선 광경을 목격한 적이 있다. 점심시간에 백악관 앞 공원에는 조깅하는 남녀로 가득했다. 어떤 현자가 빈정거렸듯이, 과연 "미국 사람들은 영원히 살 것 같이 뛰고 있었다." 죽음은 세금과 함께 누구에게나 어디서나 찾아오는 불청객이다. 이렇게 죽음은 백 퍼센트 확실하고 보편적이지만, 우리는 불편한 불청객으로 잊고 살기 십상이다. 통지가 오면 그때 가서 해결하지 왜 지금부터 고민할 필요가 있는가? 그러나 세금을 내기 위해서 지금부터 조금씩 저축해 놓으면 세금통지서가 왔을 때, 얼마나 안심이 되겠는가? 마찬가지로 죽음의 사자가 찾아왔을 때 죽음을 준비한 사람과 도둑 맞는 듯이 죽음을 맞는 사람과의 차이는 그야말로 천지차이일 것이다.

죽음은 또한 사계절이 자연의 법칙대로 돌아가는 것처럼 찾아오는 순리가 아닌 것은 분명하다. 만약에 인간의 죽음도 자연법칙에 따른 현상이니 걱정이나 무서워할 필요가 없다면, 왜 사람들은 무덤 앞에서 꼼짝 못하는가? 죽음이 그렇게 자연스럽다면, 우리는 무덤 앞에서 우는 대신 웃고 춤춰야 하지 않겠는가? 고난 중에 출생해서 역경의 삶을 살아가고 인간을 흙으로 돌아가게 한 대자연(Mother Nature)에게 축제를 드려야 하지 않겠는가? 그런데 인간 역사상 죽음 앞에서 축제를 드린 문화가 있는가? 오히려 죽음 앞에서 인간은 숙연해진다. 우디 알렌(Woody Allen)은 "나는 죽음 자체를 두려워하는 것은 아니야. 단지 죽음이 찾아왔을 때 현장에 있기는 싫어."라고 죽음에 대한 두려움을 익살스럽게 표현했듯이, 죽음은 아무리 생각해도 있어서는 안 될 것이라는 직감을 하게 된다.

하나님 나라를 소망함

아내에게 내 무덤 앞에서 기뻐해 달라고 부탁한 것은, 죽음이 자연현상이기 때문이 아니라 죽음이라는 비자연적 폭군 앞에서도 저생(하나님 나라)에 대한 희망이 있기 때문이다. 이것이 알렉 기네스의 비석과 우리 어머니 비석의 차이다. 하나님 나라를 인생 공식에 넣지 않은 삶은 반생밖에 안 된다. 하나님 나라인 저생이 있기에 이생을 "잘 살" 가치가 있고, 이생을 어떻게 사느냐는 저생에서 어떻게 되느냐에 절대적 영향을 미치게 되는 것이다. 아파 본 사람이 건강을 더 귀히 여기고 더욱 조심하듯이, 죽음을 생각해 보고, 그리고 죽음 후에는 다른 세상이 있다는 것을 믿을 때, 이 세상에서의 삶이 의미 있고 풍성하게 되며, 순간순간의 삶에 긴박성과 재미가 더 할 것이다.

처칠 수상의 비문에는 이렇게 쓰여 있다고 한다.

"나는 창조주를 만날 준비가 되어 있는데, 창조주는 나를 만날 준비가 되어 있는지 모르겠다."

나는 내 비문에 이렇게 남기고 싶다.

"내 무덤 앞에서 눈물을 보이지 마시오. 대신에 축하해 주시오. 나는 천국 갔소. 기뻐하고 노래하시오. 그리고 당신도 창조주 만날 준비를 하시오."

"예수쟁이가 아니라 예수의 사람이었기 때문입니다."

"나의 최고의 친구가 되어줘서 고마워요."

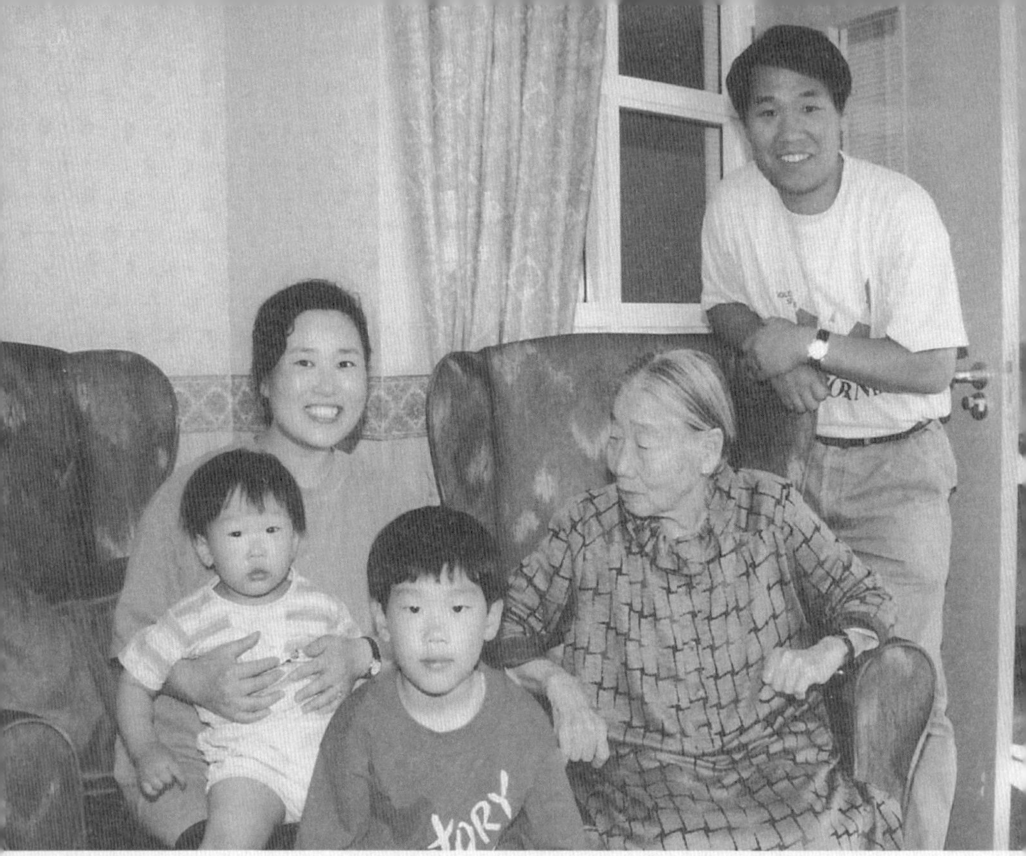

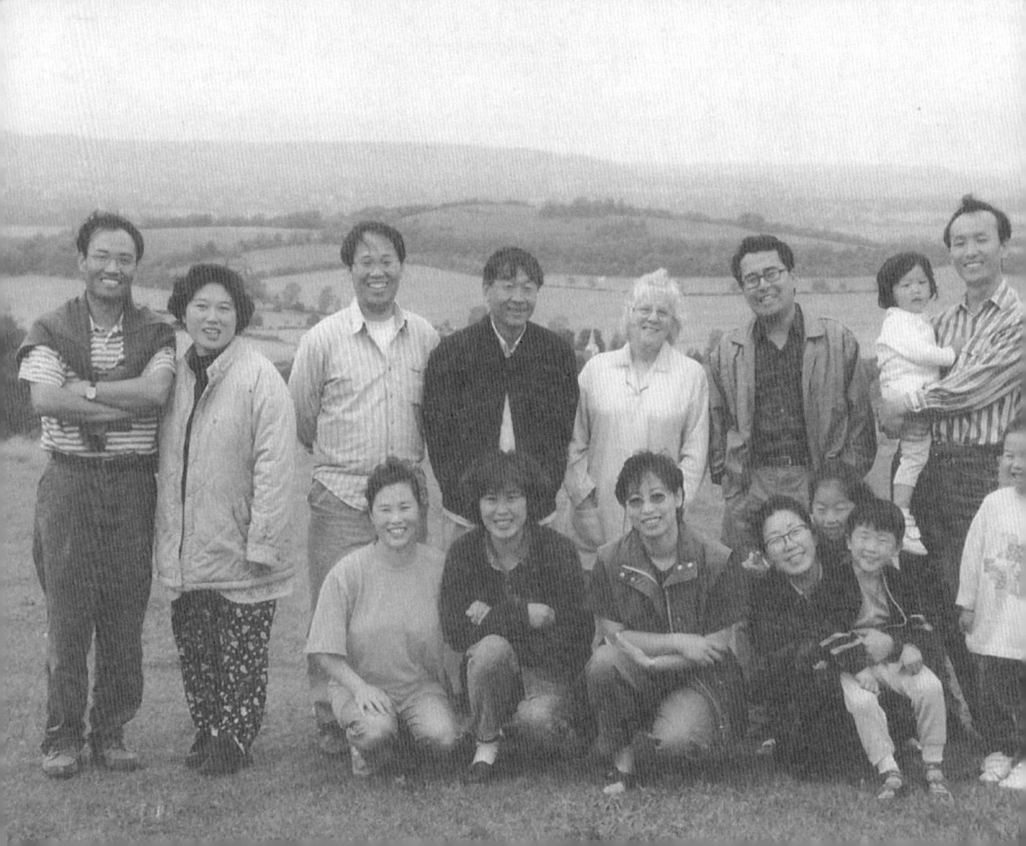

"어떤 권위적인 모습도 없어서
저에게는 한없이 자상한 부모님처럼 느껴졌습니다."

"늘 성령 충만한 목회자였다."

"성경적인 교회론을 가르쳐주시고
눈으로 보고 경험할 수 있게 해주신 목사님."

"검소하고 청렴하며 연약한 지체들을 아낄 줄 아는 자애로운 분이셨다."

"나의 목회는 목사님을 따라 하는 일이었다."

"이전 교단에서 받은 상처로 목회직에 회의감을 갖고 있던 제게
참 목사가 있음을 보여주셨고 닮고 싶은 마음을 주셨습니다."

"적은 무리를 격려하고 축복하시는 목사님의 마음에서 예수님의 마음이 느껴졌다."

"생명의 길을 가르쳐준 은인이며, 믿음의 본을 보여준 선생님"

연표

중국 출생, 한국 성장 및 출국

1938년 2월 8일 중국 북경에서 출생, 해방 후 평양을 거쳐 서울로 월남하다
경기공업고등학교 졸업하다
공군사관학교에 입학하였지만 1년 만에 그만 두다
외국어대학 영어과 졸업하다
수원 공군부대 지휘관 통역장교 및 공군 중위로 제대하다

쉐퍼와의 만남과 새로운 삶

1963년 제대 후 도미 및 미국과 캐나다에서 유학 중에 신앙적 회의와 영적 갈등의 시기를 보내다
신부가 되기 위해 이태리로 유학차 갔다가 누군가의 소개로 1969년 스위스 라브리(L'Abri) 방문하여 프란시스 쉐퍼를 만나 그리스도인으로 거듭나다
1970년 9월 스위스 라브리에서 공부하며 쉐퍼 박사의 여비서로 있던 영국 여성 신씨아와 쉐퍼 박사의 주례로 영국에서 결혼하고 정착하다
1970년 쉐퍼 박사의 딸 수잔과 사위 래널드 맥콜리를 도와 영국 라브리를 설립하다

영국 최초의 한인교회 개척 및 은퇴

1978년 런던 바이블 칼리지(LBC)를 졸업하다
1978년 국제장로회단(IPC)에서 목사 안수를 받고 영국 최초로 재영 한인교회를 윔블던에서 개척하여 런던한인교회를 창립하다(1978. 9. 16)
이어 일링한인교회, 킹스크로스한인교회, 옥스퍼드한인교회를 개척하여 목

회자를 파송하고 국제장로회 소속 영국 한인노회를 설립하다
1984년 킹스턴 지역에 한인교회 최초로 영국교회 건물을 구입하여 이전하다
2000년 런던한인교회에서 23년을 사역하고 은퇴하다
2001년 레딩한인교회를 개척하고 시무하다

은퇴 후 지상의 삶과 천국으로 전입

2003년 에스라성경대학원대학교 초대 총장에 부임하여 4년간 섬기다
2006년 에스라성경대학원대학교 총장 공관에서 김한식, 박득훈, 박대영, 방인성, 양영전, 이진섭과 함께 IPC 한국준노회를 설립하다
2012년 아하가족연구소 강의실에서 서울교회를 개척하다(2년 시무)
2013년 한국 라브리 선교회(대표 성인경)에서 생활하다(1년)
2014년 영국으로 복귀하여 Liss IPC 영국 교회에서 장로로 시무하다
       레딩한인교회 장로로 섬기면서 윤태로 목사를 청빙하다
2019년 4월 27일 췌장암으로 81세를 일기로 주님의 품에 안기다
2022년 11월 4일 신씨아 사모 주님의 품에 안기다

예수의 사람
김북경

초판 1쇄 발행 2025년 7월 30일

지은이 김북경 목사와 친구들
펴낸이 이재원

펴낸곳 선율
출판등록 2015년 2월 9일 제 2015-000003호
주소 경기도 구리시 동구릉로 148번길 15
전자우편 1005melody@naver.com
전화 070-4799-3024   팩스 0303-3442-3024
인쇄·제본 성광인쇄

ⓒ 사단법인 국제장로회, 2025

ISBN 979-11-88887-28-6 03230

값 24,000원

· 잘못된 책은 바꿔드립니다.
· 이 책의 저작권은 사단법인 국제장로회에 있습니다.
· 이 책 내용의 전부 또는 일부를 재사용하려면 반드시 저작권자와 선율 양측
  의 동의를 받아야 합니다.